비밀의 심리학

The SECRET Life

**일상에 숨은 비밀로 들여다보는
인간관계와 행복**

비밀의 *of* 심리학

마이클 슬레피언 정아영 옮김

SECRETS

상상스퀘어

레이철을 위해

CONTENTS

서문 · 드러나는 비밀의 실체 9

1장 · 비밀이란? 15

2장 · 비밀의 탄생 39

3장 · 마음의 비밀 66

4장 · 비밀의 세 차원 90

5장 · 비밀 감추기 124

6장 · 고백과 신뢰 150

7장 · 긍정적 비밀 181

8장 · 문화에 따른 대처 200

9장 · 비밀 털어놓기 218

감사의 말 224

참고 문헌 229

서문

드러나는 비밀의 실체

나는 폭설로 동부의 다른 공항들이 폐쇄되는 상황을 초조하게 지켜보았다. 뉴스를 보니 워싱턴마저 마비된 것 같았다. 그러나 뉴욕 일대의 공항들은 아직 운영되고 있었다. 다행히 운이 따랐는지 내가 탄 비행기는 캘리포니아에서 제시간에 출발했고, 맨해튼에 무사히 도착했다.

컬럼비아 대학교 Columbia University 캠퍼스는 고등학생 때 한 번 방문한 적이 있다. 입학 가능성은 낮아도 어쨌든 지망 대학이었기 때문이다. 그런데 지금 나는 그곳의 강의실 단상에 올라 있다. 이제 폭설이 아닌 다른 걱정이 시작됐다. 나는 채용 면접의 일환인 90분간의 연구 발표와 토론을 하기 위해 그 자리에 서 있었다. 이 발표에서 다루는 내용은 우리가 타인의 신뢰도를 판단하는 방법에서부터 이 책의 1장에서 다룰, 언덕의 경사도를 판단하는 방법까지 포함한다. 나는 비밀에 관해 내가 최근 연구한 결과를 바탕으로 이야기를 시작했다.

학계의 채용 면접은 대개 자신이 오랫동안 연구한 주제를 놓고 지칠 때까지 계속되는 회의의 연속이다. 몇 달 걸려 준비하고 연습한 강의를 시연하는 시간, 주최 측에서 잊지 않는다면 제공될 화장실 가는 시간을 제외하면 말이다. 이 면접도 다르지 않았다. 질의응답 순서가 되자 곧장 여러 사람이 손을 들었다. 기본적인 질문(비밀이란 무엇인가?)도 있는 한편, 만만치 않은 질문(문화와 관련해서는 어떻게 설명할 수 있나?)도 있었다.

그러나 지금 하려는 이야기는 내가 면접을 본 이야기가 아니다. 이날은 다른 이유로 내 기억에 영원히 새겨졌다. 강연 외에도 두 건이 더 있었다. 첫째, 온종일 이어진 회의가 끝나자 미래의 동료들이 나를 저녁 식사에 초대했고, 우리는 내가 묵는 호텔 바에서 대화를 이어갔다. 둘째, 대화가 무르익은 좀 더 늦은 시각에 이날 내내 내가 발표했던 연구 주제가 전혀 예상하지 못한 개인적 국면으로 급격히 접어들었다.

우리가 술을 한 잔씩 더 주문하고 그 밤이 좋은 사람들과 보낸 즐거운 한때로 기억에 남겠다고 생각했을 때 이미 자정이 지나 있었다. 면접은 벌써 오래전 옛일처럼 느껴졌다. 문득 진동음이 울렸었다는 게 떠올라 휴대전화를 꺼내어 확인했다. 아버지로부터 부재중 전화가 와 있었다. 뜻밖이었다. 아버지는 한밤중은커녕 낮에도 느닷없이 전화를 거는 분이 아니다.

30분 뒤 우리는 술을 더 주문하는 대신 계산을 했고, 그때 두 번째 부재중 전화 표시가 눈에 들어왔다. 즉각 최악의 시나리오가 떠올랐다. 가족 중 누군가 죽은 게 분명했다. 그게 아니더라도 비극이 벌어진 것 같았다. 용건이 뭔지는 몰라도 지체할 수 없는 사안이 틀림없었다.

아버지에게 전화를 걸었다.

"그래, 할 말이 있어서 전화했었지. 지금 어디 앉아 있니?"

아버지는 어머니와 아이를 가지려 노력했으나 계속해서 실패한 이야기를 했다. 실패는 거듭됐고, 마침내 두 사람은 이유를 알아냈다. 아버지가 생물학적으로 아이를 가질 수 없는 상태였던 것이다.

아버지는 자신이 내 생물학적 친부가 아니라고 말했다. 내가 익명의 기증자로부터 정자를 제공받아 인공 수정해 낳은 아이라고 했다. 이 비밀이 내 경력에서 가장 중요했던 어느 날의 막바지에 드러나고 있었다. 나는 그저 서 있었다.

머리가 어지러웠다. 강의 시연을 하려고 다시 연단에 오르기라도 한 듯 아드레날린이 마구 솟구쳤다. 아니, 이번에는 내가 질문하는 쪽이기는 했다. 아버지는 미처 묻기도 전에 첫 번째 핵심 질문에 대한 답을 내놓았다. 다섯 살 터울의 남동생도 또 다른 기증자의 정자로 태어난 이부 남동생이라고 했다.

나는 아버지의 폭탄 발언이 끝날 때까지 참을성 있게 들었다. 그러고 나서 내가 말할 차례가 오자, 방금 알게 된 사실로 인해 우리 사이가 달라질 일은 없으리라고 아버지를 안심시켰다. 지금까지 그랬듯 아버지는 나의 아버지였다. 그러나 궁금하기는 했다. 왜 아버지는 이 사실을 비밀로 했을까? 지금은 왜 털어놓게 되었을까? 왜 이 시점이었을까? 비밀을 아는 사람은 또 누가 있을까? 알고 보니 양가 조부모님, 어머니와 아버지의 형제자매 등 나와 동생을 제외하면 처음부터 끝까지 모르는 사람이 없었다. 어떻게 이 많은 사람이 그렇게 오랜 시간 비밀을 지킬 수 있었을까? 그동안 어떤 심정이었을까?

지난 10년간 해온 연구는 바로 그날 밤 아버지에게 한 질문들의 답을 찾기 위해서였다. 내가 몸담은 심리학 분야가 이와 같은 질문들을 던지지 않았기 때문에 지난 100년의 역사에도 불구하고 아직 비밀의 심리를 정확히 밝히지 못했음을 뒤에 깨달았다. 심리학자들은 오랫동안 사람들이 어떻게 관계를 형성하고 서로 연결되는지에만 주의를 기울였다. 왜 우리가 비밀을 만드는지, 다른 사람을 나의 내면세계에 들이지 않은 결과가 무엇인지에 대해 대체로 간과해왔다.

이전의 심리학자들은 대화 중에 정보를 숨기는 것만을 비밀의 전부로 상정했고, 정교한 실험들도 그 추정을 바탕으로 설계했다. 그러나 지금 우리에게 있는 실제 비밀을 떠올려보면, 또 그 비밀이 우리 일상에 어떤 영향을 주는지 떠올려보면 다른 그림이 나타나기 시작한다.

비밀은 속임수나 비열함이 아니다. 마음의 내적 작용, 자의식, 인간관계, 우리가 삶의 도전에 대처하는 방식, 인간성과 관련한 모든 것이다. 누구나 비밀은 있다. 그러나 모든 비밀이 똑같지는 않다. 상처를 주지 않는 비밀도 있지만, 상처를 주는 비밀도 있다. 그러면 어떤 비밀이 상처를 주는 비밀이며, 그 까닭은 무엇일까?

가족의 비밀을 알게 된 그날 밤, 심리학은 아직 이 질문을 하기 전이었고 이후 나는 수백 번이나 이 질문을 던지며 연구를 진행했다. 기꺼이 자신의 비밀을 털어놓고 이야기를 들려준 수만 명의 연구 참가자 덕분에 이제 '비밀의 비밀스러운 삶'을 밝히게 되었다. 또한 비밀이 삶에 스미는 다양한 방식과 어떻게 하면 비밀이 있어도 잘 지낼 수 있을지 깨닫게 됐다.

우리는 자신의 비밀은 드러내고 싶지 않아도, 누군가 자신을 알아주기를 바란다. 이 긴장을 잘 관리하는 것이 다른 사람과 관계를 형성하는 핵심이다. 비밀은 자신의 경험을 타인과 공유하고자 하는 인간적 충동에 반하기 때문에 지키기 어렵다. 사실 모든 비밀이 끝까지 비밀로 남지는 않는다. 우리는 때때로 비밀을 고백한다. 비밀과 관련이 없는 사람에게 털어놓을 때도 있다.

현재 비밀을 감추고 있든 그렇지 않든, 왜 인간에게 비밀이 있는지, 비밀로부터 무의식 중에 어떤 영향을 받는지 그리고 비밀이 있는 상태에서도 행복하고 건강한 삶을 영위하려면 어떻게 해야 하는지에 관한 이해가 이 책을 통해 확장되기를 바란다.

비밀이란?

미국 TV 드라마의 신기원을 열었다고 평가받는 HBO의 〈소프라노스 The Sopranos〉(마피아 가족을 중심으로 전개되는 심리 드라마로, 1999~2007년 방영되었다.—역주)의 첫 장면은 비밀로 시작한다. 토니 소프라노가 대기실에 앉아 실내를 둘러보고 있다. 시계 소리가 들릴 정도로 조용한 가운데 진료실 문이 왈칵 열리며 멜피 박사가 토니를 부른다. 토니는 그를 따라 들어가고 두 사람은 곧 자리에 앉는다. 토니는 짐짓 태연한 체하나 긴장한 기색이 역력하다. 토니는 박사가 먼저 말하기를 기대하며 그를 본다. 그런데 박사도 토니를 빤히 본다. 어색한 침묵이 이어지자 토니는 견디지 못하고 손가락을 톡톡대기 시작한다. 시선을 피하며 두리번대던 토니는 이내 결심한 듯 다시 박사를 보며 숨을 깊이 들이마신다.

토니는 정신과 상담을 받는다. 누구에게도 들키고 싶지 않은 사실이다. 동료나 사업상 관계자들이 알게 되면 얄잡아 볼 터였다. 토니는 그렇게 확신했다. 유약한 인물로 비칠 테니까. 범죄 조직의 우두머리로서 그것만 큼은 안 될 일이다. 물론 토니는 자신의 비밀이 발각될 위험이 거의 없다는 걸 안다. 어쨌거나 직업 특성상 비밀이 철저히 엄수되기 때문이다. 내부 정보가 새어 나가지 않도록 지키는 일은 범죄 조직들이 수 세기간 지켜온 침묵의 계율, 즉 오메르타의 핵심이다. 그뿐 아니라 "혹시 정신과 상담 다니세요?"라는 질문은 일상 대화 속에서 쉽게 등장하지도 않는다. 그렇지만 이 비밀은 토니를 무겁게 짓누른다. 토니는 왜 그렇게 느끼는 것일까?

예전부터 심리학자들은 비밀이 정신과 육체 건강에 해롭다고 여겼다. 그러나 그 '까닭'을 속 시원히 밝혀내기란 어려웠다. 오랫동안 우세를 점해온 의견은 '비밀을 숨기는 데 수반되는 행동'이 건강에 악영향을 준다는 것이다. 이를 입증하는 실험은 대개 다음과 같이 전개됐다. 실험 참가자는 미리 주어진 비밀을 또 다른 참가자인 대화 상대로부터 지켜야 한다. 그런데 대화 상대는 바로 그 비밀을 캐묻는다. 과연 이 상황이 우리가 경험하는 비밀의 모든 것을 포괄한다고 할 수 있을까?

1. 비밀로 한다는 것

"말할 수 없는 비밀을 지닌 채 살아가는 것만큼 힘든 일도 없다."

사람들이 비밀에 대해 물어오는 것은 에드워드 스노든Edward Snowden 에게 걱정거리가 아니었다. 오히려 그는 어떻게 자신의 비밀을 무사히 밝힐 수 있을지 고민했다. 스노든은 미국국가안전보장국National Security

Agency(이하 NSA)이 전 세계인을 비밀리에 무차별 사찰한다는 사실을 알아차렸다. 스노든은 자서전에 "쥐도 새도 모르게 세상을 감시한 것이다"라고 썼다. 그는 이 감시 프로그램이 시민의 자유를 침해하는 게 아니라 보호해야 마땅한 NSA의 존립 목적에 반한다고 판단한다.

스노든은 내부 고발자가 되기로 결심한다. 그러자 두 가지 문제점이 떠올랐다. 첫 번째는 감시의 범위와 복잡성이었다. 폭로한 정보가 믿을 만한 정보로 수용되려면 감시 프로그램이 어떤 식으로 작동하는지에 관한 내용을 포함해야 했다. 스노든은 다음과 같이 썼다. "단순히 비밀 프로그램의 존재를 드러내고자 했다면 그 존재를 발설하는 것으로 충분했을지 모르지만, 프로그램의 존재가 계획적으로 은폐되고 있다는 사실을 밝히는 데 목적이 있는 이상, 프로그램의 작동 방식을 설명해야 했다. 그러려면 NSA의 권한 남용 범위를 입증할 수 있을 만큼 NSA의 실제 파일이 상당량 필요했다." 여기에서 두 번째 문제가 발생한다. 미국 정부는 기밀 파일의 불법 유출에 대해 철저한 불관용 원칙을 적용한다. "나는 PDF 파일을 단 한 건만 공개해도 구속될 수 있음을 알았다."

모든 움직임이 은밀하게 이루어져야 했다. 스노든은 NSA에서 상용되는 컴퓨터들은 사용자의 데이터 처리 및 저장 행적을 낱낱이 클라우드로 전송해 디지털 기록으로 남기지만, 사무실에 방치된 오래된 컴퓨터들은 그렇지 않으므로 쉽게 추적되지 않을 것이라는 데 생각이 미친다. 그러나 고대 유물 덩어리 같은 컴퓨터 앞에 앉아 있으면 이상하게 보일 게 뻔했다. 그래서 스노든은 직원이 별로 없고 어두울 때를 틈타 중요 파일을 복사했다. "설핏 그림자가 비치거나 어디선가 작은 발소리만 들려도 식은땀이 흘렀다.” 스노든은 금속 탐지기에 탐지되지 않을 정도로 작은 메모리 카드에 파일을 다운로드한 뒤 주머니에 숨겨 건물 밖으로 가지고 나왔다. 한번은 루빅큐브 속에 감추기도 했다. “양말에 집어넣기도 했고, 불안이 극에 달했을 때는 만일의 경우 삼켜버릴 수 있도록 입에 물고 나간 적도 있다.”

스노든은 디지털 흔적 때문에 추적당할 소지를 남기지 않기 위해 주재하던 하와이 오아후섬 곳곳을 차량으로 이동해 다니며 주변 와이파이 연결을 잡아, 매번 다른 네트워크를 이용해 파일을 보냈다. “나는 한 번 쓰고 버리는 일회용 마스크처럼 다양한 신원을 위장해 기자들과 접촉했다. (중략) 익명성에 목숨을 걸어보지 않은 사람은 온라인상에서 자신을 드러내지 않는 것이 얼마나 어려운지 절대 체감할 수 없다.”

스노든은 6개월이 넘는 기간 동안 비밀 감시 프로그램의 자료를 수집해 몰래 언론에 보냈다. 마지막 파일을 송부한 그의 다음 계획은 해외로 탈출하는 것이었다. 스노든은 여자 친구에게도 자신의 계획을 말할 수 없었다. 위험 부담이 너무 컸기 때문이다. “그녀에게 더 이상의 위험은 안기고 싶지 않았다. 나는 침묵을 지켰고, 침묵 속에서 나는 혼자였다.”

지금은 아내인 여자 친구가 캠핑을 떠난 날 스노든은 홍콩으로 도망쳤고, 그곳에서 두 기자를 기다렸다. 며칠 뒤면 온 세상이 NSA의 대규모 감시 프로그램을 알게 되고, 스노든의 사진이 각종 뉴스 매체를 도배하게 될 터였다.

스노든은 비밀을 품은 경험을 고립으로 묘사하고, 털어놓을 상대가 없는 상황에서 느낀 좌절감을 말했다. “그렇게 오랜 세월을 컴퓨터 모니터에 빨려 들어갈 듯 앉아 조용히 지내왔으면서도 혼자가 익숙하지 않았던 걸까? (중략) 나도 사람이었고, 동료가 없는 현실은 견디기 힘들었다. 나는 도덕과 법을, 의무와 바람을 조화롭게 양립하고 싶었으나 매번 실패했고, 날마다 이 투쟁에 시달렸다."

스노든은 자신과 협력자들이 함께 비밀로 지키던 기밀 사항과 내부 고발자라는 자기 자신의 비밀을 구별했다. "보통은 팀에 소속되어 있을 것이다. 자신의 업무가 비밀에 부쳐 있을지라도 그것은 공유된 비밀이고, 따라서 부담도 나누어 짊어지고 있다. 괴로움도 있지만 웃음도 있다. 그러나 누구와도 공유할 수 없는 진짜 비밀이 있을 때는 그 웃음조차 거짓이다. 걱정이 있다고 말할 수는 있어도 어떤 걱정거리인지는 털어놓을 수 없다."

여러분은 뉴저지 마피아 두목도 아니고, 1급 기밀 정부 프로그램의 존재를 알게 된 상황도 아닐 것이다. 그럼에도 토니 소프라노나 에드워드 스노든이 비밀 때문에 고전하는 모습은 친숙할 것이다. 토니는 조직범죄라는 예사롭지 않은 일에 몸담고 있다는 사실을 떠나 불안과 우울증에 시달린다. 그리고 스노든이 비밀과 벌인 사투의 상당 부분은 대규모 감시 프로그램이라는 국제적 음모와는 별도로 그가 감당해야 했던 고립감과 외로움 때문이었다. 토니와 스노든은 비밀을 입 밖에 내지 않고 감추는 능력이 뛰어났는데도 비밀이 있다는 데 부담을 느꼈다.

누군가 나의 비밀을 묻는 것은 우리가 상상 가능한 가장 곤란한 상황 중 하나다. 그러나 그런 일이 실제로 얼마나 벌어질까? 나는 단 한 번도 친구들에게, 심지어 제일 친한 친구들에게도 바람을 피운 적이 있는지, 임신 중절 수술을 받은 적이 있는지, 어린 시절에 학대를 당한 적이 있는지 노골적으로 물어본 적이 없다. 두려움으로 점철된 최악의 경우에 대한 상상이

나 심리학 실험에서는 그런 상황이 곧잘 벌어진다. 그러나 현실에서는 내 비밀에 관한 질문이 나오지 않도록 피해야 하는 일이 그만큼 많이 벌어지지 않는다. 사실 이 상황을 통해 포착되는 것도 비밀을 둘러싼 우리 경험의 극히 일부에 불과하다.

그렇다면 대체 비밀이란 무엇인가? 비밀은 물리적 실체가 아니다. 현미경 아래에 놓고 볼 수도 없고, 우리의 모든 비밀이 뇌의 특정 영역에 모인 것도 아니다. 우리는 비밀을 지키기 위해 정보를 감추는 행동을 할 테지만 사실 이 행동 자체는 비밀이 아니다. 비밀을 지키려는 행동에 의거해 비밀을 정의하는 방법의 문제는 여기에 있다. 우리에게 비밀을 숨길 일이 그렇게 자주 생기는 것도 아니고, 숨기는 게 어려운 일이라고만도 할 수 없기 때문이다.

예를 들어 토니는 오늘 오전에 어디에 있었느냐는 질문을 받아도 "정신과 상담을 받고 있었다"라고 진실하게 대답하는 대신 갖가지 대답을 손쉽게 내놓을 수 있다. 게다가 대다수 비밀은 비밀 엄수를 위해 따로 할 일이나 거짓말을 해야 할 일이 없다. 그러므로 비밀은 비밀에 수반되는 행동이 아니라, '사람들이 알지 못하게 하고 싶다'라는 우리의 의도를 바탕으로 정의해야 한다.

비밀이 등장하는 질문을 피하거나 비밀을 실토하지 않기 위해 입을 꽉 닫는 것은 비밀에 관한 이야기의 극히 일부에 지나지 않는다. 이 사실을 깨닫고 나면 비밀의 본질과 비밀이 우리 삶에서 하는 역할을 훨씬 광범위하게 이해할 수 있다.

2. 언덕 오르기

어느 해 크리스마스 파티, 우리 부부는 거실 조명을 낮추고 아늑한 분위기를 더하려고 장작이 활활 타는 벽난로 영상을 틀었다. 인터넷에는 이런 영상이 정말 많아서 입맛대로 고를 수 있다. 우리가 선택한 건 몇 시간 동안 이어지는 영상으로, 장작이 타닥거리며 타들어가는 소리까지 생생히 담고 있었다. 몇몇 친구들은 TV 벽난로에서 불의 온기마저 뿜어져 나오는 것 같다고 말했다. 우리 집 TV가 과열됐다거나 그 친구들이 술에 취해 정신이 오락가락했기 때문에 나온 말이 아니었다. 주황빛과 노란빛에 휘감겨 타닥거리는 소리를 들으면 누구든 어렵지 않게 실제로 벽난로나 모닥불이 앞에 있을 때 느끼는 물리적으로 따뜻한 '느낌'을 연상한다.

뇌 영상 연구에 따르면 어떤 감각을 상상하면 그 감각을 경험할 때와 동일한 신경 영역이 활성화한다고 한다. 이 때문에 벽난로 환각도 일어나고, 눈을 뜨기보다 감고 있을 때 어떤 이미지를 떠올리기가 훨씬 쉬운 것이다. 무언가를 시각적으로 상상하려 할 때 눈에 보이는 게 있으면 두 과정에 연관된 뇌의 영역이 같으므로 잘 집중되지 않는다.

비밀에 대한 나의 관심은 이 같은 관점에서 출발했다. 벽난로 환각(기이하게도 사람들이 실재하지 않는 온기를 지각하는 것)과 비슷한 맥락에서 보면, 비밀이 물리적 무게를 감당하는 것과 비슷하게 인식되어 다른 일들까지 더욱 힘겹고 까다롭게 다가오는 건 아닐까?

사람들은 비밀을 이야기할 때 짐을 지고 있다거나 무게에 짓눌리고 있다는 식으로 기발하게 말한다. 나는 '부담'을 느끼는 상황을 이렇게 물리적 무게에 비유하는 데 흥미가 생겼다. 그래서 온라인 실험 참가자들을 모집해 무작위로 두 과업 중 하나를 수행하도록 할당했다. 둘 중 한 그룹 사람들에게는 자신에게 있는 '큰' 비밀을 떠올리도록 하고, 다른 그룹 사람들에게는 '작은' 비밀을 떠올리도록 했다. 그러고 나서 일련의 이미지를 보여주고 그에 대해 최대한 추측하도록 했다. 녹음이 우거진 공원의 이미지를 제시한 뒤 바깥 온도가 몇 도일 것 같은지 묻는 식이다. 그러나 우리가 주목한 진짜 숫자는 다음 질문에 대한 참가자들의 대답이었다. 우리는 풀이 무성한 언덕의 이미지를 보여주며 경사면이 얼마나 가파른지 추측해 수치로 대답해달라고 했다.

사람은 지치면 지칠수록 자신을 둘러싼 세상이 힘겹고 험악하다고 생각한다. 경사는 더 가파르고 거리는 더 멀다고 느낀다. 오류가 아니라 인간 지각 시스템의 엄연한 특성이다. 하이킹을 할 때 체력이 바닥난 상태에서 꼭대기에 도착하고 싶은 사람은 없을 것이다. 언덕의 경사, 즉 언덕을 오르는 데 필요한 노력을 과대평가하면 우리는 지나치게 야심 찬 등반을 시작하지 않을 것이다.

실험 참가자들은 우리를 앞서 살아간 수많은 사람과 마찬가지로 바로 그러한 판단을 보여줬다. 참가자들은 언덕의 경사를 과대평가했다(약 25도의 경사를 40도로 추정했다). 그뿐 아니라 큰 비밀을 떠올리도록 유도된 참가자들은 언덕의 경사를 더욱 가파르게 추정했다. 이들은 훨씬 커다란 짐을 진듯 세상을 인식한 것이다. 정말 그런지 확인해보려고 각도기를 꺼내 들기보다, 경사의 기울기를 어떻게 인식하는가를 보면 사람들이 외부 세계를 얼마나 도전적으로 느끼는지가 어느 정도 가늠된다는 걸 알아주길 바란다.

또 다른 연구에서는 이를 직접 측정했다. 우리는 연인이 있는 사람들을 모집한 뒤, 연인과의 관계에 대해 몇 가지 질문을 했다. 질문은 결코 가볍지 않은 질문들로 나아갔다. 바람은 피운 적이 있냐는 질문에 그렇다는 답변이 돌아오면, 이번에는 외도에 얼마나 사로잡혀 있는가를 물었다. 구체적으로 외도를 얼마나 자주 떠올리는지, 그 사실 때문에 얼마나 자주 마음을 졸이는지 같은 질문이었다. 그런 다음에는 식료품을 들고 계단을 오르는 것, 개를 산책시키는 것, 다른 사람의 이동을 돕는 것 등 각종 과업을 수행하는 일이 얼마나 힘들다고 생각하는지 물었다. 외도에 사로잡힌 참가자일수록 다른 과업을 해내기가 힘들다고 대답했다.

크리스마스 파티에 온 사람들이 허구의 불을 보고 열기를 느낀 것은 뇌의 지각 시스템 때문이다. 뇌가 그들에게 따뜻하다고 속삭인 것이다. 비밀스러운 외도에 사로잡힌 실험 참가자들이 다른 과업을 처리하는 게 어렵다고 느낀 것도 뇌 지각 시스템 때문이다. 뇌는 이들에게 부담스럽다고 속삭였다.

다음의 소식이 아니었다면 나는 이 시점에서 비밀에 관한 연구를 그쳤을지도 모른다. 다른 연구팀이 언덕 실험을 반복했는데, 같은 결과가 반복되지 않았던 것이다. 큰 비밀과 작은 비밀을 떠올린 뒤 경사면의 기울기를 판단한 두 집단의 차이가 일관되게 나타나지 않았다. 그래서 나는 무엇이 잘못됐는지 알아보려고 연구실로 돌아갔고, 이 실험에 대한 어느 검토자의 의견이 불현듯 새롭게 다가왔다. "참가자들에게 비밀을 떠올리라고 할 때 큰 비밀과 작은 비밀이라는 한 단어만 바꾼 두 요청의 차이를 통해 이 실험이 의도한 바는 무엇인가?" 이 검토자는 큰 비밀이라고 해서 꼭 '무거운' 비밀은 아니라고 덧붙였다.

몇 년 뒤 나는 이 검토자의 의견이 옳다는 걸 입증했다. 우리는 기존 실험을 다시 진행했고, 이번에는 참가자들에게 그 비밀에 얼마나 사로잡혀 있는지도 물었다(외도를 하는 참가자들에게 물었던 것과 같은 질문이다). 그 결과 큰 비밀을 떠올리도록 요구받은 참가자들이 작은 비밀을 떠올리도록 요구받은 참가자들에 비해 좀 더 비밀에 사로잡힌 것으로 나타나긴 했으나, 비밀의 '크기'는 중요하지 않은 것으로 밝혀졌다. 오히려 비밀에 사로잡힌 참가자일수록 경사로의 기울기를 가파르게 평가한다는 것이 드러났다.

일반적 기준에 비추어 볼 때 내가 서문에서 밝힌 '나는 네 친아버지가 아니다'라는 사실은 큰 비밀에 해당한다. 그러나 부모님께 이 비밀의 존재가 늘 부담스러운 것은 아니었다. 대체로 두 사람은 이 비밀을 신경 쓰지 않았다. 물론 신경을 쓸 수밖에 없는 때도 있었다. 누가 동생은 아버지를 닮고 나는 어머니를 닮았다는 말이라도 하면 도저히 이 비밀을 머릿속에서 떨칠 수 없었을 테니까. 갓 아이를 낳은 부모에게 어느 아이가 부모 중 누구를 더 닮았는지 여부는 일상적인 대화 주제라, 그 시기에는 이 비밀이 더욱 부담스러웠을 것이다.

그러나 이런 부담감은 이따금 비밀을 상기시키는 일이 벌어지지 않는 한 시간이 흐르면서 희미해졌다. 이 비밀은 언제나 변함없이 큰 비밀이었으나, 두 사람의 마음을 늘 사로잡지는 않았다. 이 구별이 중요했다.

우리는 언덕 경사 실험을 또다시 진행했고, 참가자들이 자신을 사로잡은 비밀을 떠올리도록 유도했다. 우리 추측대로 이들은 자신이 사로잡히지 않은 비밀을 떠올리도록 유도된 참가자들에 비해 시종 언덕이 가파르다고 평가했다. 이 연구들을 종합해보면 큰 비밀처럼 보이는 비밀일지라도 그다지 짐스럽지 않을 수 있으며, 뇌리에서 도저히 떨칠 수 없는 비밀이야말로 정신적 압박을 주는 비밀이라고 할 수 있다. 비밀을 자주 떠올리는 참가자일수록 비밀에 관한 생각이 부담으로 이어질 가능성이 크다.

이 실험들이 이루어지는 동안 참가자들은 무언가를 숨기기 위해 애쓸 필요가 없었다. 비밀을 숨기기 어렵게 고안된 질문은 고사하고, 2인칭으로 묻는 질문도 없었다. 그러나 이렇게 누구도 비밀에 관해 직설적으로 묻지 않는 상황이었는데도 실험 참가자들은 토니나 스노든처럼 자신의 비밀 때문에 스스로 부담을 느꼈다.

3. 우리가 가진 비밀들

시간을 내 다음 경험들을 떠올려보자. 각 항목을 읽으며 스스로에게 물어본다. 나는 이 경험을 한 적이 있나? 있다면 비밀로 했는가? 다른 사람에게 털어놓은 경험이라고 해도 또 다른 사람에게는 계속해서 의도적으로 숨기고 있다면 그 경험은 비밀로 분류한다.

- 타인에게 해악을 끼침(감정적 또는 신체적)
- 불법 약물 복용 또는 합법 약물(술, 진통제 등) 오남용
- 습관 또는 중독(약물 제외)
- 절도(무단으로 취한 모든 것)

- 불법 행위(마약과 절도 제외)

- 신체 자해

- 임신 중절

- 정신적 외상 경험(위 내용 제외)

- 거짓말

- 신뢰 위반(거짓말 제외)

- 연애 욕구(독신일 때)

- 연애 불만(연인과의 관계에 대한 불만)

- 다른 연애 관계를 바람(연인이 있으면서 다른 사람과의 연애를 꿈꾸는 것)

- 감정적 외도(다른 사람과 부적절한 감정을 나누고, 육체 관계 외의 친밀한 관계를 맺은 것)

- 성적 외도

- 나와의 관계를 위해 다른 사람을 상대로 바람을 피우는 연인의 존재

- 사회적 삶에 대한 불만(인간관계에 대한 불만족 또는 현재의 사회생활에 대한 불만족)

- 신체적 불만(외모나 그 밖의 신체적 특성에 대한 불만)

- 정신 건강 문제

- 직장이나 학교에서의 부적절한 행동(고용되거나 입학하기 위해 거짓말을 하는 것 등)

- 직장이나 학교에서 성과가 좋지 않은 것

- 직업이나 과업에 대한 불만(직장이나 학교에서의 상황에 대한 불만족)

- 청혼 계획

- 기타 서프라이즈 계획(청혼 제외)
- 숨기고 있는 취미나 소지품
- 숨기고 있는 현재의 (또는 과거의) 연애 관계
- 가족의 비밀
- 임신
- 성적 지향 또는 성별 정체성
- 성적 행동(성적 지향 제외)
- 성관계가 없는 상태
- 숨기고 있는 선호(또는 비선호)
- 숨기고 있는 믿음(정치적 믿음, 종교적 믿음, 어떤 사회 집단에 대한 견해, 편견 등)
- 재정 상태(가진 돈의 양, 지출 내역 등)
- 숨기고 있는 현재의 (또는 과거의) 취업 및 학업 관련 사항
- 자기 자신을 위한 야망, 계획, 목표
- 비정상적이고 규범에 어긋난 행동(위 내용 제외)
- 비밀에 부친 어떤 사정(위 내용 제외)

이것이 사람들이 가장 많이 가진 38가지 비밀 범주다. 미국에 거주하는 2천 명에게 실시한 설문조사의 결과로, 질문은 간단했다.

'현재 귀하에게 있는 비밀은 무엇입니까?'

참가자들이 세밀한 차이를 민감하게 인식하는 경험들은 목록에도 반영하도록 노력했다. 이른바 감정적 외도와 성적 외도의 차이는 이 같은 비밀을 지닌 사람에게는 적잖이 중요하므로 목록에서 두 항목을 구별했다.

마찬가지로 불법 약물 사용은 다른 불법 행위들과 한데 묶을 수도 있었으나, 참가자들이 약물 사용은 합법 또는 불법 여부를 떠나 사회적 현안이라는 측면에서 하나의 범주로 접근하는 편이 낫겠다고 짚어주었다.

대개 그 자체가 하나의 범주로 통하는 절도는 남의 물건을 허락 없이 취하는 행위로 광범위하게 정의했다. 아마 어릴 때 무언가를 훔쳤거나, 돌려줄 생각이 없으면서 '빌린' 적이 있을 것이다(이 자리를 빌려 나는 둘 다 저지른 적이 있음을 고백한다. 동생의 핼러윈 사탕을 마음대로 먹었고, 친구의 양말 한 켤레를 꿀꺽했다). 그리고 앞으로 계속해서 나오겠지만 많은 비밀이 교제나 섹스와 관련이 있다. 야망, 경력, 재정 문제도 적잖이 등장한다. 나머지도 우리에게 수치심과 낭패를 초래할 수 있는 일들이다.

이 목록을 바탕으로 실험할 때 나와 동료들은 참가자들이 '신뢰 위반'의 의미를 정확히 이해할 수 있도록 예시(다른 사람을 염탐하는 것, 다른 사람 정보를 동의 없이 또는 비밀리에 폭로하는 것, 다른 사람의 물건을 부수거나 잃어버리고 알리지 않는 것)를 함께 제시했다. 마찬가지로 '연애 욕구'도 우리 의도를 분명히 하는 예시(누군가에게 반한 것, 짝사랑을 하는 것, 사귀고 싶다고 느끼는 것)를 달았다. 정신 건강 문제 항목에는 두려움, 우울, 불안, 정신 질환, 섭식 장애를, 성적 행동 항목에는 포르노그래피, 자위행위, 성적 환상, 기괴한 성적 취향 등등이라는 예시를 주었다. 이때 '등등'에는 개인이 비밀로 간직할 만한 모든 성적 취향이 포함되는 것으로 간주했다.

나는 이 목록을 미국 전역과 세계에서 실험에 참가한 5만 명 이상의 사람들에게 제공했다. 38가지 항목 중 이들은 평균적으로 21가지를 경험했으며, 그중 13가지는 비밀인 것으로 나타났다. 그리고 참가자의 97퍼센트가 현재 이 항목 중 적어도 한 가지 이상을 비밀로 가지고 있다고 답했다(이 수치들은 기본적으로 미국인 참가자들의 답변을 근거로 한 것이다. 8장에서 문화의 역할을 다룰 때 전 세계에 걸친 실험 결과를 살펴보겠지만, 좋든 나쁘든 어느 문화권에서나 비밀은 비슷한 방식으로 우리에게 영향을 준다고 밝혀졌다).

4. 수치에서 드러난 것

5만 명 이상의 참가자를 대상으로 실시한 조사 결과 사람들에게 가장 많은 비밀은 거짓말(69%), 연애 욕구(61%), 재정(58%), 섹스(58%)에 관한 것이었다.

다음으로 참가자의 절반가량이 비밀스러운 '다른 연애 관계를 바람(연인이 있으면서 다른 사람과의 연애를 꿈꾸는 것)', '가족의 비밀', 은밀한 '야망'을 지닌 것으로 나타났다. 지미 카터Jimmy Carter 미국 전 대통령은 대선 운동 당시 〈플레이보이〉와의 인터뷰에서 이 같은 비밀을 가지고 있음을 원색적으로 고백해 전 국민을 충격에 빠뜨리기도 했다. "많은 여성을 보며 성적 욕망을 느꼈고, 마음속으로 수차례 간통을 저질렀다."

어떤 경험이 없는 사람은 당연히 그 경험을 비밀로 할 수도 없다. 그러므로 전체 참가자 중 특정 비밀을 가진 참가자의 비율을 살펴보는 것(비밀 응답자 합계를 전체 참가자 수로 나눈 수치, 30쪽의 그래프)만으로는 부족하다. 우리는 어떠한 경험을 한 참가자들 사이에서 그들이 어느 정도의 비율로 그 경험을 비밀에 부치는지도 알아야 한다(특정 경험을 했으면서 비밀에 부친 사람의 수를 그

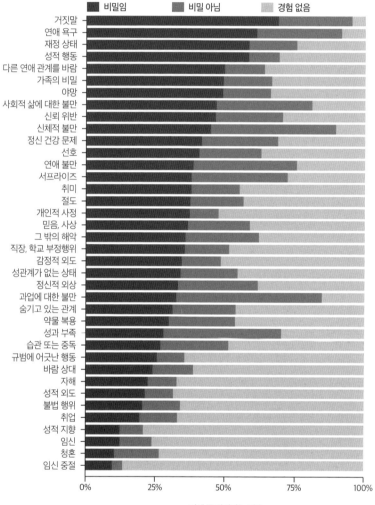

전체 중 차지하는 비율

범례: 비밀임 / 비밀 아님 / 경험 없음

거짓말
연애 욕구
재정 상태
성적 행동
다른 연애 관계를 바람
가족의 비밀
야망
사회적 삶에 대한 불만
신뢰 위반
신체적 불만
정신 건강 문제
선호
연애 불만
서프라이즈
취미
절도
개인적 사정
믿음, 사상
그 밖의 해악
직장, 학교 부정행위
감정적 외도
성관계가 없는 상태
정신적 외상
과업에 대한 불만
숨기고 있는 관계
약물 복용
성과 부족
습관 또는 중독
규범에 어긋난 행동
바람 상대
자해
성적 외도
불법 행위
취업
성적 지향
임신
청혼
임신 중절

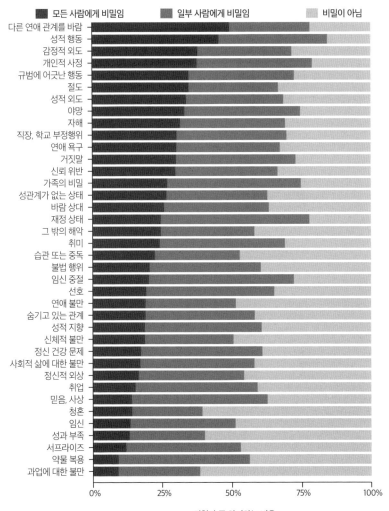

경험자 중 차지하는 비율

경험을 했으면서 비밀에 부쳤거나 그렇지 않은 사람의 수로 나눈 수치, 31쪽의 그래프).

예를 들어 참가자의 36퍼센트는 직장이나 학교에서 부정행위를 한 경험이 있으며 비밀이라고 답했다. 그런데 부정행위를 한 경험이 있는 참가자 중 대다수는 적어도 일부 사람에게 그 사실을 비밀로 하고 있었다(69%).

다른 연애 관계에 대한 바람이 비밀인 경우(50%)는 감정적 외도(34%)나 성적 외도(21%)와 관련된 비밀의 경우보다 흔했다. 이는 기본적으로 비밀이든 아니든 다른 연애 관계를 바란 적이 있는 사람(65%)이 감정적 외도나 성적 외도를 경험한 사람(각 48%, 31%)보다 많기 때문이다. 그런데 경험자만 놓고 봐도 감정적 외도(71%)와 성적 외도(68%)에 비해 다른 연애 관계에 대한 바람은 비밀에 부쳐진 경우가 잦다(77%).

가장 발견되지 않은 비밀 경험은 성적 취향(12%), 임신(12%), 청혼(10%), 임신 중절(9%)이었다. 현재 이런 비밀이 있다고 응답한 참가자 수는 목록의 다른 모든 비밀에 비해 적었다.

임신 중절은 목록에서 경험자가 가장 적은 항목이다. 여성 실험 참가자의 17퍼센트가 임신 중절을 한 적이 있고, 이는 미국 평균과 일치했다. 그런데 임신 중절을 경험한 참가자 대부분은 적어도 일부 사람에게 그 사실을 비밀로 하고 있었다(72%).

임신이나 청혼 계획도 비밀이 아닌 경우가 많은데, 이유에는 차이가 있다. 이 비밀들은 (다른 서프라이즈 계획들과 마찬가지로) 일정 기간만 유지되는 비밀이므로 비밀이 있다고 대답하는 사람의 수는 언제나 상대적으로 적을 수밖에 없다. 7장에서 다루겠지만, 이 같은 긍정적 비밀은 수많은 다른 유형의 비밀과 사뭇 다른 이유로 비밀이 된다.

모든 비밀에는 의도가 있지만, 그 의도가 모든 상황이나 사람에게 똑같이 적용되지는 않는다. 전적으로 홀로 간직하는 비밀이 있는가 하면, 적어도 한 사람에게는 털어놓는 비밀도 있다. 이러한 까닭에 아무리 갖가지 비밀이 있대도 완전한 비밀은 몇 개 없다. 사람들은 평균적으로 아무에게도 말한 적 없는 비밀(완전한 비밀) 다섯 개와, 적어도 한 사람에게는 말했지만 여전히 비밀이라고 할 수 있는 비밀(털어놓은 비밀) 여덟 개를 동시에 가지고 있었다. 이 비밀들을 열세 개의 평균 비밀이라고 할 수 있다.

　다른 비밀에 비해 쉽게 털어놓는 비밀도 있다. 예를 들어 재정 상태에 관한 이슈가 있다고 응답한 실험 참가자 중 53퍼센트는 이 문제가 비밀이지만 어쨌든 공유하는 사람이 있었고, 24퍼센트만이 완전히 비밀에 부치고 있었다(나머지 23퍼센트는 비밀로 하지 않은 참가자들이다). 이 수치를 '다른 연애 관계를 바람'이라는 마음을 품은 적이 있는 참가자들의 응답 수치와 비교해보자. 연인이 아닌 다른 사람을 대상으로 로맨틱하고 성적인 바람을 가져본 사람은 28퍼센트만이 그 사실을 타인에게 털어놓았고, 49퍼센트는 전적으로 숨겼다. 다른 사람을 믿고 털어놓으면 그의 도움으로 돌아오는 경우가 많지만, 꼭 그렇지는 않다. 비밀을 당사자에게 고백하거나 다른 사람에게 털어놓는 것에 관해서는 6장에서 자세히 살펴볼 것이다.

　앞서 사람들은 38가지 비밀 목록 중 평균 13가지 비밀을 언제나 가지고 있다고 했는데, 이 수치는 실제보다 적게 추산한 것이라고 봐야 한다. 어쨌거나 비밀 범주의 가짓수에 불과한 것이기 때문이다. 실상은 같은 범주에서 두 개 이상의 비밀이 있을 수도 있다. 재정 상태나 성적 행동, 신뢰 위반, 불법 행위 같은 포괄적 범주라면 특히 더 그럴 것이다.

지금까지 나온 비밀들이 또 어떤 면에서 서로 차이가 나는지 궁금할지도 모르겠다. 상대적으로 더 해로운 비밀도 있을까? 아직은 답할 수 없다. 이 질문의 답을 구하려면 우선 비밀들을 서로 견주고 비교할 잣대가 있어야 하는데, 그에 관해서는 4장에서 이야기하려 한다.

여러분의 모든 비밀이 내가 소개한 비밀 목록에 들어 있지는 않을 것이다. 비밀은 그야말로 무엇이든 될 수 있기 때문이다. 그러나 이 비밀 목록은 꽤 포괄적이다. 자신의 비밀을 한 가지 알려달라고 요청하자 목록의 38가지 범주에 들어맞는 비밀을 말한 사람은 92퍼센트였다. 다음 장에서 다루겠지만, 이는 비밀이 무척 고독한 경험이기는 하나 나 혼자만의 경험은 아니라는 뜻이다. 비밀은 나와 타인을 구분 짓는 특성이라기보다 오히려 우리의 공통점이라고 할 수 있다.

5. 이것도 비밀인가요?

앞에서 제시한 38가지 비밀 범주를 훑다 보면 이런 생각이 드는 항목이 몇 개는 있을 것이다. '어? 나 이런 적 있지만, 딱히 누구한테 말한 기억은 없는걸. 그런데 이게 비밀이라고?' 우리가 구태여 말하지 않는 다른 것들과 비밀이 구별되는 지점은 의도, 특히 그 정보를 알리지 않으려는 의도에 있다. 어떤 경험을 비밀로 간주할지 명확히 파악하기 위해서는 비밀과 프라이버시 구별이 선행돼야 한다.

일반적으로 비밀은 특정 정보를 숨기려는 의도가 담긴 것이고, 프라이버시는 신상 정보를 알리는 대상의 범위에 대한 판단이 담긴 것이라는 점을 고려하면 두 가지를 어렵지 않게 구별할 수 있다. 프라이버시를 중시하는 사람일수록 친밀한 사람에게만 자신의 이야기를 털어놓는다. 한편 프라이버시 기준이 낮은 사람일수록 친구나 가족에게뿐 아니라 직장 동료, 그저 아는 사람, 심지어 방금 만난 사람에게까지 신상 정보를 거리낌 없이 드러낸다. 아마 프라이버시에 대한 우려(그리고 얘깃거리로 적절한지에 대한 우려) 때문에 직장에서는 성 경험을 이야기하고 싶지 않을 것이다. 그런데 이는 특정 경험을 비밀로 하고 싶은 것과 상당히 차이가 있다. 둘 다 자신의 신상 정보를 어떻게 다루는지와 관련 있지만, 왜 그렇게 하는지는 다르다.

성 경험과 마찬가지로 재정과 관련한 사항도 의도적으로 숨긴다기보다 굳이 이야기하지 않는 경험이라고 할 수 있다. 자신의 월급을 화제로 삼지 않는 건 월급을 절대 아무도 모르길 바라는 마음에서라기보다 프라이버시 우려에서 비롯된 행동일 것이다. 동시에 그다지 현명했다고 할 수 없는 과거의 재정적 결정 같은 것은 의도적으로 비밀로 하고 있을 수 있다. 이 예시들처럼 프라이버시와 비밀은 동시에 존재할 수 있으며, 둘 사이에 중간 영역이 있기도 하다. 그렇다면 구별되는 게 맞기는 한가? 물론이다. 그리고 어떤 경험이 프라이버시고 어떤 경험이 비밀인지 가장 잘 아는 사람은 바로 나 자신이다.

내가 한 연구에 따르면 우리는 자신의 경험이나 행동이 부도덕했다고 생각할수록 프라이버시를 넘어 비밀로 취급한다. 또한, 다른 사람들에게 자기 삶을 지나치게 간파당할 수 있는 정보라고 생각할수록 감추는 행위를 프라이버시라기보다 비밀이라고 느낀다.

이는 연인이 있는 1000명의 참가자에게 실시한 조사 결과다. 나는 참가자들에게 파트너에게 공개하지 않은 사실이 있다면 알려달라고 요청했다. 어려운 질문이 아니었다. 중대한 것이든 일상적인 것이든 우리는 누구나 그런 사실을 적잖이 가지고 있기 때문이다. 사람들은 바람을 피웠거나 자신의 과거를 속인 것처럼 상당히 부도덕하다고 여기는 행동들을 말하지 않고 있었다. 참가자들은 이 내용들이 자신의 비밀인 것 같다고 답했다.

종종 부도덕한 것과는 무관한 사실들도 있었다. 한 참가자는 집에 혼자 있는 시간을 무척 좋아해서 주말에 파트너가 집에 없어도 개의치 않는다고 했다. 또 다른 참가자는 털실을 사는 데 얼마나 많은 돈을 쓰는지 파트너가 모른다고 말했다. 이들은 이 사실들을 별로 중요하게 생각하지 않았으므로 파트너에게 공개하지 않았다는 이유만으로 비밀이라고 생각하지 않았다.

연인 관계에서 각자의 지난 연애사는 흔히 회피하는 주제다. 물론 누군가를 처음 만났을 때 얼마간 정보를 주고받기는 하지만, 자세한 이야기는 나누지 않는다. 이 정보들이 비밀이어서가 아니라 말할 필요성을 느끼지 못하기 때문이다.

우리가 어떤 대화 주제를 피하는 이유는 또 있었다. 바로 갈등을 방지하기 위해서다. 추수감사절 식탁에서의 대화는 정치 분야로 흐르기 십상이다. 내 견해는 비밀도 아니고 온 가족이 알고 있다. 그렇지만 가족과 말다툼을 벌이고 싶지 않으므로 입을 굳게 다문다. 말해봤자 어떤 이슈에 대한 다른 가족의 견해를 바꿀 수 없다는 걸 아는데 굳이 분란을 일으킬 까닭이 있을까? 심지어 완벽한 반박이 준비되어 있더라도 말을 삼키고 또 삼킨다. 이는 다른 사람들의 평가가 두려워 이번 선거에서 누구에게 투표했는지를 말하지 않는 것과 전혀 다른 상황이다.

우리가 하고 싶은 말을 참는 데는 얼마든지 많은 이유가 있고, 비밀은 그중 하나의 이유일 뿐이다. 비밀을 지키기 위해 취하는 행동이 무엇이든, 그리고 그 결정을 둘러싼 맥락이 무엇이든지 간에 모든 비밀은 공통으로 다음 특성을 지닌다. 다른 사람들이 그 정보를 모르게 하려는 의도가 들어 있다는 것이다. 이 특성으로 인해 비밀은 비밀이 된다.

6. 우리의 비밀들

38가지 일반적인 비밀 목록을 접한 사람들은 13개의 평균 비밀 수와 현재 자신에게 있는 비밀의 수를 비교하는 데 관심을 보였다. 이들은 주로 자신이 보통 사람보다 비밀이 많은지 궁금해했다. 이 질문에 대답하려면 단순히 내 비밀 중 목록에 해당하는 항목의 개수가 몇 개인가를 넘어 '사람들이 일반적으로 비밀로 하는 상황에 내가 얼마나 자주 처하는가?' 하는 질문 또한 고려해야 한다. 어째서 우리는 그런 상황에 빠지는 걸까? 그리고 어째서 그 상황을 비밀에 부치는 걸까?

비밀을 만드는 인간의 경향성을 이야기하려면 우선 성격 심리학적 문제를 짚고 넘어가야 한다. 일반적으로 성격을 평가하는 데는 개방성 openness(새로운 경험이나 어렵고 복잡한 일을 얼마나 열린 마음으로 받아들이는가), 성실성 conscientiousness(조직화 또는 절제), 외향성 extraversion(열정 또는 사회성),

우호성agreeableness(예의 또는 친절), 신경증neuroticism(부정적 감정을 지칭하는 다소 덜 정중한 용어. 정서적 안정성이 낮은 상태)의 다섯 가지 광범위한 특성을 조사하는 방법이 있다. 이 정보가 필요할 때를 대비해 첫 글자를 딴 단어 'OCEAN'을 기억해두도록 하자.

연구 결과 (목록에서 경험한 항목이 많든 적든) 비밀이 많은 사람일수록 외향성과 정서적 안정성이 낮고, 대신 성실성이 높은 것으로 나타났다. 그런데 우리가 종종 비밀로 하는 상황에 휘말릴 가능성이 큰 사람은 개방성, 외향성, 정서적 안정성이 높고, 우호성과 성실성은 낮았다. 외향적일수록 비밀로 할 만한 상황에 자주 부딪히지만 실제로 비밀로 하지는 않는다는 뜻이다. 신경증적 경향과 성실성은 이러한 상황에 덜 부딪히게 만들지만, 막상 이 상황을 겪으면 비밀에 부치도록 이끈다.

연구 결과 대체로 감추는 게 많은 사람일수록 행복도가 낮으나, 단순히 비밀이 될 수 있는 경험을 많이 한 사람이라고 해서 행복도가 낮지는 않은 것으로 드러났다. 희소식이 아닐 수 없다. 일반적인 비밀 목록의 경험을 많이 했다는 게 고통받을 이유는 아니라는 뜻이기 때문이다. 행복과 인간관계를 위협하는 잠재적 요인은 이 경험들을 비밀에 부치는 것이다.

혹시 목록이 보여주는 비밀의 범주들이 성인들이 가진 비밀이라는 점을 눈치챘을지 모르겠다. 이 범주들이 있으면 인간의 비밀 대부분이 설명된다. 우리가 비밀을 지닌 아이로 살아가는 기간보다 비밀을 지닌 어른으로 살아가는 기간이 훨씬 길기 때문이다. 그러나 비밀의 역사가 시작되는 시기는 성년기가 아니다.

비밀의 탄생

어느 날 아침 나는 회의에 늦지 않으려고 미친 듯이 집 안을 돌아다녔다. 이미 출발했어야 하는데도 아직 집이었다. 열쇠가 있을 만한 곳을 전부 뒤졌다. 지각의 위기도, 분명히 물건을 둔 자리에서 사라지고 없는 불가사의한 상황도 너무나 익숙했다. 허둥대는 나를 본 아내가 물었다.

"열쇠 찾아요?"

꼭 내 마음을 읽기라도 한 것 같았다. 어떤 의미에서는 사실이었다.

사람은 언제나 서로 마음을 읽는다. 매일같이 다른 사람이 어떻게 생각하고 느끼는지 추측한다. 연구에 따르면 우리는 타인의 마음에 직접적으로 접근하지는 못해도 말과 행동을 기반으로 타인의 생각과 감정을 헤아릴 수 있다. 예컨대 우리는 어떤 사람이 이 자리에 신나서 앉아 있는지 아니면 마지못해 앉아 있는지 어렵지 않게 구별한다. 심지어 잘 알지 못하는 사람일지라도 파악한다. 사무실에서 직장 동료가 "춥다, 추워"라고 하는 걸 들으면 조금 전에 내가 파워 냉방 모드로 설정해둔 에어컨을 껐으면 좋겠다는 요청이라는 걸 합리적으로 추론한다. 아내가 통찰력이 특별히 뛰어나서 내 생각(열쇠가 어디 있지?)을 알아차린 것이 아니라 내 행동을 관찰했기 때문에 알아차린 것이다(아내는 열쇠를 제자리로 옮겨두었고, 나에게 그 사실을 말하지 않았다는 걸 기억해냈다).

우리는 성인이 될 때쯤에는 일상적으로 다른 사람의 관점에서 그들의 속마음과 감정을 추론한다. 아이들도 다른 사람의 마음을 추론하지만, 어른처럼 능숙하지는 않다. 물론 계속해서 추론 역량이 늘어난다. 아이들은 자기 자신의 심리 상태에 주의를 기울이게 되면서 다른 사람의 심리와 인식 상태에 대한 감각도 날카롭게 발달한다. 자신의 인식과 차이가 나는 부분도 이해한다. 지금부터 살펴보겠지만, 이 과정을 거치며 아이들은 비밀을 감출 수 있게 된다.

1. 비밀은 얼마나 보편적인가?

비밀은 행동이 아니라 의도라는 1장의 요지를 떠올려보자. 감출 일이 절대 생기지 않는 비밀도 있지만, 비밀은 실제로 감추지 않더라도 감추려고 마음먹은 순간부터 부담으로 작용한다.

한편 다른 동물들도 물건을 숨기는데, 비밀을 인간의 전유물이라고 할 수 있을까? 동물들은 나중에 다시 찾을 생각으로 먹을 것을 땅에 묻는다. 그러나 이것은 경쟁자로부터 미래의 저녁 식사를 지키기 위함이지(감추어

두지 않으면 다른 동물이 먹는다) 뜻하지 않은 상대방에게 정보가 흘러 들어가는 것을 막으려는 의도가 아니다. 비밀이 의도를 가지려면 내 머릿속에 있는 내용이 다른 사람의 머릿속에도 있는 것은 아니라는 점을 이해해야 한다.

앞서 사람들이 지닌 일반적인 비밀을 살펴보았는데, 지금부터는 우리가 비밀을 지킬 수 있게 도와주는 인지 능력을 알아보려 한다. 유아기부터 청소년기에 해당하는 어린 친구들은 어떤 비밀을 가지고 있으며, 시간의 흐름에 따라 이들이 비밀을 지키는 모습은 어떻게 바뀌어갈까? 그러나 아이들을 만나기 전, 먼저 침팬지들을 만나보자.

인간처럼 침팬지도 사회적 동물이다. 어린 침팬지들은 놀이를 하고, 미소를 짓거나 웃음을 터뜨리고, 유대를 형성하며, 서로 안아주고 키스를 나눈다. 그리고 인간의 삶과 마찬가지로 이들의 삶에도 언제나 즐거운 놀이만 있는 것은 아니다. 사회적 지위를 바탕으로 정치력을 행사하고, 폭력을 행사하거나 경쟁 집단 간에 전쟁을 벌이기도 한다. 침팬지는 복잡한 사회생활을 한다.

그러면 침팬지에게 비밀도 있을까? 침팬지에게 비밀이 있다면(적어도 비밀에 부치려고 시도한다면) 다른 사회적 동물들이 서로에게서 무언가를 숨기는 방식을 엿볼 수 있을 테고, 나아가 비밀에 관한 우리의 경험 중 어떤 것이 인간의 고유한 특성인지가 밝혀질 것이다.

야생의 삶과 비밀

비밀이 있으려면 다른 개체의 마음을 유추해야 한다. 동물들은 비밀을 감추는 것과 비슷한 행동(예컨대 먹이를 숨기는 행동)을 할 때 과연 다른 개체의

'마음'을 고려할까? 예를 들어 나뭇잎 더미 아래 숨겨둔 먹이를 꺼내려던 침팬지는 먹이를 일부 빼앗아갈 '우두머리 수컷'이 다가온다면 그가 지나갈 때까지 조금 기다릴 것이다. 언뜻 첫 번째 침팬지가 우두머리 수컷으로부터 먹을 것을 비밀로 하려는 듯 보인다. 그러나 이 행동에 우두머리 수컷의 마음에 대한 고려가 포함되어 있다고 하기는 어렵다. 아마도 이 침팬지는 이전의 경험에서 배운 훨씬 간단한 규칙, 그러니까 자기의 먹이를 훔칠지도 모르는 다른 침팬지에게 먹이를 내보이지 말라는 경험상 규칙을 따르는 것이리라.

누군가에게서 비밀을 만들려면 나에게 어떤 정보가 있어야 하며, 그 정보를 상대가 모른다는 것도 알아야 한다. 내가 아는 걸 다른 개체는 모른다는 사실을 침팬지가 이해할 수 있을까? 이에 대한 답을 찾기 위해 한 연구팀이 침팬지 두 마리를 대상으로 실험을 진행했다. 한 마리는 연구에 자주 동원되는 보통 침팬지였고, 다른 한 마리는 경계 대상 1호인 우두머리 수컷 침팬지였다. 연구원들은 불투명 칸막이 또는 투명 칸막이를 설치한 다음 그 뒤에 맛있는 과일을 놓아두었다. 보통 침팬지는 불투명 칸막이 때문에 우두머리 수컷이 칸막이 뒤를 볼 수 없을 때 그의 눈을 피해 몰래 과일을 먹는 모습을 보였다. 그런데 투명 칸막이가 설치된 조건에서는 대체로 과일을 건드리지 않았다. 침팬지는 어떤 물체가 다른 침팬지의 시야 안에 있는지 아니면 시야 밖에 있는지를 분별하는 것이다. 이 같은 지각을 바탕으로 침팬지는 다른 개체가 알지 못하게 의도적으로 비밀을 만들 수도 있을까?

에모리 대학교 Emory University 영장류학자 프란스 드 발 Frans de Waal의 《침팬지 폴리틱스》에 설명되어 있듯 침팬지들의 구애 행위는 인간보다 직접적이다. 수컷 침팬지는 자신의 발기한 성기를 보여주면서 암컷에게 구애하기도 한다. 그런데 이 같은 모습을 보이다가 자신보다 사회적 지위가 높은 수컷이 나타나자 재빨리 자신의 성기를 손으로 가린 수컷의 사례가 있다. 심지어 침팬지들이 마치 부모님이 계시는 집 2층에 있는 10대 커플처럼 조용히 짝짓기하는 양상이 관찰되기도 했다.

이 모습들은 어엿한 은폐 행동으로 보인다. 그렇지만 여전히 침팬지가 다른 개체의 마음을 추론하는 상황이라고 단정하기에는 부족하다. 아마 이들은 조용히 교미하는 것이 안전하다는 사실을 오랜 시간에 걸쳐 깨우쳤을지도 모른다. 그러나 미리 관련 규칙을 내재화했을 가능성이 없는 완전히 새로운 실험실 환경에서도 침팬지들은 은폐 행동을 했다.

침팬지들이 다가오면 먹이를 빼앗는 등 고압적인 침팬지처럼 연구자들이 행동하자, 침팬지들은 연구원의 시선이 닿지 않는 공간으로 가거나 찰카당하는 금속성 소리가 나는 문을 대신해서 아무 소리도 나지 않는 문을 이용하듯 먹이를 몰래 빼돌릴 방법을 찾았다. 이 행동들은 침팬지들이 이전 경험으로부터 어떻게든 익힌 규칙이라고 보기는 어렵다. 실험실 환경은 침팬지들이 앞서 겪은 그 무엇과도 닮은 구석이 없었기 때문이다.

이렇게 침팬지는 다른 개체가 보거나 볼 수 없는 것, 또 듣거나 들을 수 없는 것을 파악하는 듯하며 그에 따라 숨기는 행위를 한다. 그런데 인간은 물체나 행동을 숨기기만 하는 것이 아니다. 우리는 정보 또한 숨긴다. 그렇다면 침팬지가 보다 정교한 형태의 비밀이라고 할 수 있는 정보도 감출 수 있을까?

잘못된 믿음 실험

정보를 비밀로 하려면 우선 다른 침팬지가 어떤 사실을 모른다는 걸 알아차려야 한다. 연구자들은 '잘못된 믿음 실험 false belief test'이라는 실험을 고안했다.

실험은 다음과 같이 진행한다. 우선 첫 번째 실험에서는 보통 침팬지와 우두머리 침팬지 모두가 지켜보는 가운데 먹이 한 조각을 상자에 담는다. 그런데 보통 침팬지에게는 두 번째 상자가 있으며, 거기에 두 번째 먹이가 있다는 것도 보여준다. 이 조건에서 우두머리 침팬지는 첫 번째 먹이의 존재만 알기에 실험이 시작되면 곧장 첫 번째 상자를 향해 움직인다.

두 번째 실험에서는 두 침팬지가 지켜보는 가운데 먹이 두 조각을 모두 한 상자에 담는다. 그러고 나면 칸막이가 나타나 우두머리 침팬지의 시야를 차단한다. 그리고 상자에 들어 있던 먹이 일부를 두 번째 상자로 옮긴다. 그러나 우두머리 침팬지는 이 상황을 보지 못한다. 따라서 첫 번째 실험에서처럼 이 실험이 시작되면 우두머리 침팬지는 첫 번째 상자로 바로 다가간다.

첫 번째 실험 조건에서 보통 침팬지는 우두머리 침팬지의 시선이 두 번째 먹이에 닿은 적이 없다는 것을 안다. 즉, 그가 두 번째 먹이를 보지 못했다는 것을 인식한다. 그래서 보통 침팬지는 우두머리 침팬지가 보지 않을 때 두 번째 상자에 있는 먹이를 차지할 수 있다.

그러나 두 번째 실험 결과, 침팬지가 복잡한 상황을 이해하는 데는 무리가 있는 듯했다. 우두머리 침팬지는 계속해서 먹이가 첫 번째 상자에만 있다고 잘못된 믿음을 가지고 있다(연구원들이 먹이 일부를 두 번째 상자로 옮기는 것을 보지 못했다). 열쇠가 내가 두었던 곳에 계속해서 있을 것이라고 잘못된 믿음을 가졌던 것처럼 말이다(아내가 열쇠를 옮기는 것을 보지 못했기 때문이다).

그런데 내가 잘못된 믿음을 가지고 있다는 걸 알아차린 아내와 달리 침팬지들은 우두머리 침팬지가 잘못된 믿음을 가지고 있다는 것, 즉 주위의 사실을 오해하고 있다는 걸 깨닫지 못한 듯했다. 보통 침팬지들은 우두머리 침팬지가 보지 않을 때 두 번째 상자에서 먹이를 집을 수 있는데도, 우두머리 침팬지가 그 상자에 먹이가 있다는 걸 알기라도 하는 듯 감히 건드리지도 않았다.

침팬지는 다른 개체의 마음을 어떤 면에서는 추론하지만 어떤 면에서는 추론하지 못한다. 침팬지는 다른 침팬지의 시선이 어디로 향하는지 파악할 수 있고, 이를 바탕으로 다른 침팬지가 어떤 사물을 보았는지 못 보았는지를 이해하며 그 지각을 바탕으로 행동한다. 그러나 침팬지는 잘못된 믿음 실험에서는 실패했다. 침팬지는 자신에게 있는 정보가 다른 침팬지에게는 없을 수도 있다는 걸 이해하지 못했다. 이에 따라 침팬지의 비밀을 다루는 능력은 제한된다.

2. 아기들도 비밀을 만들 수 있을까?

어느 시점이 되면 인간의 비밀 생성 능력은 침팬지를 능가한다. 우리는 머릿속 정보가 반드시 다른 사람의 머릿속에도 있는 건 아니라는 사실을 알게 된다. 그럼 아이들은 언제 이 문턱을 넘어서 비밀을 만들기 시작하는 것일까?

아기들은 귀엽긴 하지만 썩 만족스러운 대화 상대는 아니다. 무슨 생각을 하는지 직접 물어볼 수 없고, 맛있는 과일을 보상으로 주기로 하고 실험 대상으로 삼을 수 있을 만큼의 인지 기술도 아직 가지고 있지 않다. 따라서 영아의 생각을 알기 위해서 우리는 다른 부분, 특히 그들이 무엇을 주시하는지를 살펴야 한다. 인간과 다른 동물들이 시선을 준다는 것은 주의를 기울인다는 뜻이다. 미처 예상하지 못한 상황이 벌어지면 인간 아기와 침팬지 모두 그 상황을 더 오랫동안 바라볼 것이다. 이 관념을 바탕으로 과학자들은 아직 말하지 못하고 다른 사람과 협력할 수도 없으나 무언가를 주시하는 능력은 있는 아기들에게 적합한 잘못된 믿음 실험을 설계했다.

자, 여기 노란색 상자와 녹색 상자가 있다. 그리고 두 상자 사이에 수박 조각 모양의 장난감이 있다고 해보자. 이 실험을 위해 고안된 환경이다. 상자들 뒤에 앉은 여성이 장난감을 집어 들고 잠시 가지고 놀다가 녹색 상자에 넣는다.

생후 15개월 아기들에게 이 상황이 펼쳐지는 것을 보여준다. 다음으로 칸막이가 나타나 여성의 시야를 차단한다. 이제 이 여성에게는 상자들이 보이지 않는다. 그러나 아기들은 여전히 모든 상황을 볼 수 있다. 이때 마법 같은 일이 벌어진다. 아래에서 움직이는 보이지 않는 자석 때문에 장난감이 녹색 상자에서 나와 노란색 상자 안으로 미끄러져 들어간다!

다시 칸막이가 사라진다. 그다음 한 그룹의 아기들에게는 여성이 자신이 장난감을 넣은 상자로 손을 뻗는 장면을 보여준다(그러나 이 상자에는 더는 장난감이 없다). 그리고 다른 그룹의 아기들에게는 여성이 장난감의 위치가 바뀌는 순간을 보지 못했는데도 현재 장난감이 든 상자(노란색 상자)를 향해 손을 뻗는 장면을 보여준다.

아기들은 여성이 장난감 수박의 새로운 위치인 노란색 상자 쪽으로 손을 뻗을 때 더욱 오래 쳐다보았다. 아기들은 여성이 결코 알 수 없는 정보를 바탕으로 행동하자 놀란 듯하다. 마치 여성이 장난감이 여전히 녹색 상자 안에 있다는 잘못된 믿음을 가지고 있으리라 기대했듯이 말이다.

침팬지들을 대상으로 실험했을 때와 마찬가지로, 아기들의 반응이 다른 이들의 심리 상태에 대한 추론과는 관련 없을 가능성도 고려해야 한다. 어쩌면 아기들은 물건에 저마다 제자리가 있다는 것(장난감은 장난감 상자, 책은 책장)을 이해하고 있어서, 여성이 보여준 행동으로 장난감 수박의 제자리가 녹색 상자라고 지각했는지도 모른다. 그래서 여성이 장난감 수박의 제자리가 아닌 노란색 상자에서 장난감을 찾으려 하자 놀란 것 아닐까?

아이들이 어떤 것이 비밀이라는 점을 진실로 이해하는지 식별하려면 단순히 아이들의 시선이 향하는 곳을 넘어 실제 행동을 살펴보아야 했다. 이를 위해 16개월부터 18개월 사이의 아기들을 대상으로 이루어진 실험이 있다. 첫 번째 실험에서는 첫 번째 연구원이 두 번째 연구원이 방에서 나갔을 때 장난감을 원래 있던 상자에서 꺼내 다른 상자로 옮기는 장난에 아기를 끌어들인다. 이때 첫 번째 연구원은 이 행동이 몰래 하는 행동이라는 것을 강조하기 위해 키득대며 손가락을 자기 입술에 갖다 대고 '쉿' 소리를 내기도 한다.

두 번째 실험은 장난 없이 이루어진다. 연구원은 모든 사람이 지켜보는 가운데 장난감을 옮기고, 두 번째 연구원도 방을 떠나지 않는다. 다음 단계로 두 번째 연구원이 원래 장난감이 있던 상자로 가지만 뚜껑이 잘 열리지 않는다. 이 월령의 아기들은 기회가 닿는 대로 다른 사람을 도우려 하는데, 이 상황에서 연구원을 어떤 식으로 도와주는가는 상당히 시사하는 바가 크다.

장난을 목격했으며, 두 번째 연구원이 장난감이 옮겨진 사실을 모른다는 걸 이해하는 아기들은 그를 돕기 위해 지금 장난감이 든 두 번째 상자를 가리킬 것이다. 그러나 모든 사람이 보는 가운데 장난감이 옮겨진 상황에서는 두 번째 연구원이 모종의 까닭으로 첫 번째 상자를 열고 싶어 한다고 추론할 수 있다. 그러므로 아기들이 그를 돕고 싶다면 뚜껑을 여는 것을 도와줄 것이다. 18개월의 아기들은 정확히 이렇게 행동하는 한편, 16개월의 아기들은 아직 상황을 잘 이해하지 못하는 듯했다. 즉, 18개월의 아기들은 심지어 침팬지와 달리 다른 사람이 잘못된 믿음을 가진 상황을 알아차렸다.

특정 연령에 이르기까지 아이들은 침팬지와 상당히 유사한 행동 양상을 보인다. 인간 아기와 침팬지 모두 다른 개체의 시선을 주목하고 추적하며, 그에 따라 그들의 기본적인 의도와 목표를 파악한다. 그리고 침팬지와 마찬가지로 아기들은 목격자가 없는 상황을 인식한다.

아이들은 물건처럼 정보도 숨길 수 있다는 걸 이해하는 능력에서부터 침팬지를 능가하기 시작한다. 그런데 이 능력이 나타나기까지는 시간이 걸린다. 몇 년에 걸쳐 서서히 발달하는 능력이기 때문이다. 그리고 이 능력의 발달과 함께 비밀을 감추는 능력도 자란다.

3. 미취학 아동

부모라면, 나아가 부모가 아니더라도 미취학 아동에게서 한시도 눈을 떼면 안 된다는 걸 알 것이다. 아이들은 일단 걷기 시작하면 보호자의 시야에서 벗어날 수 있는데, 이로써 이런저런 말썽을 일으킬 충분한 기회가 확보되는 셈이다. 유아기 아이들의 비밀은 자신이 저지른 조심성 없는 행동을 감추고자 하는 노력과 관련한 경우가 많다.

장난과 사고 감추기

비밀을 감추려는 유아기 아이들의 노력은 종종 한 편의 코미디가 따로 없다. 내가 조사한 한두 살배기 여자아이는 그러면 안 된다는 걸 빤히 알면서도 촛불을 훅 불어 끄는 것을 좋아했다. 어느 날 저녁 아이의 부모는 촛불하나가 꺼져 있고 아이가 유난히 조용하다는 사실을 눈치챘다. 마침내 숨어 있던 딸을 찾아내자 아이는 자신이 촛불을 끄고 도망쳤다고 인정했다. 어느 세 살배기 남자아이는 부활절 초콜릿을 다 먹고 나서야 먹으면 안 된다는 사실이 떠올랐다. 그래서 자기 방 구석으로 가 옷장 문 뒤에 숨었다.

미취학 아동은 종종 단순히 부인함으로써 자기 행동을 숨기려 한다. 쿠키 부스러기를 입가에 덕지덕지 붙이고도 쿠키를 먹지 않았다고 우기는 세 살배기, 온 얼굴에 립스틱을 칠해놨으면서 엄마 화장품을 만지지 않았다며 버티는 세 살배기도 있었다.

부모들에게는 안타까운 일이지만, 아이들은 일반적으로 배변 훈련을 끝마치기 전에 무언가를 숨기려는 시도를 시작한다. 그래서 3~5살 아이들이 지키고자 하는 가장 흔한 비밀은 바로 바지나 침대에 오줌을 싼 것이다 (양동이나 쇼핑백처럼 권장되지 않는 곳에 소변을 본 아이들의 이야기도 들었다). 이 사건들은 십중팔구 곧장 들통 난다. 설령 아이가 증거 인멸에 성공했다 하더라도 날카로운 질문 한마디면 대부분의 비밀이 꼼짝없이 밝혀진다. 별 탈 없이 비밀을 지킬 수도 있었으나 다음 같은 질문을 맞닥뜨리고 말았던 세 살짜리 아이처럼 말이다.

"그런데 바지는 왜 갈아입었어?"

이 나이대 아이들은 보통 자신이 어지른 것을 숨기려고 한다. 어떤 세 살짜리 아이는 물을 쏟아놓고 그 위에 철퍼덕 앉아 모르쇠로 일관하려 했다. 엉덩이가 젖으면 새로운 증거가 생긴다는 데는 미처 생각이 닿지 않던 듯하다. 벽에 그림을 그린 뒤 그 앞에 서서 가리려고 한 네 살짜리도 있다. 자기 방 카펫에 물을 한 바가지 붓고 보니 수영을 하기에는 턱없이 부족하다는 것을 깨달은 다섯 살짜리는 조용히 방문을 닫아 자신의 잘못된 계산을 비밀로 하려고 했다.

이 단계의 은폐 시도는 성체 침팬지와 거의 비슷하다. 침팬지들의 비밀도 코미디 같아 보이는데, 물론 성체 침팬지들이 은폐하는 사건과 상황은 어른에 가깝다. 우두머리 수컷 침팬지가 보는 데서 암컷과 짝짓기를 하다 적발된 수컷(금지 사항이다)은 마치 그렇게 하면 범죄 현장 전체를 가릴 수 있기라도 하다는 듯 재빨리 손을 내려 아랫도리를 가릴 것이다. 운 좋게 사건을 은폐할 수 있었다고 해도 왜 바지를 갈아입었는지 대답하기를 거부했던 아이와 다를 바 없이 이후에 의심스러운 행태를 보이는 범인도 많다.

드 발은 《선한 본성 Good Natured》에서 비밀리에 암컷과 짝짓기를 하는 데 성공한 순종적인 수컷 마카크속 원숭이의 이야기를 들려준다. 우두머리 수컷이 그 사건을 눈치챘을 가능성이 없는데도 이 원숭이는 우두머리에게 몹시 순종적으로 굴었고, 활짝 웃는 모습까지 보였다.

그런데 침팬지와 달리 아이들은 말을 할 수 있다. 세 살쯤 된 아이들은 꽤 복잡한 언어 표현을 구사한다. 즉, 장난을 친 증거를 들켰을 때 부인할 수 있을 뿐 아니라 자신의 비밀을 다른 사람과 공유할 수 있다는 뜻이다. 어떤 세 살배기 아이는 어린이집에서 다른 아이를 몰래 짝사랑했다. 어느 날 어머니가 지금부터 뭘 하고 싶냐고 묻자 아이는 눈길을 돌리며 자신의 비밀을 털어놓았다. 빨리 결혼하고 싶다는 것이었다.

이 나이대에는 공유하지 말아야 할 부모의 비밀까지 공유하곤 한다. 어머니에게 비밀이 있다고 아버지에게 말한 세 살짜리 여자아이처럼 말이다. 무슨 비밀인지 묻자 아이는 아버지의 날Father's Day 선물이 무엇인지 속닥속닥 이야기했다. 아이는 어머니와 함께 선물 가게에 갔다가 막 돌아온 참이었다.

크레용과 양초

아이들이 비밀을 감추는 능력이 유아기를 거치며 어떻게 발달하는지 이해하기 위해 잘못된 믿음 실험으로 다시 돌아가보자. 유아들은 사람이 각자의 의도에 따라 행동한다는 걸 이해한다. 또 어떤 사람이 알 리가 없는 정보에 따라 행동한다 싶으면 놀란 모습을 보인다. 그런데 아이들에게 한 소년이 초콜릿을 파란색 상자에 넣은 뒤 놀러 나갔는데 그사이 엄마가 와서 초콜릿을 녹색 상자로 옮겨 담았다는 이야기를 들려주면, 아직 네 살이 안 된 아이들은 돌아온 소년이 첫 번째 상자, 즉 파란색 상자에 아직 초콜릿이 있을 것이라고 생각한다는 대답을 일관되게 내놓지 못한다.

유아들은 다른 사람의 믿음을 이해할 수 있다는 증거는 분명히 보여주지만, 잘못된 믿음 실험을 해보면 네 살이 되기 전까지는 올바른 대답을 말로 일관되게 표현하는 데 한계가 있다. 그러나 우리가 짚고자 하는 것은 부족한 언어 실력이 아니다. 그건 다른 사안이다.

보다 단순화한 잘못된 믿음 실험에서는 연구원이 크레용 상자를 들고 아이들에게 묻는다.

"이 안에 뭐가 들어 있을 것 같아요?"

아이들은 크레용 상자를 잘 알고 있으므로 자연스럽게 "크레용"이라고 대답한다. 그러면 연구원은 상자 안에 크레용이 아니라 양초가 들어 있다는 것을 보여준 뒤, 다시 아이들에게 상자 속을 보지 못한 사람이라면 이 안에 뭐가 들어 있다고 생각할 것 같은지 묻는다.

네다섯 살 아이들은 정답이 크레용이라는 것, 별다른 정보가 없는 한 사람들은 크레용 상자 안에는 크레용이 들어 있을 것이라고 생각한다는 것을 안다. 그러나 세 살 정도의 아이들은 다른 사람이 크레용 상자 안에 양초가 들어 있다고 생각할 것이라고 답한다. 이 아이들은 자신이 뭘 했는지 다른 사람이 모른다고는 꿈에도 생각하지 않는다.

여기서부터는 더욱 흥미롭다. 잘못된 믿음 실험의 또 다른 버전이 있다. 연구원은 아이들이 상자 안에 든 게 양초라는 것을 알고 나면 상자를 닫은 다음 이렇게 묻는다.

"아까 상자가 닫힌 걸 봤을 때, 안에 뭐가 들었다고 생각했어요?"

세 살배기 아이들은 자신이 처음부터 그 속에 양초가 있는 줄 알았다고 딱 잘라 말하는 경우가 많다.

아이들이 장난을 치는 걸 수도 있다고 생각할지 모르겠다. 바로 조금 전에 상자 속에 크레용이 있다고 생각해놓고는 그걸 까먹다니 말이 안 된다 싶을 것이다. 그러나 이 아이들은 장난을 치는 것이 아니다. 후속 연구에서는 아이들이 크레용 상자의 내용물을 추측하도록 한 뒤, 양초가 들어 있다는 것을 보여주기 전에 연구원이 말한다.

"여러분, 저기에 종이가 있어요. 종이를 가지고 와서 크레용으로 그림을 그리면 어떨까요?"

아이들이 종이를 가지고 오면 상자를 열어 양초가 들어 있다는 걸 보여준다. 이때 아이들은 앞선 실험에서와 마찬가지로 자신들이 원래부터 양초가 든 줄 알고 있었다며 사실이 아닌 답을 말하곤 한다. 그러나 연구원이 왜 종이를 들고 있냐고 물으면 아이들은 가엾게도 어떻게 된 상황인지 이해하지 못한 채 대부분 "그냥요" 또는 "몰라요"라고 대답한다. 아이들은 조금 전만 해도 자신이 상자 속에 크레용이 있다고 믿었다는 걸, 그 때문에 종이를 가져왔던 것임을 떠올리지 못할 뿐이다.

대체 왜 그런 것일까? 단순화한 잘못된 믿음 실험을 통과하려면 지금 자신에게 있는 정보가 과거 경험에서 왔다는 점을 이해해야 한다. 아이들은 과거의 경험을 떠올리는 능력이 커질수록 잘못된 믿음 실험을 곧잘 통과한다. 조금 전 일을 기억하지 못하는 것이 아니다. 문제는 새로운 정보를 얻은 경험을 떠올리려면 우선 내적 경험에 관심을 가져야 한다는 데 있다. 그러나 어린아이들은 내적 경험에 지속적으로 주의를 기울이지 않는다.

칫솔과 기억

"지금부터 하나 물어볼게요. 그런데 소리 내서 대답하지는 마세요, 알겠지요? 대답은 비밀이니까 혼자만 알고 있도록 해요."

이 연구에서는 연구원이 다섯 살짜리 아이에게 무언가를 조용히 생각해보기를 요청한다.

"대부분은 집에 칫솔이 있어요. 사람들은 집에서도 특별히 이 방에 칫솔을 놔둬요. 자, 지금부터 아무것도 말하면 안 돼요. 비밀로 해주세요. 친구 집에는 어느 방에 칫솔이 있나요?"

연구원은 손가락을 입술에 대고 '쉿' 소리를 낸다. 잠깐 조용히 앉아 있도록 한 뒤 아이에게 묻는다.

"무슨 생각 하고 있었어요?"

이때 질문을 받은 다섯 살 아이의 31퍼센트만이 화장실에 있는 칫솔을 생각하고 있었다고 답한다. 그리고 대다수인 63퍼센트는 아무 생각도 하지 않았다고 답한다. 이 결과는 아이들이 생각이란 무엇인지 배운 뒤에 나타난 결과다. 아이들은 자기 생각에 집중하지 않았다.

그러나 이는 어린아이들에게 자신의 내면세계에 주의를 기울일 능력이 없다는 뜻이 아니라 단지 연습이 필요하다는 뜻이다. 최종 버전의 크레용 상자 실험은 이랬다. 연구원은 아이들에게 그림을 그릴 종이를 가지고 오라고 또다시 요청한다. 그리고 나서 연구원은 아이들 절반에게는 "종이에 무슨 그림을 그릴 거예요?" 또는 "무슨 색으로 그릴 거예요?" 같은 질문을 한다. 이렇게 하면 아이들이 원래 가지고 있던 잘못된 믿음을 훨씬 정교하게 기억하는 데 도움이 된다.

자신의 의도를 고민하는 데 시간을 쏟지 않은 아이들과 비교해, 종이에 무엇을 그리고 싶은지 어느 정도 고민한 아이들은 대체로 자신이 원래 크레용 상자 안에 크레용이 있다고 믿었다는 사실을 한층 정확하게 떠올렸다. 연습이 없으면 어린아이들은 자신의 내면에 신경을 쓰지 않으므로 이 같은 실험을 하기란 쉬운 일이 아니다.

자신의 심리 작용에 주의를 기울일수록, 즉 자신이 아는 것과 새롭게 알게 된 것에 관심을 가질수록 아이들의 기억은 보다 정교해지고 자아 인식도 강해진다. 이러한 발달과 함께 아이들은 자신이 어떤 사건을 목격했는지, 또 누가 그곳에 있거나 없었으므로 사건을 목격할 수 있거나 없었다는 데 주목하기 시작한다. 그리고 이 같은 관심에 기초해 다른 사람들에게는 없는 정보가 자신에게는 있을 수 있다는 사실을 받아들이게 된다.

4. 아동기

여섯 살 전후가 되면 아이들은 과거 경험이 지식과 개인적 기억으로 축적된다는 것을 깨닫는다. 이를 바탕으로 자신에 대한 이해가 깊어지며 무언가가 비밀이라는 걸 파악하는 능력이 생긴다. 동시에 아이들은 다른 사람의 마음도 이해하게 되면서 비밀을 더 잘 숨기는 모습을 보인다. 어느 여섯 살배기는 초콜릿을 왕창 먹은 뒤 빈 껍질들을 아무도 열어보지 않을 법한 작은 틴 케이스에 숨겨뒀다. 어머니가 봄맞이 대청소를 하면서 우연히 그 케이스를 열어보지 않았다면 이 비밀은 절대 들키지 않았을 것이다.

이 나이의 아이들은 아직 완전 범죄를 도모하는 수준까지는 아니더라도 증거를 감추는 데 능숙해진다. 저녁 식사로 나온 음식이 마음에 들지 않아 바닥의 환기구에 숨긴 여섯 살배기도 있다. 반려견이 환기구를 핥기 전까지는 꽤 괜찮은 방법이었다. 또 다른 여섯 살배기는 마법 펜을 써서 보이지 않는 잉크로 카운터에 낙서를 했다. 햇빛이 특정 각도로 비칠 때만 보였기 때문에 아무 문제가 없는 듯했다. '알렉스 최고'라고 쓰지만 않았더라면 완전 범죄가 될 수도 있었을 것이다.

꾸중을 듣고 싶은 아이는 없으므로, 아이들이 장난을 치거나 사고를 숨기는 수단으로 비밀을 이용하는 것은 이치에 맞다. 그러나 비밀은 그보다 훨씬 큰 의미를 띤다(아이에게든 어른에게든 마찬가지다). 비밀을 가진다는 것은 짓궂은 내용이든 유쾌한 내용이든 내면세계의 일부를 다른 사람들에게 감추는 것이다. 나는 실수나 사고와 관련된 이야기뿐 아니라 성취, 야망, 사랑, 키스에 얽힌 아이들의 사랑스러운 비밀 이야기도 잔뜩 들었다.

조망 수용 능력perspective taking ability(다른 사람의 관점에서 상황을 이해하는 능력—역주)이 향상되면서 아이들은 자신에 대해 더 많이 생각하게 되고 다른 사람과 자신을 비교하기도 한다. 이때 자의식이 과도해지는 부작용이 나타난다. 그러면서 아이들은 자신의 어떤 기호나 성향을 부끄럽게 느끼기 시작한다. 예를 들어 많은 아이에게 상상의 친구가 있는데, 그 상상의 친구를 다른 사람이 알지 못하도록 경계하는 식이다. 아이들은 보이지 않는 친구와 대화를 하고 있다가도 부모가 지나가면 곧장 입을 다문다.

아이가 자라면 더 난처한 비밀을 갖게 될 가능성도 커진다. 나에게 이야기를 들려준 한 어머니는 자신이 가까이 다가갈 때마다 여덟 살 난 딸아이가 엄청난 속도로 휴대전화를 숨긴다는 사실을 알아차렸다. 도대체 무슨 일인지 의심스러웠던 그녀는 하는 수 없이 딸에게 휴대전화를 보여달라고 부탁했다. 딸아이는 프렌치 키스를 나누는 사람들의 영상을 보고 있었다.

침팬지 넘어서기

지금까지 아이들이 자신의 마음과 다른 사람의 마음을 이해하고 비밀을 가진 능력을 발달시키는 과정을 살펴봤다. 물체나 행동을 숨기려면 먼저 다른 사람이 그 상황을 보거나 들을 가능성을 인식해야 한다. 어린아이와 침팬지 모두 이 같은 인식 능력을 보여주며 그에 맞추어 무언가를 숨기려 할 것이다. 그러나 인간의 비밀은 침팬지의 비밀과 두 가지 면에서 다르다.

첫째, 자신이 아는 걸 우두머리 수컷은 모른다는 사실을 이해할 수 없는 침팬지와 달리, 아이들은 네 살이 되면 모든 유형의 잘못된 믿음 실험을 통과한다. 게다가 부모에게 보이지 않은 행동은 부모가 모르고 있다는 지식에 근거해 행동한다. 아이들은 자신의 마음과 다른 사람의 마음을 어떻게 생각해야 할지 예리한 감각을 발달시킨다. 그리고 다른 사람들이 알지 못하는 세상의 어떤 상태를 자신이 알고 있을 때, 그 사실을 깨닫는다. 아이들은 자신의 머릿속에 있는 정보가 반드시 다른 사람들의 머릿속에도 있지는 않다는 점을 이해한다.

이 발달 과정에 언어가 큰 도움이 된다. 특히 부모가 아이들을 상대로 '알다', '이해하다', '기억하다'같이 정신 과정과 연관된 단어를 자주 쓰면 아이들은 내면세계에 관심을 기울이는 법을 배울 수 있다. 그 결과 과거의 경험을 기억하고 다른 사람에게는 없는 정보가 자신에게 있는 상황을 능숙하게 받아들이게 된다.

연습도 큰 도움이 된다. 형제자매가 많은 아이가 다른 사람의 마음을 헤아리는 감각이 한층 날카로운 경향이 있으며, 학교에 다니는 것도 광범위한 연습 기회를 제공한다. 읽기, 쓰기, 수학 수업을 따라가려면 자신의 정신 과정에 주의를 집중해야 한다. 또 교실과 운동장은 또래와 끊임없이 상호 작용하는 정글이기 때문에 아이들은 다른 사람의 심리 상태에 보다 관심을 기울일 수밖에 없다.

둘째, 다른 사람의 관점을 생각하는 연습을 하면서 아이들은 이야기를 하기 시작한다. 다른 사람의 관점을 더 잘 이해할수록 비밀을 지키려고 하는 이야기들이 더욱 그럴듯해지는 것이다. 예컨대 꽃병이 깨진 탓을 유령이 아니라 고양이에게 돌린다. 그러나 비밀을 은폐하기 위한 이야기만 하는 것은 아니다. 아이들은 비밀을 폭로하기 위한 이야기도 한다. 인간의 비밀이 침팬지의 비밀과 다른 두 번째 지점이다. 우리는 신뢰하는 사람들에게 자신의 비밀을 드러낸다.

아이들은 비밀을 누군가에게 털어놓더라도 다른 사람들에게는 여전히 비밀로 할 수 있다는 것을 이해한다. 어느 일곱 살배기는 어머니에게 자신의 팔찌가 평범한 팔찌가 아니라 비밀스러운 행운의 부적이라고 말했다. 그런데 아이는 이 비밀을 털어놓기에 앞서 한 가지 조건을 걸었다. 아무에게도, 심지어 반려견에게도 말하지 않겠다는 약속을 받았던 것이다.

내면세계 공유

아동기에 접어든 아이들은 또래 간 상호 작용이 폭발적으로 늘어나는 가운데 정말 우정이라고 할 만한 우정을 발전시키기 시작한다. 미취학 시기의 어린아이들에게 친구란 우연히 곁에 있던 놀이 상대였으나, 좀 더 자란 아이들은 다른 사람의 관점을 취할 수 있으므로 어떤 아이가 자신과 잘 맞고 잘 맞지 않는지를 구별한다. 우정은 유사성과 호감을 기반으로 형성된다. 아이들은 개인적 이야기를 공유하면서 서로 깊이 연결되기 시작한다.

아이들은 스스로 입 밖에 내지 않는 한 자신밖에 모르는 내면세계가 있다는 걸 인지하면서, 그 세계의 일부를 특별하게 구분하기 시작한다. 이는 누구에게도 절대 알리지 않기 위해서가 아니라, 중요하게 여기는 가까운 사람들에게 공유하기 위해서다. 한 아이는 비밀을 '다른 사람에게 지키라고 하는 것'이라고 설명하기도 했다. 비밀이 무엇인지 물으면 아이들은 친구에게 말할 수 있고, 친구들이 비웃지 않는 것이라고 정의한다. 아이들은 또 서로의 비밀을 공유하면 단짝 친구가 될 수 있다고 말하기도 한다.

그러나 상황은 변하게 마련이다.

5. 청소년기

"내 인생은 대체로 평범하다."

영화 〈러브, 사이먼〉은 자기 삶이 얼마나 만족스러운지 설명하는 사이먼의 독백으로 시작한다. 가족 사이도 돈독하고, 늘 어울려 다니는 유치원 때부터의 친구가 두 명, 평생 알아온 것 같은 새로운 친구가 한 명 있다. "정말 완벽하게 평범한 인생이다. 엄청난 비밀이 하나 있다는 것만 빼면." 사이먼은 게이다. 그리고 아직 아무에게도 커밍아웃을 하지 않았다.

사이먼은 이 비밀 때문에 고심한다. 한번은 리얼리티 TV 쇼를 보는데 옆에 있던 아버지가 어느 출연자에 대해 아내 찾기 프로그램인데 게이가 나온 것 같다고 말한다. 이 말을 들은 사이먼은 마음이 편치 않다. 누군가와의 대화에서 자신의 비밀이 상기될 때마다 사이먼의 얼굴에는 불편한 기색이 떠오른다. 그러나 사이먼은 가족과 친구들이 자신의 비밀을 알게 된다면 기꺼이 받아들이고 지지해줄 것이라는 걸 안다. 그렇다면 왜 아직 밝히지 않은 것일까?

일단, 로맨틱 끌림romantic attraction(어떤 젠더에게 연애 감정을 느끼는가를 지칭하는 용어로 성적 끌림과 차이가 있다.—역주)을 털어놓기가 거북하기 때문일 수 있다. 사이먼은 이성애자들은 가만히 있어도 세상이 알아서 이성애자라고 추정하므로 커밍아웃을 할 필요가 없다는 것을 부러워한다. 또 사이먼은 어쩌면 언젠가 자신이 로맨틱 끌림을 느끼는 양상이 바뀔 수도 있다고 생각한다. 이 불확실성 때문에 자신의 비밀을 밝히기가 더욱 내키지 않는 것이다.

결국 사이먼은 자신과 마찬가지로 성 정체성을 감춘 같은 학교 학생과 온라인을 통해 익명으로 계속해서 대화를 나누게 된다. 아이러니하게도 이로 인해 사이먼은 비밀을 지키기가 더욱 어려워진다. 사이먼은 새로운 관계로부터 얻게 된 정서적 지지를 고맙게 여기지만, 그 과정에서 자신의 비밀에 대해 더욱더 생각이 많아진다. 사이먼은 학교생활에 집중하지 못하고, 마음은 번번이 다른 곳을 떠돌아다닌다. 친구들과 시간을 보낼 때조차 수시로 자신의 비밀을 떠올린다.

나는 누구인가?

청소년기에 접어든 아이들은 훨씬 커다란 사회 연결망을 갖게 되는데, 이에 따라 더 많은 사람과 더 많은 상호 작용을 한다. 10대들은 자신을 표현하거나 자신이 관찰한 것, 아이디어, 이야기 등을 주고받는 능력을 바탕으로 주위 사람과의 관계를 돈독히 한다. 이때 아이들은 또래뿐 아니라 기회가 주어지면 선생님이나 친구의 부모 등 자기 부모 이외의 어른과도 의미 있는 관계를 형성한다. 10대 아이들은 이 관계들 속에서 평소에 무슨 말을 할까? 주로 자기 자신에 관한 이야기를 한다.

더 많은 것을 경험하고 자신이 경험하는 세상을 향한 관심이 늘어나면서 지식과 개인적 기억의 기반도 커진다. 어린아이들은 풍부한 기억을 가지고 있다. 그러나 이 기억은 책처럼 장(章)이나 권으로 정리되어 있기보다는 서랍 속에 되는대로 집어넣어둔 종잇조각들에 가깝다. 반면, 10대들은 기억을 자서전처럼 정리한다. 중요한 과거의 기억을 엮어 이야기를 발전시키고, 이로써 한층 복잡한 얘깃거리를 손에 넣는다. 삶의 이야기를 구성하고 공유하는 행위는 자기 자신을 찾아 스스로에게 충실해야 한다는 압박감에 대응해 청소년들이 정체성을 확립해 나아가는 데 도움이 되며, 이는 성인이 되어서도 마찬가지다.

청소년기는 보통 가족생활에 완전히 둘러싸여 있던 이전의 자신에게서 서서히 벗어나는 과정을 포함한다. 자아를 새롭게 개척하는 여정 속에서 10대들은 어느 정도 가족과의 분리를 추구하는데, 부모들에게는 유감스럽게도 이 여정이 항상 우아하게 펼쳐지지는 않는다. 일단 독립이라는 사과를 한입 맛본 청소년들은 종종 자신이 동원 가능한 모든 방법을 동원해 부모로부터 벗어나려고 애쓴다. 심지어 함께 여행 중인데도 최대한 멀찍이 떨어져 있으려 드는 10대 자녀 때문에 속상하다는 부모들이 많다. 그렇지만 나도 어릴 때 그랬던 것 같다.

이러한 행동들은 자주성의 실제적인 표지라기보다 상징적인 것이라고 봐야 한다. 그리고 물론 10대들의 작전은 여기에 그치지 않는다. 얼마 지나지 않아 10대들은 부모가 일방적으로 정한 규칙에 따라야 하는 현실에 낙담한다. 그리고 곧 자신이 통제할 수 있는 커다란 한 가지가 있다는 사실을 깨닫는다. 바로 부모에게 뭘 말하고 말하지 않을지 선택할 수 있다는 것이다. 10대들은 부모가 통제하려고 하는 행동, 즉 음주나 연애, 무단결석 등을 비밀에 부침으로써 부모의 통제를 피하려 한다. 어린아이들이 짝사랑이나 입맞춤에 대해 기꺼이 부모에게 털어놓는 반면, 청소년기의 아이들은 자신의 연애에 관해 입도 뻥긋하지 않으려 한다.

10대들은 부모의 통제를 받는 영역과 부모의 통제 바깥이라고 정한 개인적인 영역 사이에 분명히 선을 긋는다. 아무리 부모가 전부 간섭하려 든다고 해도 말이다. 10대들이 개인적인 것으로 간주하는 화제는 대체로 취향이나 선호와 관련이 있다. 여기에는 옷, 헤어스타일, 취침 시간이나 식단 등의 생활 방식, 친구 관계를 비롯한 각종 인간관계, 부모와 10대 양쪽 모두 대화를 나누기 껄끄러운 화제인 섹스가 포함된다.

이 영역들에서 부모에게 어떤 권한이 있는가에 관해 부모와 자녀 간 의견이 일치하지 않으면 갈등이 벌어지기 쉽다. 그런데 많은 10대가 깨우친 바와 같이, 정보를 숨기면 이 갈등 중 상당수를 피할 수 있다. 이 행동은 어느 정도까지는 청소년의 정서 발달상 건강하고 정상적인 행동이다. 즉,

가족과 자신을 분리하고 독립심을 기르는 데 꼭 필요한 단계다. 그렇다면 언제 문제가 되는 것일까?

꽤 복잡하다

지금까지 비밀이 어떻게 발전하는지 우리가 처음 비밀을 가진 시기에서부터 청소년기에 이르기까지 차례대로 살펴보았다. 그러나 비밀이 초래하는 잠재적 피해에 관해서는 아직 이야기하지 않았다.

구체적으로 우리는 '자신의 행동을 감추기 위한 어린아이와 청소년의 비밀'을 탐구했다. 다른 사람의 요구로 비밀을 지키는 경우는 다루지 않았다(이는 대체로 문제가 된다. 특히 다른 사람의 위험한 행동을 덮기 위한 비밀일 때는 확실히 문제다).

어린 시절에 아이들이 일으키는 그 나이대의 말썽과 사고는 비밀로 해도 일반적으로 큰 피해로 이어지지는 않는 듯싶다. 또 아이들이 장난을 감추려고 가끔 하는 거짓말을 더 큰 속임수의 징조라고 볼 수 있는가도 불확실하다. 그러나 청소년기는 다르다. 청소년들은 미성년자 음주, 불법 약물 복용, 10대의 연애처럼 훨씬 복잡한 상황과 문제에 처할 수도 있다. 이 행동들은 우정과 모험 이야기의 주요 배경이 되기도 한다. 그러나 아무런 제지 없이 문제 상태가 지속될 경우에는 갈등과 문제를 비밀로 할수록 상황을 악화시킬 따름이다.

우울한 기분, 학업 부진, 약물 사용 또는 어떤 영역에서든 지속적인 불안, 걱정, 수치심 등의 문제를 안고 있으면서 비밀로 감추는 것은 10대들을 우울증, 외로움, 비행 등 각종 해악의 위험에 빠뜨릴 수 있다. 10대들의 비밀에 관한 연구 결과로 밝혀진 사실이다. 그러나 비밀 자체가 이러한 위험을 야기하는지, 아니면 비밀은 다른 문제의 징후일 뿐인지는 특정하기는 어렵다. 삶이 원만하게 흘러가는 상황에서는 10대들이 비밀을 지키기 위해 고군분투할 일이 적을 것이다. 삶이 순탄하지 않은 경우라도 비밀은 문제에 대한 반응이지 문제의 원인이라고 보기 어렵다. 그런데 비록 문제의 시작점은 아니더라도, 비밀은 충분히 문제를 악화시킬 수 있다.

물론 부모가 자녀를 얼마나 알고 있는가는 온전히 자녀의 선택에만 달린 것이 아니다. 여기에는 부모의 책임도 있다. 부모가 비난하거나 분노를 퍼붓고 모종의 처벌을 가하는 등 부정적 반응을 보일 것이라고 예상한다면 10대들은 당연히 자신의 비밀을 밝히지 않을 것이다. 신뢰 관계가 낮은 상태에서는 아무리 부모가 좋은 뜻으로 정보를 요청해도 아이들은 함정으로 느끼고 자신을 통제하려는 시도로 받아들일 것이다.

그러나 비밀을 말하더라도 부모가 이해와 연민을 가지고 수용하는 마음으로 분별 있는 반응을 보여줄 것이라고 믿는다면, 아이들은 부모를 신뢰하며 더 많은 것을 솔직하게 털어놓고 도움을 요청할 것이다. 막상 닥치면 이렇게 반응하기란 쉬운 일이 아니겠지만(행운을 빌 따름이다), 이것이 자녀와 소통을 이어가는 가장 효과적인 방법이다.

부모와의 관계가 건강한 10대들은 굳이 묻지 않아도 학교생활이나 친구 관계 등 자신이 어떻게 지내는지를 부모에게 먼저 이야기할 가능성이 크다. 건강한 관계에서는 정보를 공유하는 것이 일상이다. 반면 부모와 자녀 간의 감정적 연결이 약한 상태에서는 이러한 대화가 훨씬 얕고 짧게 이루어진다. 건강하지 못한 관계에서는 정보를 공유하지 않는 것이 일상적이다. 그러나 부모와의 관계가 어떻든, 10대들에게는 언제나 친구에게는 말하지만 부모에게는 말하지 않는 부분이 있을 것이다.

이해해주지 않고 잘못을 처벌할지도 모르는 부모와 비교해 친구에게 털어놓는 것은 안전하다. 자신의 상황을 가장 잘 이해하는 사람도 아무래도 같은 10대인 친구들일 것이다. 이들은 심지어 비슷한 일을 겪고 있을 수도 있다. 그리고 10대들이 바라는 것은 우선 친구들의 의견과 조언이겠지만, 나아가 또래 집단의 사회적 승인이기도 하다.

비밀은 거절에 대한 불안과 걱정을 느낄 때 나타나는 일반적인 반응이다. 그러나 그런 때일수록 우리는 신뢰하는 주변 사람들의 지지에 기대야 한다. 10대들의 우정에서 사회적으로 인정을 받는 것은 성배나 다름없다. 10대들은 또래 집단의 승인을 갈망한다. 그래서 특정한 방식으로 말하고 행동하며 다른 아이들의 반응을 살핀다. 컨디션이 별로일 때는 혹시라도 말이 잘못 나올까 봐 한층 심하게 걱정하기도 한다.

10대 청소년이 살아가는 사회적 세계는 빠르게 움직이는 세계다. 누구와 연결되고 관계를 맺는가도 끊임없이 변화한다. 이러한 와중에 거절과 반대에 대한 두려움이 있으면 타인을 신뢰하는 능력이 퇴색된다. 이것이 바로 비밀이 우리의 건강과 행복을 저해한다고 볼 수 있는 일차 지점이다. 그리고 이것이 사이먼이 겪은 난관이었다. 사이먼은 어떤 면에서는 친구와 가족들에게 자신의 비밀을 말하고 싶어 했다. 그러나 마음의 문을 열지 못했다. 고통과 걱정을 비밀에 부친 결과 사이먼과 같은 10대들은 자신에게 필요한 도움과 지원을 받을 가능성을 차단하고 만다.

어른들이 익히 아는 대로의 비밀이 탄생하는 순간이다.

마음의 비밀

일리노이주 쿡 카운티 국선 변호사 데일 코번트리Dale Coventry와 제이미 쿤즈Jamie Kunz에게는 비밀이 있었다. 두 사람은 1982년부터 살인죄로 종신형을 살고 있던 월턴 로간Alton Logan이 무죄라는 걸 알고 있었다. 두 사람에게 범행을 자백한 사람이 있었기 때문이다. 코번트리와 쿤즈는 이 비밀로 인해 고통받았으나 법적으로 공개할 힘이 없었고, 로간이 자신이 저지르지도 않은 범죄로 감옥에 갇힌 오랜 세월 동안 비밀을 함구해야 했다.

1982년 1월, 에드거 호프Edgar Hope와 네이딘 스마트Nadine Smart는 시카고의 한 맥도날드 매장에 들어갔고, 호프의 오른팔 앤드루 윌슨Andrew Wilson은 차에서 기다렸다. 어느 시점에 호프와 맥도날드 직원 사이에 말다툼이 벌어졌다. 곧 경비원 두 사람이 다가갔다. 창문으로 소동을 목격한 윌슨은 엽총을 가지고 매장에 들어간다. 호프가 이미 강도 혐의로 체포 영장을 발부받은 터라 가만히 있을 수 없었다. 윌슨을 엽총을 들어올리며 경비원들에게 물러서라고 소리쳤다. 그리고 그 순간 호프가 경비원의 손목을 비틀어 총을 뺏으며 쓰러뜨린 뒤 총을 그의 머리에 겨눴고 그대로 방아쇠를 당겼다. 동시에 윌슨은 다른 경비원의 가슴을 쐈다. 그러고 나서 호프와 윌슨, 스마트는 현장에서 도망쳤다. 가슴에 총을 맞은 경비원은 즉시 숨을 거뒀고, 다른 경비원은 목숨을 건졌다. 호프가 방아쇠를 당겼을 때 팔을 들어 머리를 보호할 수 있었던 것이다.

그 뒤 스마트는 매장으로 되돌아왔고, 아직 현장을 기록하느라 머물러 있던 경찰들에게 사건의 목격자로서 진술하고 싶다고 말한다. 스마트는 그날 밤 살인을 저지른 윌슨을 감싸고 결과적으로 공범인 자신을 지키기 위해, 순간적으로 떠오른 월턴 로간의 이름을 댄다. 어릴 때부터 아는 사이였다. 로간은 1974년에 노인을 상대로 강도 행각을 벌이고 차를 훔쳐 달아나다 붙잡혀 5년을 교도소에서 보낸 전력이 있었으므로 그럴듯한 용의자인 듯했다.

맥도날드 총기 사건 발생 이틀 뒤, 저녁에 귀가한 로간은 경찰이 자신을 찾아왔었다는 소식을 접한다. 그는 2년 전 출소한 이래로 바른 생활을 이어오고 있었다. 로간의 어머니는 경찰에 연락해보라고 말했고, 그는 즉시 그렇게 했다. 그러자 곧바로 경찰들이 와서 그를 경찰서로 데려갔다. 다음 날 아침까지 밤새도록 취조가 계속됐다. 집으로 돌아온 로간은 이제 끝난 일이겠거니 생각했다. 그러나 한 달 뒤 자정 직전, 누군가 현관문을 두드렸다. 문을 열자 여러 자루의 총이 그의 머리를 겨눴다. 그렇게 로간은 체포됐다.

경찰서에서 형사들은 로간에게 라인업(목격자에게 용의자를 비롯한 여러 인물의 사진을 제시하고 범인을 지목하게 하는 수사 기법—역주) 수사를 원하는지 물었다. 로간은 동의했고, 변호사를 선임할 권리를 포기했다. "변호사는 필요 없어요. 아무 짓도 안 했으니까요." 그의 말이었다. 상황은 로간에게 점점 더 나쁘게 돌아갔다. 그날 맥도날드에서 부상당한 사람이 라인업 절차에서 로간을 총격범으로 잘못 지목한 것이다.

진범인 월슨은 범행 당일 법망을 벗어났으나 곧 체포됐다. 로간이 체포된 지 이틀이 흐른 새벽 2시경, 두 경찰이 월슨의 차를 세웠다. 언쟁이 오갔고 총이 발사됐다. 경찰 두 사람이 모두 사망했다. 이번에는 누가 범인인지 혼란이 벌어지지 않았다. 결국 월슨은 두 명의 경찰을 살해한 혐의로 가석방 없는 종신형을 선고받았다.

세 남성이 수감된 지 한 달이 되기 전, 맥도날드 경비원의 팔에 총을 쐈던 에드거 호프는 자신의 변호사에게 월턴 로간을 만난 적이 없으며, 다른 경비원을 쏴서 죽인 인물은 앤드루 월슨이라고 말했다. 호프의 변호사는 이 사실을 곧상 월슨의 변호를 맡은 쿡 카운티 국선 변호사 코번트리와 쿤즈에게 알렸다. 이들은 월슨에게 접견을 요청했고, 이때 월슨이 살인을 자백했다. 이는 로간의 무죄를 입증하는 스모킹 건(범죄 및 사건 해결의 결정적 단서—역주)이었으나, 월슨은 자신의 자백을 공개하기를 거부했다.

월슨의 협조 없이 그의 변호사들이 오판을 바로잡을 수는 없었다. 변호사-의뢰인 비밀 유지 특권attorney-client privilege에 매인 코번트리와 쿤즈는 로간의 무죄를 비밀로 묻었다. 다만 월슨은 자신이 사망한 뒤에는 자백의 내용을 밝힌다는 데 동의했다. 코번트리와 쿤즈는 자신들이 할 수 있는 유일한 법적 조치를 취했다. 두 사람은 로간이 결백하며 다른 인물이 범인이라는 사실을 알고 있다는 내용을 자세히 담아 서명하고 공증받은 진술서를 금고에 넣었다. 이후 이 진술서는 26년 동안 그곳에 들어 있었다.

월슨이 2007년 말까지 교도소에서 복역하다 자연사하자 마침내 코번트리와 쿤즈는 나서서 로간의 결백을 밝힐 수 있었고 로간은 무죄를 입증받았다. 결국 코번트리와 쿤즈는 자신들이 밝히면 무고한 사람이 풀려날 수 있다는 걸 알면서도 거의 26년 동안 비밀을 지켜야 했다. 이 비밀은 두 사람을 무겁게 짓눌렀다. 코번트리는 잘못된 유죄 판결을 받은 수감자가 석방됐다는 소식을 들을 때마다 로간을 떠올렸다고 한다. 당연히 그렇지 않았을까?

쿤즈 역시 이 비밀을 생각하기 일쑤였다고 말했다. 일 년에 250번은 생각한 것 같다고 한다. 두 사람은 비밀 때문에 고통을 겪었고, 어떤 식의 고통을 겪었느냐는 질문에 대한 두 사람의 답변은 다른 사람들의 질문을 피해야 했다거나 하는 이야기가 아니었다. 대신 오랜 세월 짊어져야 했던 마음의 짐을 설명하면서 이들은 비밀이 자신들의 마음속에서 얼마나 자주 떠올랐는가에 관해 이야기했다.

비밀을 숨기기 위해 어떤 행동을 하든지 간에 비밀을 지키는 데는 '의도'가 있다. 어떤 정보가 한 사람 또는 그 이상의 사람들에게 알려지지 않도록 막고자 하는 의도다. 우리의 마음은 의도와 관련한 것들을 우선시한다. 이에 따라 우리는 의도에 맞춰 행동할 수 있는 기회를 예의 주시한다. 그런데 이 말은 우리의 마음이 비밀에 대한 생각으로 계속 되돌아간다는 뜻이다. 심지어 방에 다른 사람이 아무도 없을 때도 말이다. 마치 그림자처럼 비밀은 우리가 어디를 가든 따라다닐 수 있다. 그리고 종종 우리가 비밀과 단둘이 다닌다는 것이 문제가 된다.

1. 트라우마에 대처하기

1983년 11월 초, 당시 서던메소디스트 대학교Southern Methodist University에서 심리학과 교수로 재직 중이던 제임스 페니베이커James Pennebaker는 최근 배우자를 잃은 사람들을 대상으로 우편 설문 조사를 실시했다. 페니베이커 교수 그리고 그와 함께 연구를 실시한 대학원생은 해당 지역 검시관으로부터 허가를 받아 자살과 사고사에 관한 기록을 열람했다. 이를 바탕으로 두 사람은 얼마 전 배우자를 잃은 사람들의 목록을 만든 다음 이들에게 우편으로 봉투를 보냈다. 봉투에는 트라우마에 대처하는 방식을 조사하고 있다고 양해를 구하는 편지와 함께 두 장의 설문 용지가 들어 있었다. 그러자 대상자의 절반가량이 설문 용지를 작성해 보내주었다.

연구진은 참가자들에게 배우자의 죽음에 대해 친구들과 어느 정도 이야기를 나누는지 물었다. 배우자가 사망하기 전후에 각종 질병과 건강 악화를 경험했는지 파악하기 위해 건강 체크리스트도 작성하도록 요청했다. 그리고 연구진의 예상대로 사람들은 배우자가 사망한 다음 해에 건강이 악화되었다고 보고했다. 배우자를 잃게 된 연유와 상관없이 참가자들은 평균적으로 한 가지 건강 문제를 지니고 있었으나 배우자가 떠난 후에는 두세 가지의 건강 문제를 지니게 된 것으로 나타났다.

페니베이커의 연구는 비밀에 관한 연구가 아니라 트라우마 대처에 관한 연구였다. 그런데 그는 이 연구에서 자신의 경력을 바꿀 수도 있는 발견을 한다. 최근 겪은 배우자의 죽음에 관해 친구들에게 이야기하는 횟수가 적은 참가자일수록 건강 문제가 확연히 증가했다. 자신의 슬픔을 말하는 사람이 말하지 않는 사람보다 건강한 것 같았다.

트라우마에 대처하는 데 슬픔을 털어놓는 것이 도움이 된다는 의미다. 그러나 슬픔을 털어놓은 참가자들은 여하튼 이야기를 나눌 친구가 더 많다는 뜻이고, 그렇기에 다른 사람들보다 한결 잘 지낸 것은 아닐까? 페니베이커는 이 요인도 고려 대상에 포함했다. 그 결과, 같은 수의 가까운 친구가 있는 참가자들을 비교했을 때도 자신이 겪은 상실을 친구들에게 별로 말하지 않은 참가자들은 건강 문제가 크게 증가한 것으로 드러났다.

페니베이커는 참가자들에게 한 가지 질문을 더했다. '배우자의 죽음에 대한 생각을 얼마나 자주 멈출 수 없나?' 이들의 응답에 따르면 친구들에게 슬픔을 더 자주 표현한 참가자일수록 배우자의 죽음을 덜 생각했으며, 건강상 문제도 적었다.

이 슬픔 연구는 우리에게 두 가지 수수께끼를 안긴다. 왜 슬픔을 이야기하면 슬픔에 대한 생각이 줄어드는 것일까? 힘들었던 경험에 관해 대화를 나누는 것이 대화를 나누지 않는 것보다 낫다면 의도적으로 경험을 감추는 것은 해롭다는 의미일까?

"가끔 제 일이 너무 싫고, 환자들 근처에 가고 싶지도 않아요."
"호스피스 일을 하는 데 따른 인정을 받고 싶다는 바람이 들 때가 있는

데, 그럴 때마다 죄책감도 같이 들죠."

"저는 제가 감정적으로 과부하가 걸렸다고 판단되면 환자나 가족들과 의도적으로 거리를 뒀어요. 그분들에게 정신적 지지가 필요하다는 건 알지만 일종의 자기방어책이랄까요."

눈치챘겠지만 이 말들은 호스피스 직원들과의 인터뷰에서 나온 말들이다. 산타클라라 대학교 Santa Clara University 심리학과 교수 데일 라슨 Dale Larson은 페니베이커가 슬픔에 빠진 사람들을 연구한 것과 비슷한 시기에 호스피스 직원들을 연구했다. 그 역시 감정적 부담을 털어놓는 것이 털어놓지 않는 것보다 부담감에 대처하는 데 훨씬 큰 도움이 된다는 사실을 발견했다. 호스피스 직원들은 자신의 고충을 다른 사람들에게 숨기는 경우가 많았고, 심지어 함께 일하는 다른 호스피스 직원에게도 잘 털어놓지 않았다. 이들은 일에서 오는 심적 고충에 대해 입을 닫음으로써 문제에 대처하려고 했다.

호스피스 직원들은 종종 지쳤고, 피로를 느꼈으며, 울적해했고, 혼자 간직한 이 모든 감정을 자책하곤 했다. 아무도 이야기를 꺼내지 않았기 때문에 대부분의 호스피스 직원들은 자신과 같은 경험이 얼마나 흔한지도 알지 못했다. 공유하고 있는 고충을 바탕으로 연결되기보다 그 고충을 홀로 안은 사람이 외로움과 고립감에 시달리기 더 쉽다. 〈러브, 사이먼〉의 주인공처럼 호스피스 직원들도 다른 사람들의 지지가 가장 필요한 순간에 마음을 열지 않았다. 라슨은 이 연구를 통해 왜 사람들이 자신의 문제와 내면의 괴로움을 드러내기를 그토록 주저하는지 흥미를 느끼게 되었다.

'안 좋은 일이 생겨도 혼자 간직하는 편이다', '다른 사람에게 털어놓기에는 비밀이 너무 부끄럽다.' 라슨은 이 같은 진술들에 대한 동의 여부를 알려달라고 참가자들에게 요청했다. 라슨의 조사 결과는 100건 이상의 연구에 활용됐고 결론은 명확했다. 문제가 생겨도 아무에게도 알리지 않는 성격은 어려움에 빠지기 쉽다는 것이다. 라슨은 평소에 문제를 말하지 않는 사람들은 건강 문제도 있지만, 문제에 맞서기보다 피하려들거나 비밀을 밝힐 때 돌아올 최악의 반응을 상정하는 등 문제에 대한 대처 전략도 부족하다는 사실을 알아냈다.

이 논리에 따르면 앞서 살펴본, 배우자를 잃은 사람들은 전체적으로 문제를 건강한 방식으로 다루지 않았기 때문에 건강 악화를 경험한 것이며, 상실을 털어놓지 않은 것은 부족한 문제 대처 전략의 한 가지 예라고 할 수 있다. 라슨은 심리적 고통을 함구하는 경향이 무능력하다는 느낌, 부정적 평가에 대한 두려움 같은 내면의 고충을 털어놓는 것에 대한 부끄러움과 맞닿아 있음을 발견했다.

그런데 부끄러워서 마음을 터놓을 수 없는 경향과 비밀을 가진 것은 다르다. 노터데임 대학교 University of Notre Dame의 심리학과 교수 애니타 켈리 Anita Kelly는 다음의 의문을 품었다. 다른 사람의 도움을 구하지 않는 건강하지 못한 특성을 지닌 두 사람이 있는데, 한 사람은 비밀이 있는 사람이고 다른 사람은 비밀이 없는 사람이라면?

켈리는 라슨처럼 참가자들을 모집해 문제에 적극 맞서기보다 문제를 감추는, 그처럼 건강하지 못한 경향을 지닌 정도를 측정했다. 그러자 마찬가지로 문제를 숨기는 것이 건강 악화와 관련 있다는 사실이 드러났다. 그런데 동시에 중대한 비밀이 있는 대학생들이 그렇지 않은 대학생들보다 인생을 즐기고 있다고 답한 확률이 높았다. 대체 이 대학생들의 비밀이 무엇인지 궁금할 것이다. 이들의 비밀 대다수는 섹스와 연애에 관한 것이었다.

이 연구 결과들은 감정적 고충을 다른 사람에게 털어놓지 않는 경향이 문제를 해결하기보다 회피하는 해로운 경향과 별개가 아니라는 점을 시사한다. 그뿐 아니라 '모든' 비밀이 해로운 것도 아니었다. 섹스나 연애에 관한 비밀처럼 신나는 비밀도 있다. 나아가 다른 사람들로부터 비밀을 지키는 일은 본질적으로 해로운 일이 아니다. 그렇다면 우리의 행복을 저해하는 비밀과 그렇지 않은 비밀은 어떻게 구분할 수 있을까?

드디어 내가 등장하는 지점이다. 컬럼비아 대학교에서 일하기 시작한 직후, 나는 한 대학원생과 함께 일반적인 비밀 범주의 목록을 작성하기 시작했다. 1장에서 소개한 바로 그 목록이다. 목록이 완성되자 조사 참가자들에게 이를 제시한 뒤 그들의 비밀이 목록 중에 있는지 물었다. 어느 한 사람의 비밀 전부를 훑음으로써 '비밀은 좋은 것인가, 나쁜 것인가?' 같은 질문을 넘어 '어떤 비밀이 당신을 아프게 하는가, 그 까닭은 무엇인가?' 같은 질문을 할 수 있었다.

2. 공원에서 만난 사람들과 마음의 비밀

많은 사람에게 9월은 가을이라는 이미지다. 가벼운 재킷을 걸치기 시작하고, 학생들은 학교로 돌아가고, 낙엽이 떨어진다. 그러나 뉴욕에서는 이때까지도 여름이 맹위를 떨치기도 한다. 빽빽이 밀집한 빌딩과 도로, 인도의 콘크리트와 아스팔트가 여름 내내 열을 흡수한 터라 온도가 내릴 기미를 보이지 않는다.

9월의 어느 날, 젊은 연구원 에이드리엔 오포트 Adrien Aufort가 센트럴 파크에 도착했을 때도 햇볕이 세차게 내리쬐고 있었다. 더플백을 어깨에 메고 아이스박스를 끌고 가던 에이드리엔은 곧 사람들이 삼삼오오 모여 앉아 느긋한 시간을 보내는 넓은 잔디밭에 다다른다. 그의 가방에는 설문 조사지와 펜, 클립보드 그리고 아이스박스에는 시원한 생수가 가득 들어 있었다.

에이드리엔은 처음 낯선 사람들에게 다가갈 때 용기를 쥐어 짜내야 했다. 그러나 몇 차례 시도하는 사이에 자신만의 요령을 터득했다. 에이드리엔은 짧은 스피치를 준비해 우선 자신이 연구 조사를 위해 나온 학생이라는 걸 소개했다. 사람들이 설문 조사에 기꺼이 참여하도록 하려면 어떻게 해야 할까? 찜통같이 더운 나날이었으므로 에이드리엔은 참여자에게는 시원한 물을 한 병 준다고 잊지 않고 덧붙였다. 에이드리엔은 설문지를 끼운 클립보드를 건네면서 사람들이 질문을 보고 겁먹지 않기를 기도했다. 첫 번째 질문은 '타인에게 감정적 또는 신체적 해악을 끼친 적이 있으며, 그 사실을 비밀로 하는가?'였다. 이어서 두 번째 질문은 '불법 약물을 복용한 적이 있는가? 또는 술, 진통제 같은 합법 약물에 중독되어 있거나 이 약물들을 오남용하고 있는가? 있다면 그 사실을 비밀로 하는가?'였다.

센트럴 파크에서 낯선 사람이 자신의 비밀에 관한 설문에 참여해달라고 하면 수상쩍지는 않아도 역시 이상하게는 느껴질 것이다. 그러나 비밀이 우리에게 미치는 영향을 이해하고 비밀에 잘 대처할 방도를 찾기 위한 연구 조사라는 점을 설명하고 나면, 대부분 적극적으로 응해주었다. 몇 주에 걸쳐 센트럴 파크를 드나들며 에이드리엔은 300명 이상의 사람들을 상대로 설문 조사를 할 수 있었다. 그리고 우리 바람대로 참가자들은 광범위한 배경과 연령을 아우르고 있었고 출신지도 다양했다. 뉴욕을 방문한 29개국 관광객도 포함되었다.

우리는 단순히 참가자들이 지닌 비밀의 가짓수를 세는 대신 목록 중 참가자에게 있는 비밀을 구체적으로 물었다. 국선 변호사 제이미 쿤즈로부터 월턴 로간이 결백하다는 비밀을 1년에 250회 정도, 즉 일주일 평균 5회 떠올렸다는 대답을 이끌어낸 것과 거의 똑같은 질문도 있었다.

센트럴 파크에서 만난 사람들과 온라인에서 모집한 수천 명의 사람에게 추정치를 내달라고 요청하자 일주일에 평균 3회 정도 현재 가진 비밀을 생각한다는 결과가 나왔다. 그러나 '무엇보다 중대한 비밀', 그러니까 자신의 비밀 중 가장 엄청난 비밀과 관련해 알려달라고 요정하자 일주일에 평균 20회라는 대답이 돌아왔다. 쿤즈가 내놓은 추정치의 무려 네 배였다.

비밀을 얼마나 자주 떠올리는지가 왜 중요할까? 쿤즈는 자신이 그 비밀에 짓눌리며 살아왔다는 사실을 강조하기 위해 비밀을 얼마나 자주 생각했는지 말했다. 그리고 이 점은 우리가 센트럴 파크에서 설문 조사를 한 결과에서도 마찬가지로 나타났다. 우리는 참가자들에게 각 비밀을 얼마나 자주 떠올리는가(특히 비밀을 따로 숨길 필요가 없는 때에)와 더불어 각 비밀이 자신의 행복에 얼마나 큰 지장을 주는지 물었다. 그러자 비밀을 자주 생각하는 사람일수록 비밀이 행복에 지장을 준다고 답한 사람이 많았다. 대화 중 숨길 필요가 없는 비밀이라고 해도 마찬가지였다.

이 연구들은 1장에서 논의한 언덕 경사도 연구와 더불어 비밀이 부담스러운 까닭을 알려준다. 비밀이 우리의 마음을 점령하기 때문일 수 있다는 점이다. 그러나 비밀을 생각하는 게 그토록 해롭다면 우리는 마음에 왜 이렇게 자주 비밀을 떠올리는 걸까?

3. 이리저리 떠돌아다니는 마음

인간의 마음은 눈앞의 사정을 떠나 이리저리 돌아다니는 경향이 있다. 꼭 해야 하는 가사나 업무를 처리하고 있을 때도 마음은 완전히 다른 곳에 있을 수 있다. 심지어 단 한 사람과 대화 중일 때도 마음은 아무렇게나 떠돌기 때문에, 계속 듣고 있었던 척을 하거나 방금 한 말을 다시 해달라고 요청해야 하는 난감한 상황에 처하기도 한다. 이러한 현상은 우리가 그 일을 좋아하는지, 대화 상대를 재미있다고 느끼는지와 상관없이 벌어진다. 각종 연구 결과에 따르면 마음은 깨어 있는 시간 중 40퍼센트 동안 다른 곳을 떠돈다.

우리의 마음은 갑자기 궤도를 벗어나기 전까지는 초점이 맞추어진 곳에 머문다. 그러나 그 생각은 새로운 생각이 끊임없이 중앙 무대로 밀려들어 스포트라이트를 차지하기 때문에 그다지 오래 지속되지는 않는다. 지금 하는 일에서 마음이 자주 벗어나는 까닭은 우리가 주의를 쏟을 수 있는 시간이 한정되어 있기 때문이다. 눈앞의 일에 몰두하지 않을 때는 마음도 자유롭게 돌아다닌다. 통근길에 창밖을 쳐다보거나 화창한 날 산책할 때처럼 말이다. 마음이 이를 수 있는 영역은 무척 광범위해서 순식간에 먼 곳으로 내닫기도 한다. 정처 없는 마음의 행방이 결국 꽁꽁 숨긴 비밀에 닿는 것은 놀라운 일도 아니다.

한 가지 묻겠다. 지금 막 무슨 생각을 했나? 잠시 읽기를 멈추고 한번 떠올려보자. 여러분의 마음은 어느 순간 이 페이지에 있는 단어들로부터 멀어졌을 것이다. 앞서 나온 어떤 내용 때문에 완전히 다른 생각에 빠져 있었을지도 모른다. 무슨 생각인가? 나는 하루 종일 떠오른 생각들을 빠짐없이 써보라고 하면 여러분이 어떤 목록을 만들어낼지 어렵지 않게 맞힐 수 있다. 잡무, 집안일, 돈과 관련된 것, 실수, 외모, 건강, 정치, 사회적 이슈, 스케줄, 커리어, 날씨, 음식, 수면, 가까운 사람들 등으로 가득 찬 목록일 것이다.

여러분이 이 생각들을 했을 것이라고 자신 있게 단언하는 건 내가 넘겨짚는 데 남다른 재능이 있어서가 아니라(내게는 그런 재능이 없다) 데이터를 확인했기 때문이다. 컬럼비아 대학교의 교수 메이슨Malia Mason은 몇 년 동안 하루 종일 사람들에게 전화를 걸어 물었다.

"지금 눈앞에 있는 것을 제외하고, 마지막으로 무엇을 생각했습니까?"

1970년대에 미네소타주 모리스의 미네소타 대학교University of Minnesota 심리학과 교수 에릭 클링거Eric Klinger는 우리의 마음이 일상적으로 하루에 서로 다른 4,000가지 생각을 한다고 추정했다. 깨어 있는 시간을 하루 중 16시간이라고 가정하면 한 시간 동안 250가지 생각을, 일 분 동안 네 가지 생각을 한다는 뜻이다. 이 수치들은 클링거 교수 연구진이 소수의 실험 참가자들을 어느 한 생각에서 다른 생각으로 자신의 주의가 옮겨갈 때 예리하게 감지할 수 있도록 집중 훈련시킨 뒤 수행한 조사에 따른 것이다.

이 훈련에는 헤드폰을 통해 참가자의 양쪽 귀에 서로 다른 이야기를 들려주는 과정도 있었다. 파티에서 흔히 벌어지듯 두 대화 사이에 낀 경험이 있다면 주의력이 이쪽으로도 저쪽으로도 뻗으며 가늘고 팽팽하게 긴장되는 느낌을 알 것이다. 이 과정을 통해 참가자들은 자신의 주의가 두 이야기 사이에서 바뀌는 순간을 감지하도록 연습했다. 참가자들은 이야기 재생이 무작위로 멈추어질 때 방금 무슨 생각을 하고 있었는지 보고하는 훈련도 받았다. 마지막은 무작위 간격으로 울리는 호출기를 하루 종일 들고 다니면서 소리가 날 때마다 직전의 생각과 그 생각의 지속 시간을 기록했다.

훈련 결과 참가자 간에 차이는 있었으나 이들은 마음이 다른 생각으로 옮겨가 무대에서 밀려나기 전까지 어떤 생각이 평균 10초가량 지속된다고 추정했다. 우리의 마음은 벌새처럼 끊임없이 움직이지만 같은 곳을 거듭해서 찾는 경향도 있다. 할 일 목록, 돈, 실수, 건강, 경력, 가까운 사람들, 미래에 대한 생각이 수시로 떠오르는 까닭은 이 생각들이 현재 관심사, 즉 현재의 목표, 필요, 욕구, 계획과 관련이 있기 때문이다.

현재 관심사와 관련 있는 것들은 쉽게 우리의 주의를 끈다. 그리고 이것이 바로 우리의 마음이 작동하는 방식이다. 덤불 속 포식 동물의 울음소리, 파티에서 누군가 내 이름을 외치는 소리, 또는 초인종 소리를 알아차리지 못할 정도로 무언가에 마음이 사로잡힌 상황은 그다지 이상적인 상황이 아니다. 이러한 소리에 주의가 흐트러지지 않으면 우리는 잡아먹히거나,

친구들이 나를 부르고 있다는 걸 깨닫지 못하거나, 피자 배달을 받지 못할 수 있다. 생각도 이와 같은 방식으로 주의를 분산시키며 유용한 효과를 낳는다.

아마 절벽이나 다리, 발코니처럼 높은 곳에 올랐을 때 '뛰어내릴 수도 있다'라고 속으로 생각해본 경험이 있을 것이다. 정말 뛰어내리고 싶어서가 아니라 그저 뛰어내릴 수도 있다고 상상만 하는 것이다. 한 연구에 따르면 400명 이상의 대학생에게 높은 곳에 갔을 때 위험한 지점에서 뛰어내리는 상상을 해본 적이 있는지 묻자 절반가량이 그렇다고 답했다. 대다수가 자살에 관해 생각해본 적이 없는 학생들이었다. 나도 절벽 근처에 갔을 때 뛰어내리는 모습을 생생하게 상상한 적이 있다.

왜일까? 이것은 상당히 합리적인 불안에 따른 것이다. 위험하고 불안한 상황에 처하면 우리는 최악의 시나리오, 즉 가능한 최악의 미래를 상상하곤 하는데, 그 때문에 최악의 미래를 피할 수 있다. 절벽에서 떨어지는 상상은 절벽 근처에서 각별히 조심할 수 있도록 주의를 분산하고자 하는 적응적 생각이다.

의도가 있는 사람은 자신이 놓인 환경에서 조금이라도 더 그 의도와 관련된 것에 특별히 주의를 기울이게 마련이다. 웨이터가 샐러드와 감자튀김 중 뭘 고르겠냐고 물었을 때, 현재 건강한 식생활을 목표로 하는 사람은 그 목표를 떠올릴 것이다. 물론 목표를 기억하는 것과 목표를 성취하는 것은 별개다. 여행을 마치고 집에 돌아와 여행 가방에서 입지 않은 운동복을 꺼내다 보면 처음에 운동복을 챙길 때의 의도가 당연히 떠오른다. 우리는 성취하지 못한 목표들을 기억하는 데 특히 뛰어나다.

의도, 현재 목표, 끊이지 않는 걱정은 우리의 마음이 정당한 이유로 계속해서 찾는 핵심 영역들이다. 우유 한 팩을 사야 할 때 마트에 들어가는 순간부터 마음이 '우유, 우유, 우유' 하고 외치고 있으면 실제로 도움이 된다. 마찬가지로 꼭 지켜야 하는 중요한 마감을 앞두고 있다면 무엇보다 그 사실을 우선적으로 마음에 새겨두고 싶을 것이다. 덤불 속에서 으르렁거리는 동물의 소리나 파티에서 자신의 이름이 불리는 순간을 알아차리고 싶듯이, 현재 목표와 관련된 사항이 나타나면 즉시 주의가 향할 수 있기를 바란다. 얼른 사러 오라고 손짓하는 우유든, 조금 슬프지만 감자튀김 대신 샐러드를 고르라고 타이르는 마음의 소리든 말이다. 이것이 의도를 지니는 것의 의미다. 그리고 마음은 그 의도를 따를 방도를 늘 살피고 있다.

인지 능력의 이 같은 특성은 마음속에서 비밀이 특히 더 크게 느껴지는 이유를 해명해준다. 비밀을 지키려는 의도가 있으면 대화를 할 때 비밀과 관련된 사항을 감지하고자 할 수밖에 없다. 그래야 자기 말에 더욱 신중을 기할 수 있기 때문이다. 스스로 비밀을 쉽게 떠올릴 수 있기를 바라는 것이다.

경계 태세를 유지하고 관련 사항을 일찍 감지할 수 있으면 대화가 비밀에 근접한 방향으로 흘러가더라도 침착하게 행동하는 데 도움이 된다. 그러나 이렇게 민감도가 올라간 상태에서는 비밀을 감출 필요가 없는 순간에조차 그 비밀을 생각하게 된다. 우리는 직접적인 연관이 없는 순간(업무 회의를 하는 순간)에도 지금 자신에게 있는 다른 목표와 관심사(슈퍼에 들러야 하는 것)를 빈번히 떠올리곤 한다.

어떤 생각 때문에 과민한 상태가 되면 심지어 자기 자신의 그림자를

81

보고도 놀랄 수 있다. 또 아무도 없어서 누구로부터 비밀을 지킬 필요가 없는 상황에서도 비밀에 대한 생각으로 골몰하기도 한다. 비밀이 생각나는 것 자체는 문제가 아니지만, 한번 비밀을 떠올리기 시작하면 그 생각을 다시 내려놓기란 여간 어려운 일이 아니다.

4. 생각에 사로잡히면

마음은 울적하다고 해서 즐겁고 도움되는 곳으로 향하지 않는다. 기분이 가라앉았을 때 나타나는 마음의 자연스러운 반응은 이유를 찾아나서는 것이다. 도대체 무엇 때문에 이렇게 우울하지? 회사? 인간관계? 연애? 아니면 뭘까? 그리고 우울의 근원을 찾는 과정에서 우리는 슬픔의 몽타주를 상영하기 시작한다. 부정적 기분은 연쇄적으로 부정적 생각을 불러들인다.

무언가를 되풀이해 생각하다 보면 반추rumination에 빠지기 쉬운데, 심리학자들은 이를 단순히 반복되는 생각이 아니라 지속적으로 반복되는 '부정적 생각'이라고 정의한다. 어떤 생각에 사로잡히면 우리는 통제력을 잃고 생각에 속수무책으로 휘둘리는 느낌이 든다. 반추와 무력감이 종종 짝을 이루는 까닭이다. 설상가상으로, 빠르게 움직이는 마음의 성질로 인해 우리가 굉장히 짧은 시간 동안에도 얼마나 많은 부정적 생각을 오갈 수 있는지 모른다.

지금부터 반추의 부정적 본성을 이해하기 위해 누군가의 머릿속을 한번 들여다보자. 다음의 속사포 같은 내적 독백은 〈보잭 홀스맨〉에 나오는 내용이다. 〈보잭 홀스맨〉은 지금은 별 볼일 없는 1990년대 TV 스타 보잭을 주인공으로 하는 코미디 애니메이션이다. 안타까운 보잭의 이야기에 동물 말장난, 우스꽝스러운 서브플롯, 기막힌 스토리텔링이 어우러 있다(작중 세계는 사람과 의인화된 동물이 공존하는 세상으로, 보잭은 의인화된 말이다.—역주). 보잭은 의심할 여지없이 우울증이다. 그런데 그 사실을 거의 모든 주변 사람에게 비밀로 한다. 보잭의 내면의 목소리는 불과 30초 동안 상당한 양의 자기비판을 쏟아낸다.

"머저리. 쓸모없는 머저리. 넌 진짜 쓸모없는 머저리야."

"그러나 나는 내가 머저리란 걸 알잖아. 자기가 머저린 줄도 모르는 다른 머저리들보다는 낫겠지. 아닌가?"

"아침이나 먹자. 아냐, 난 아침 먹을 자격도 없어. 하, 제발 닥치자! 언제까지 신세 한탄이나 할래? 아침이나 먹어, 이 멍청아."

"(테이블에 앉아 오레오를 먹는다) 이건 쿠키잖아. 아침 식사가 아니야. 넌 쿠키를 먹고 있어. 그만 먹자! 쿠키 그만 먹고 가서 아침 먹어. 그만! 한 개 더 먹기만 해봐라. 내려놔! 먹지 마! (쿠키를 한 개 더 먹는다) 그걸 먹냐, 먹어!?"

이 내면의 독백은 에피소드의 첫 장면과 함께 시작되어 멈출 줄 모르고 계속된다. 시청자는 이 에피소드가 끝날 때까지 보잭의 생각을 듣는다. 보잭의 머릿속에 있다 보면 누구나 애처롭고 답답해진다. 그러나 이 같은 내면의 독백이 하염없이 벌어지며 언제나 잠복해 있는 데다 우리에게 플러 그를 뽑듯 생각을 멈출 능력이 없다는 사실을 떠올리면 더욱 답답하다. 반추 사고로 부정적 생각에 마음의 초점이 맞춰 있으면 관련 없는 다른 부정적 생각들까지 밑도 끝도 없이 밀려든다.

일단 마음이 비밀을 향해 내달리기 시작하면 비밀을 생각하는 걸 멈추기란 어렵다. 비밀이 부정적인 생각을 불러들이기라도 하면 비밀은 더더욱 마음의 조명을 받을 것이다. 그런데 이때 우리가 비밀에 관한 생각을 밀어내려고 하면 어떻게 될까?

심리학자 대니얼 웨그너 Daniel Wegner는 실험 참가자들에게 다소 이상한 요청을 했다. 흰곰을 생각하지 않도록 노력하되, 만약 흰곰을 생각했을 때는 알려달라는 내용이었다. 참가자들은 아무리 의지를 불태운다 한들 이따금 흰곰을 떠올릴 수밖에 없었고, 억누른 그 생각을 또다시 하고 말았음을 고했다. ("또 흰곰 생각이 났어요!") 실험의 막바지 단계에 이르러 흰곰을 생각해도 좋다고 허용하자, 참가자들은 흰곰을 한층 더 자주 떠올렸다. 흰곰을 생각하지 않으려 노력한 결과 참가자들은 흰곰을 생각하는 횟수가 늘었다. 그러나 흰곰에 대한 생각조차 떨쳐낼 수 없다면, 비밀에는 과연 어떻게 맞설 수 있을까? 괜히 비밀을 생각하지 않으려다 상황이 더 악화되는 것은 아닐까?

희소식을 발표하겠다. 무언가를 생각하지 않으려는 노력이 항상 실패로 돌아가는 것은 아니다. 우리는 이전까지 억누르려 시도한 적이 없는 생각과 비교해 익숙한 생각을 훨씬 능숙하게 억누를 수 있다. 그때까지 흰곰에 관한 생각을 억누른 적이 없는 웨그너의 실험 참가자들은 당연히 흰곰 생각을 억누르는 데 실패할 수밖에 없다. 완전히 아마추어였으니까.

반면 켈리는 실험 참가자들에게 우선 평소 가장 자주 드는 거슬리는 생각이 무엇인지 알려달라고 요청했고, 이 참가자들은 흰곰을 생각하지 말라는 요청을 받은 별도의 참가자 그룹과 비교해 그 생각을 억누를 수 있었다. 어떤 생각을 떨치기 위한 연습이 많이 되어 있을수록 그 생각이 떠올랐을 때 분간될 가능성이 크고 흘려보내기도 쉬울지 모른다. 그런데 자주 드는 생각을 억누르려고만 하다 보면 억압과 반추가 불가분의 관계처럼 느껴질 것이다.

생각을 밀어낼 수 있느냐 없느냐의 문제에는 요점이 빠져 있다. 비밀을 터놓고 다른 사람들과 이야기 나누고 있지 않다면, 비밀을 생각하는 것은 관련 문제를 헤쳐나가는 유일한 방법이다. 나와 동료들은 1만 1000개가 넘는 비밀을 간직한 800명의 사람을 조사한 결과 사람의 마음이 얼마나 자주 비밀을 찾는지 예측 가능한 가장 적절한 변수는 우리가 얼마나 비밀을 억압하고 싶어 하는가가 아니라, 얼마나 비밀을 생각하고 싶어 하는가라는 점을 발견했다. 더 중요하고 의미 있는 비밀일수록 사람들은 비밀을 생각하는 데 시간을 쏟으며 어떻게 대처해야 할지 알고 싶어 했다.

비밀을 생각하는 것도 충분히 생산적일 수 있다. 그러나 내가 연구한 바에 따르면 사람들은 단순히 비밀의 내용을 재탕하거나 후회를 곱씹는 경우가 많다. 비밀에 대한 생각은 본질적으로 해롭지 않다. 그렇지만 한없이 과거를 생각하는 것은 해로울 수 있다. 사람들은 비밀을 생각하느라 과거에 집중할수록 해로운 반추 사고에 빠졌다. 그러나 어느 정도 앞을 내다보는 과정만 병행한다면 비밀을 살피는 것은 해롭지 않다.

그렇다면 무엇이 사람들을 보책의 부정적이고 자기비판으로 점철된 내적 독백 같은 반추의 어두운 길로 이끄는 것일까? 어린 시절의 경험이 상당히 큰 영향력을 행사하기도 한다. 불만을 용납하지 않고 무조건 행복한 모습만 보이기를 강요하는 부모 아래에서 자란 아이들은 슬픔과 괴로움을 감추는 법을 배운다. 그 결과 위험한 일(가정 내 문제, 나아가 학대)이 생겼을 때 심각한 사건으로 번지거나 개입이 필요한 상황을 초래할 수 있다.

부모에게도 자녀에게도 최선은 자녀가 필요한 순간에 편안하게 마음을 터놓을 부모가 되어주는 것이다. 지난 장에서 살펴보았듯 여기에는 자녀의 이야기에 이해와 연민, 수용의 뜻을 드러내고 신중히 대응하는 것이 포함된다. 자녀가 향후 무언가를 고백하거나 도움을 요청할 수 있도록 마음의 문을 열어두는 것이다.

자녀에게 정서적으로 적절하게 지원하지 못하는 부모는 효과적인 대처 기술도 알려주지 못하고 있을 가능성이 크다. 아이들은 다른 사람의 도움을 구하기보다 주로 내면에 가라앉히는 방식으로 자신의 문제를 해결하려 할지 모른다. 부모가 과도한 통제력을 행사힌다고 느끼는 청소년들에게서 비밀과 반추 사고가 빈번히 발견되는 까닭이다. 비밀로 하면 부모의 비난과 처벌, 분노를 피할 수 있는 것은 맞다. 그러나 그래서는 위기의 순간에 필요한 도움을 받을 수도 없다.

상대적으로 침착한 부모 아래에서 행복한 어린 시절을 보낸 사람이라 할지라도 도움이 되지 않는 부정적 생각에 빠질 수 있다. 그것도 어쩌다 한두 번이 아니라 자주 빠질 수 있다. 반추는 우울이나 불안 같은 증상이 시작되는 원인으로 작용한다. 현재 자신에게 있는 부정적 감정을 돋보기처럼 확대해서 보여주기 때문이다. 부정적인 자기비판에 마음이 잠식되면 전반적인 맥락과 세부 사항을 해석하는 데 어려움이 생기고 자기연민, 자기혐오, 자기 비하가 비집고 들어와 스스로를 부족하고 무가치하다고 믿게 된다.

라슨이 조사한 호스피스 직원들처럼 습관적으로 감정적 고충을 혼자 끌어안는 사람들은 자신의 문제가 사실 누구나 겪을 수 있는 평범한 문제라는 점을 알지 못한다. 그래서 바깥을 바라보고 다른 사람의 도움을 구하는 대신 내면으로만 파고들며 끙끙 앓는다. 내가 연구한 바에 따르면 속을 앓으면서도 내면으로만 파고드는 사람은 반추 사고에 갇히기 쉽다. 나아가 이 같은 건강하지 못한 경향의 사람은 비밀을 해결하려 할수록 더욱 깊은 늪에 빠지기도 한다. 그러므로 만일 자신이 비밀에 사로잡혀 몇 번이고 그 내용을 곱씹으며 괴로운 마음을 반추한다는 생각이 든다면 방향을 바꾸어야 한다는 신호로 받아들이자. 바꿀 수 없는 과거를 되돌아보기보다 바깥으로 시선을 돌리고 앞날을 내다보아야 한다.

5. 의도에서 마음의 부담으로

한 명이든 여러 명이든 다른 사람들에게 무언가를 숨기겠다는 의도를 품는 순간 비밀이 생긴다. 내일이나 다음 주까지 사람들에게 말하지 않도록 조심해야 할 수도 있고 아예 그럴 일이 없을 수도 있다. 어떻든 간에 정보를 다른 사람에게 알리지 않겠다는 의도는 변함없을 것이다.

나와 동생이 정자 기증으로 태어난 사실을 비밀에 부치기로 결심한 것은 언제인지 어머니에게 물었다. 내가 태어난 직후? 아니면 동생이 태어난 직후였을까? 그런데 둘 다 아니었다. 부모님에게는 내가 태어나기 전부터 이를 비밀에 부치겠다는 의도가 있었다. 비밀을 모르게 하고 싶은 자녀가 세상에 존재하기도 전에 굳건한 의도를 품었던 것이다.

우리 부모님의 비밀은, 비밀을 지키는 데 수반되는 행동들로는 비밀을 정의할 수 없음을 증명하는 확실한 예다. 두 사람의 유일한 의도는 나와 내 동생으로부터 그 비밀을 지키는 것이었다. 그렇지만 비밀을 감추기 위한 행동을 해보기도 전에 이 비밀은 근심, 걱정, 우려를 낳았다. 우리가 아버지와 눈에 띄게 다르게 생겼다면? 언젠가 나와 동생이 모종의 이유로 유전적 소인을 확인해야 할 일이 생긴다면?

"너희가 커갈수록 신경이 쓰이는 거야. 아버지에 대한 진실을 숨긴다는 게 점점 더 불편해졌지." 비밀이 새어나가지 않게 특별히 조심하거나 단속할 일이 없는데도(비밀을 물어보는 사람이 아무도 없었다) 어머니는 비밀의 의도 때문에 내년에 불안이 커져만 갔다.

우리는 지금까지 한 남성의 결백을 비밀로 해야 했던 변호사들, 죽음과 상실의 문제로 고심하는 호스피스 직원들과 슬퍼하는 사람들, 불안감과 싸우는 10대들, 비밀 글로벌 감시 체제의 존재를 발견한 정부 비밀 요원 그리고 우울증을 겪는 뉴저지 마피아 보스와 말하는 말의 이야기를 만났다. 이들 다양한 인물의 공통점은 주위 사람에게 숨기는 게 있다고 해도 말의 앞뒤가 안 맞거나 무심코 비밀을 이야기할까 봐 전전긍긍하는 어려움은 없었다는 것이다. 비밀이 있는 사람이 느끼는 고통의 근원은 이런 것들이 아니다. 비밀이 있는 사람이 공통으로 겪는 것은 반추, 무력감, 외로움, 고독감, 걱정과 불확실성 같은 것들이다.

다행스럽게도 우리가 비밀에 더 잘 대처할 수 있도록 도와주는 방법들이 있다. 다음 장에서는 그 세 가지 방법을 알아보려 한다.

비밀의 세 차원

어느 날 저녁, 지하철을 타러 갔더니 기겁할 일이 벌어지고 있었다. 나뿐만이 아니라 그곳의 모든 사람이 놀라서 어쩔 줄 몰라 했다. 한 남자가 플랫폼 끝에 걸터앉아 곧 열차가 들어올 선로 쪽으로 다리를 덜렁거리고 있었다. 팔도 마구 흔들어대서 아무도 섣불리 다가가지 못했다. 열차 도착 시간이 가까워오자 주위의 긴장은 고조되고 사람들은 절절매기 시작했다. 전광판에 다음 열차가 2분 후 도착한다는 알림이 떴다. 사람들은 남자를 어떻게 도와야 할지 몰라 혼란에 빠졌다. 아내는 매표소 직원에게 알리려고 계단을 뛰어 올라갔다. 따라가다 문득 주위를 보니 다른 사람들도 똑같은 목적으로 계단을 오르고 있었다. 직원이 곧장 현장 상공에 관제 장비를 띄웠지만, 그걸로 상황이 통제될 것 같지 않았다. 나는 다시 플랫폼으로 뛰어 내려갔다. 머릿속에 '방관자 효과'나 '착한 사마리아인의 법' 같은 것들이 떠올랐지만 당장 뭘 해야 하는지, 지금 이 상황에 어떻게 개입해야 하는지에 대한 힌트를 주진 못했다. 그가 아무렇게나 휘두르는 팔을 잡으려다가는 같이 선로로 떨어질 가능성이 컸다. 나는 플랫폼에 선 다른 모든 사람처럼 또다시 온몸이 굳었다. 그러다 불현듯 그에게 '말'을 건 사람이 없는 것 같다는 데 생각이 미쳤다.

구체적인 계획은 없었지만, 이야기를 나누어보면 플랫폼 안쪽으로 들어오게 만들 수 있을 것 같았다. 정확히 무슨 말을 했는지는 기억나지 않는다. 대략 "괜찮으세요?" 같은 말을 했던 것 같다. 거의 외치듯 몇 마디 대꾸가 돌아왔고, 어디서부터 어디까지가 한 단어인지도 알아들을 수 없었다. 어느 정도 떨어져 있던 나는 팔을 뻗어 내 쪽으로 오라는 손짓을 했다.

"이쪽으로 와서 다시 말씀해주시겠어요?"

놀랍게도 그가 일어서서 나에게로 왔다. 먹을 것을 살 돈이 없다기에 가지고 있던 돈을 조금 주었고, 그는 그길로 플랫폼을 떠났다. 모든 사람이 안도의 한숨을 내쉬는 순간 열차가 굉음을 내며 들어왔다.

이 경험은 비밀로 하기 어려운 것이다. 그 뒤 며칠 동안 친구나 동료를 만날 때마다 이 이야기를 했다. 왜일까? 흥미로운 이야기여서? 흥미로운 이야기라면 개인적으로 간직하는 비밀 중에도 몇 가지 있지만, 그 비밀들은 타인에게 말하고 싶지는 않다. 그렇다면 기억에 남는 이야기여서? 오래도록 생생하게 기억될 만큼 가슴 졸인 경험이기는 했으나 그 정도 경험이라도 다른 사람에게 말하지 않는 비밀이 여러분에게도 있을 것이다. 이와 같은 경험을 비밀로 하기 어려운 까닭은 대부분 나의 행동이 도덕적으로 훌륭한 행동이었다는 데 동의하기 때문이다. 우리는 자신의 좋은 면을 다른 사람에게 말할 수 있을 때 더없는 기쁨을 느낀다. 이를 통해 다른 사람들의 호의와 존경, 흠모를 얻을 수 있기 때문이다.

우리는 다른 사람의 인격을 판단할 때 도덕성을 가장 중요한 요소로 여긴다. 펜실베이니아 대학교 University of Pennsylvania 법률학 및 기업 윤리학과의 나나 스트로밍거 Nina Strohminger 교수가 수행한 연구를 보면 이런 점이 분명히 나타난다. 스트로밍거는 참가자들에게 자전거를 타는 능력을 없애는 알약처럼 일단 먹으면 특정 능력이나 자질을 영구적으로 사라지게 만드는 알약을 상상해보라고 했다. 그리고 알약을 먹은 사람이 0퍼센트(이전과 다름없는 사람)에서 100퍼센트(이전과 완전히 다른 사람)까지 중 얼마나 달라질 것 같은지도 물었다. 참가자들은 평균적으로 자전거를 타는 능력이 사라진 사람은 20퍼센트 정도만 달라질 것이라고 답했다. 만약 알약이 성실한 사람을 게으른 사람으로 만든다면? 참가자들은 사람이 50퍼센트 정도 달라질 것 같다고 했다.

자, 그렇다면 알약이 어리석은 사람을 어리석지 않은 사람으로 만들어준다면 어떨까? 정말 굉장할 것이다! 참가자들은 이 약이 사람을 64퍼센트 변화시킬 거라고 답했다. 타인에게 공감하고, 법을 따르고, 옳은 일을 하는 것 등 도덕성과 관련된 특성일수록 높은 퍼센티지의 응답이 돌아왔다. 이는 도덕적 특성이 인격을 구성하는 핵심 요소로 간주된다는 뜻이다. 우리는 도덕성을 인간 됨됨이의 기본으로 보는데, 사람은 스스로를 긍정적으로 평가하는 경향이 있다. 이에 따라 스트로밍거는 대부분이 자기 자신을 본질적으로 도덕적이며 선한 사람이라고 여기고 있다는 사실을 발견했다.

핵심 자기 core self를 도덕적이라고 여기는 사람, 즉 자신의 중심에 도덕성이 있다고 생각하는 사람이 잘못된 일을 저지른다면 어떻게 될까? 나는 스트로밍거의 연구를 접한 뒤 이 점에 대해 물었고, 몇 차례 이메일을 교환하며 의문을 해소할 수 있었다. 그 연구 결과를 바탕으로 추측하건대, 사람들은 자신이 도덕적으로 잘못된 행동을 했을 때 그 행동을 진정한 자기 자신의 모습이 아니라 실수로 치부할 가능성이 높았다. 또, 다른 사람들이 그 행동에서 잘못된 결론을 도출할까 두려워 비밀로 할 가능성이 컸다.

우리는 참가자들에게 일련의 행동을 나열한 목록을 제시한 뒤 각 행동의 도덕성을 평가해달라고 요청했다. 참가자들이 건네받은 목록은 사실 일반적인 비밀 목록이었다. 다른 사람을 다치게 하고, 약물을 복용하고, 자해하고, 거짓말을 하는 등의 행동이 담겨 있었다. 그다음으로는 참가자들에게 같은 목록을 다시 내밀며 자신이 관여한 행동이 있는지, 관여했다면 그 행동에는 진정한 자신의 모습이 어느 정도 반영되었는지 물었다. 끝으로 우리는 다음의 질문을 했다.

"이 사실을 아는 사람이 있나요?"

즉, 비밀인지 물었다. 참가자들이 부도덕하다고 여기는 행동일수록 진정한 자신의 모습이 반영되었다고 평가하는 비율이 낮았고, 그에 따라 비밀에 부치는 비율이 높았다. 도덕적으로 잘못된 행동을 했다고 인정하면 자신이 나빠 보일지 모른다고, 어떤 사람이 나에게 가지고 있던 이미지가 완전히 바뀔지 모른다고 염려하는 것은 당연하다. 그러나 좋은 소식이 있다. 케이블 뉴스나 인터넷 댓글을 보면 늘 그렇지는 않은 것 같지만, 사람들은 기본적으로 내심 다른 사람을 선하다고 믿는 것으로 드러났다.

심지어 내가 나쁜 행동을 하더라도 사람들은 그 행동이 진정한 내 모습이 반영되었다고 생각하기를 주저한다. 자신이 아는 진짜 나의 모습이 아니라고 여기는 것이다. 대신 나를 잘 아는 사람들은 내가 왜 그렇게 행동할 수밖에 없었는지 상황적 이유를 생각해낸다. 나를 아는 사람들은 나의 내면의 선함을 찾아낼 것이다. 이는 그저 내가 캘리포니아에 살면서 배운 기분 좋은 만트라에 불과한 것이 아니라, 문화를 초월해 세계 구석구석에 퍼진 상당히 보편적인 믿음이다.

우리는 미국, 콜롬비아, 싱가포르, 러시아 출신의 참가자들에게 시간이 지나면서 변화를 겪은 다양한 사람의 이야기를 들려줬다. 가족을 등진 아버지, 폭언을 일삼는 상사, 쓰레기 같은 남자친구 등이었다. 그런데 이는 과거 상황으로, 지금은 이 아버지가 가족을 아끼고 보살피며, 상사는 온화하고, 남자친구는 다정하고 배려심 넘치는 훌륭한 모습이라는 이야기였다. 한편 다른 그룹 참가자들에게는 거꾸로 전개되는 이야기를 들려줬다. 가족을 아끼고 보살피던 아버지는 가족을 등졌고, 상사는 폭언을 일삼게 되었으며, 훌륭했던 남자친구는 쓰레기가 됐다. 우리는 각 그룹 참가자들에게 이야기 속 인물들의 행동이 이렇게 바뀐 상황이라면 이들이 진정한 스스로의 모습, 즉 자기 존재의 본성을 얼마나 드러낸 것이라고 생각하는지 물었다.

참가자들이 느낀 인상은 국적과 상관없이 같은 패턴을 보였다. 인물이 긍정적인 방향으로 변화했을 때 참가자들은 행동이 변화한 원인을 그의 가장 깊고 본질적인 내면 덕분이라고 답했다. 자신이 비관론자라고 밝힌 참가자들조차 이런 긍정적 변화를 해당 인물이 스스로의 핵심 자기에 충실하게 행동한 결과라고 생각했다. 그러나 반대 방향, 즉 긍정적 행동을 하던 인물이 부정적 행동을 하는 쪽으로 바뀌었을 때 참가자들은 인물의 새로운 행동 양식이 그의 진짜 모습의 반영이라고 대답하기를 주저했다.

만약 자신이 시간이 지나면서 바뀌었다고 느낀다면 긍정적 변화는 진정한 자신의 반영으로, 부정적 변화는 어쩌다 보니 만난 장애물, 만회하고 있는 실수로 바라볼 가능성이 크다. 스스로가 시간이 흐르면서 변해왔다는 생각과 전반적으로 긍정적인 자아관이 결합하면 결과적으로 이전의 자신은 최근의 탁월한 자신의 모습을 더 이상 나타내지 못한다는 이야기가 된다.

우리는 자신이 다른 사람에게 도덕적으로 보이는지 굉장히 신경을 쓴다. 따라서 '우리가 어떠한 행동을 도덕적으로 얼마나 잘못된 행동이라고 평가하는가'가 비밀의 세 가지 주요 차원 중 하나다. 다른 두 차원은 각각 '인간관계와의 관련성' 그리고 '개인적 목표 또는 직업적 목표와의 관련성' 이다.

이때 차원이란 일련의 사항을 자연스럽게 조직화할 수 있는 '기준'을 뜻한다. 예컨대 책장을 정리한다면 저자의 이름이 정리의 한 차원이 될 수 있다. 책의 내용(픽션 또는 논픽션)이나 책등의 색상(여러분 중에도 이 기준을 선호하는 사람이 분명히 있을 것이다)도 가능하다. 여러 기준을 동시에 적용할 수도 있다(책등의 색상 또는 저자의 이름을 기준으로 왼쪽에서 오른쪽으로 정리하되 픽션은 책장 위쪽, 논픽션은 책장 아래쪽에 꽂거나, 아예 서로 다른 책장에 꽂는 방법도 있다).

이제 지금 자신에게 있는 모든 비밀을 책장에 정리한다고 생각해보자. 아마 여러분이 비밀을 분류하는 한 가지 차원은 스스로 그 비밀이 얼마나 부도덕하다고 판단하는가를 반영하고 있을 것이다. 부도덕한 비밀들끼리 모아 부도덕하지 않다고 여기는 비밀들과 떨어뜨려 놓는 것이다.

우리가 비밀을 인식하는 주요 차원들을 알면 비밀이 어떻게 우리에게 상처를 입히는지 그리고 그 상처에 어떻게 대처해야 하는지를 이해하는 문이 열린다. 그러나 이 차원들을 더욱 자세히 탐구하기에 앞서, 우선 사람들이 마음속으로 비밀을 분류할 때 이 차원들을 활용한다는 사실이 어떻게 드러났는지 살펴보자. 이 과정에는 뉴욕시 지하철이 또다시 등장한다.

1. 비밀의 세 차원 지도

자, 뉴욕시의 지하철 노선도가 눈앞에 있다고 상상해보자. 빨간색, 주황색, 노란색, 초록색 그리고 파란색 노선이 맨해튼을 수직으로 가르고, 안쪽의 초록빛 직사각형이 센트럴 파크를 두른다. 그러면서 맨해튼과 주변 자치구들을 연결하는 회색, 보라색, 갈색의 수평 노선들과 접하거나 교차한다. 최대한 또렷하게 떠올려보자. 일부 노선을 몇 차례 꺾어 그려준 뒤 연두색 노선을 더하면 뉴욕시 지하철 노선도가 완성된다.

이제 지도에서 노선은 지우고 역들만 남겨보자. 여러 색의 선들은 사라지고 역의 위치를 알려주는 일련의 점들만 남았다. 잘 상상이 안 된다면 계속해서 내용을 읽기 전에 다음 페이지의 그림을 참고하기를 바란다.

우리는 점들을 연결하는 땅속 터널이 그려진 걸 보지 못한 채 역들이 표시된 지도만 보아도 대부분의 맨해튼 지하철 노선이 남북 방향으로 운행되고 있다는 사실을 금세 알아차린다. 나아가 일부 노선은 동서 방향으로 운행되며, 동쪽에서는 대각선 위쪽으로 휘어지며 맨해튼과 맨해튼 오른쪽에 있는 뉴욕의 다른 자치구들을 연결하고 있다는 사실을 파악한다. 이렇게 이 선들을 추적하다 보면 진짜 뉴욕 지하철 노선과 겹치는 실제 노선도와 똑같은 그림을 그릴 수 있다. 그저 점들을 연결하기만 하면 된다.

우리는 참가자들을 모집해 바로 이 활동을 하도록 요청했다. 한 연구에서 우리는 참가자들에게 1장에 나온 비밀 목록을 보여주고, 그 비밀들을 각자 논리적인 방식으로 배열해보라고 했다. 우리는 그렇게 취합한 정보를 바탕으로 비밀들을 이을 수 있는 여러 경로를 그렸다. 그다음, 참가자들에게 어떤 경로가 가장 논리적으로 다가오는지, 즉 어떤 경로가 비밀들(지하철 역들)을 가장 논리적으로 연결하는지 물었다. 그 결과 우리는 지도의 방위와 분계선을 찾고, 일반적인 비밀의 지도를 손에 넣을 수 있었다.

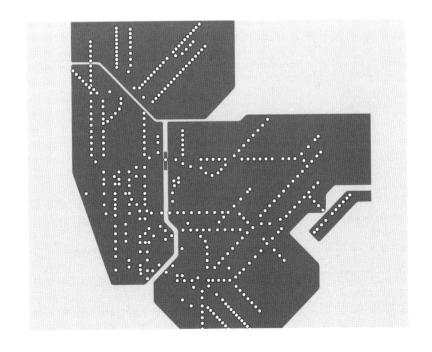

4장 · 비밀의 세 차원

다음 그림을 보면 오른쪽에 있는 비밀일수록 인간관계나 사회적 연결 문제와 관련이 깊다. 그리고 위쪽에 있는 비밀일수록 직업이나 목표와 더 관련이 있다. 마지막으로 원이 클수록 부도덕하다고 간주되는 비밀이다(완전한 3D 지도는 정사각형이라기보다 정육면체 형태지만, 여기서는 보다 선명한 이미지를 제공하기 위해 지도를 납작하게 만들어 정사각형 모양으로 실었다. 부도덕성 차원이 깊이로 표현되어 있다고 생각하면 정육면체 형태의 지도를 상상할 수 있다. 이때 모든 원은 사

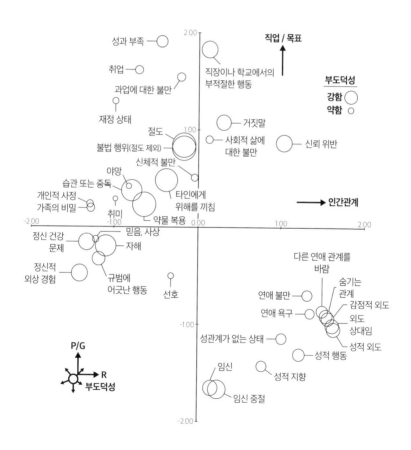

실 같은 크기인데 부도덕하지 않다고 판단되는 비밀들은 멀리 있어서 더 작게 보인다).

이 지도의 특정 영역들은 다른 영역들에 비해 우리의 행복을 크게 앗아간다. 그러므로 내 비밀이 어느 영역에 있는지 알면 그 비밀을 다룰 때 보다 철저히 대비할 수 있다. 지금부터 이 지도를 분석하고, 어떻게 하면 이 지도를 바탕으로 비밀을 대한 이해를 높일 수 있을지 살펴보자.

2. 지도 그리기와 비밀의 세 차원 탐구

일반적으로 지도를 그리는 일은 어렵지 않다. 실제 세상을 보고 랜드마크들의 상대적 위치를 반영해 지도상에 나타내면 된다. 그런데 비밀을 지도 제작자의 시점에서 바라보려면 어떻게 해야 할까? 비밀들의 지도를 찾아내려면 다양한 비밀이 상대적으로 어디에 배치되어야 하는지 알아야 한다. 예를 들어 성적 외도는 다른 연애 관계에 대한 바람과 더 가까이 위치시켜야 할까, 아니면 배우자에게 재정에 관해 거짓말을 하는 것에 더 가까이 위치시켜야 할까?

시카고 대학교University of Chicago 행동과학과 알렉스 코흐Alex Koch 교수의 연구에서 실마리를 얻을 수 있다. 코흐는 '다차원 척도법'이라는 통계학적 방법 전문가다. 대체 어떤 방법인지 꽤나 독특하고 복잡하게 들린다. 그러나 코흐에 따르면 핵심은 무척 간단하다. 그러면 아마 이렇게 말할 것이다.

"이 척도법은 차이를 거리로 시각화하는 것이 전부다."

만일 어떤 비밀(예컨대, 비밀 취미)이 다른 비밀(비밀 외도)과 매우 다르다는 데 대부분이 동의한다면 이 두 종류의 비밀은 지도상 서로 멀리 떨어져 있어야 한다. 그러나 만일 어떤 비밀(예컨대, 비밀 선호)이 다른 비밀(비밀 믿음)과 상대적으로 유사한 것으로 판단된다면 이 비밀들은 지도상 서로 가까이에 있어야 한다. 우리는 참가자들에게 이 작업을 요청했다. 참가자들은 화면에 나온 비밀의 범주를 보고 비슷하다고 생각하는 것들은 서로 가까이, 다르다고 생각하는 것들은 서로 멀리 옮겼다.

다음으로 참가자들이 평균적으로 각 비밀을 다른 비밀들과 얼마나 떨어뜨려 놓았는지 계산했다. 그 결과 비밀 간 거리가 드러난 표를 얻을 수 있었다. 그러나 각 역이 다른 역으로부터 얼마나 멀리 떨어졌는지는 알아도, 한 역에서 다른 역으로 가기 위해 어떤 경로를 택해야 하는지는 알 수 없었다. 마치 당일치기 여행이 가능한 목적지와 각 장소 간 거리는 전부 알지만, 그 장소들이 어디에 있으며 거기까지 가려면 어떻게 해야 하는지에 대한 단서는 없는 것과 같은 상황이었다.

그래서 이 비밀들을 공간적으로 배열할 가능한 방법을 모두 탐색했다. 컴퓨터 프로그램의 도움이 있기에 할 수 있는 작업이었다. 우리는 알고리즘을 활용해 비밀들의 공간적 위치를 무작위로 섞으며 일련의 다른 우주를 상상했다. 일반적인 지도처럼 2D 공간에 비밀들을 배치해보기도 하고, 모든 비밀이 하나의 선을 따라 늘어선 1D 공간을 만들어내기도 했다. 3D 공간, 나아가 종이에 옮길 수 없는 4D 공간과 그보다 더 높은 차원의 공간들도 상상했다.

각각의 상상된 공간에서 각 비밀 사이의 거리는 두 비밀을 잇는 가장 짧은 선으로 측정되었다. 비밀들을 3차원 공간에 표시하자 참가자들의 도움으로 작성한 비밀 거리 표와 부합하는 지도가 만들어졌다. 이 시점이 되자 지도로 만들고자 하는 공간의 형태와 그 속에서 각 비밀이 차지하는 위치를 분명히 알 수 있었다.

마지막으로 찾아야 하는 조각은 분계선이었다. 우리가 지도화하는 공간을 어떤 선에 맞춰 정렬할지 명확하면 훨씬 사용하기 편한 지도를 완성할 수 있다. 일반 지도를 만들 때는 두 개의 선(동서 그리고 북남)을 올바른 각도로 그은 뒤, 그 방향에 맞춰 실제 세계의 지형지물들을 정렬하면 된다. 비밀들의 지도에서 과연 어디에 직선들을 그어야 할지 알아내기 위해 그릴 수 있는 모든 각도로 3D 공간을 가로지르는 길을 그려보았다. 그런 다음 참가자들에게 자신이 어떤 길로 이동하는지 파악해 비밀들의 순서를 설명하는 라벨을 작성해달라고 했다.

참가자들에게 라벨을 제공받기 전까지 이 3D 지도는 비밀들이 마구 뒤섞여 구체를 떠다니는 형상이었다. 어느 각도에서 이 지도를 봐야 할지 알 수 없었다. 우리는 이 공간을 가로지르는 많은 길이 논리적이지 않을 것이라고 예상했다(통과하는 비밀들의 순서 또한 그럴 것이라고 예상했다). 뉴욕시 지하철 노선도에 무작위로 선을 그려 넣을 때 대다수 선은 지하철역들을 잇는 선과 겹치지 않는 것과 마찬가지다.

그러나 공교롭게도 무작위로 그려진 선 중 일부는 역들을 올바른 순서로 통과할 텐데, 바로 그 선들이 우리가 찾고자 하는 길이었다. 참가자들이 가장 빈번하게 작성한 라벨을 바탕으로 우리는 의미 없는 길을 제거하고, 참가자들이 비밀을 분류하는 데 중요하게 다룬 길만 그릴 수 있었다. 그러자 비밀의 세 가지 주요 차원이 모습을 드러냈다.

첫 번째 차원은 도덕성이다. 그 비밀은 도덕적으로 얼마나 잘못되었나? 이 방향으로 심화될수록 그 비밀은 더욱 부도덕한 것이다. 두 번째 차원은 인간관계다. 그 비밀은 나와 다른 사람들의 상호 작용에 얼마나 큰 영향을 끼치나? 이 방향으로 심화될수록 그 비밀은 인간관계 및 사회적 연결 문제와 더 큰 관련성을 지녔다고 할 수 있다. 세 번째 차원은 개인적 목표와 직업적 목표다. 그 비밀은 나의 목표나 포부와 얼마나 큰 관련이 있나? 이 방향으로 심화될수록 그 비밀은 인생에서의 성공이나 출세 문제와 관련성이 큰 비밀이다.

우리는 비밀들의 공간을 지날 수 있는 모든 경로를 하나하나 조사했고, 비밀들의 공간을 구성하는 잠재적 차원이 무엇인지 참가자들에게 알렸다. 그리고 참가자들은 우리에게 어느 방위가 가장 합당하게 느껴지는지 답했다. 가끔 손에 든 지도가 똑바로 보일 때까지 몇 번이나 돌려볼 때가 있듯이, 우리는 수백 명의 참가자에게 이 지도를 모든 사도에서 살펴봐달라고 했다. 그렇게 함으로써 이 연구의 참가자들은 비밀들의 지도를 생성하는 것뿐 아니라 지도의 방위를 찾아내는 데도 큰 역할을 했다.

부도덕성 차원이 높다고 인식된 비밀은 불법 행위, 타인에게 위해를 끼치는 것, 약물 복용, 중독, 거짓말, 직장에서의 부정행위, 신뢰 위반 등이었다. 그러나 이는 약물 복용에 관한 비밀이라면 무조건 부도덕한 비밀이라는 뜻이 아니라 사람들이 그렇게 받아들이는 경향이 있다는 뜻이다. 마찬가지로 대부분 취미가 보통 부도덕하다고 여겨지지 않지만, 맹수 사냥처럼 부도덕한 것으로 여겨질 가능성이 있는 취미도 많다. 정도의 차이가 있겠으나 어떤 범주의 비밀이라도 부도덕하다고 간주될 여지는 있으며, 그 인식은 사람에 따라 차이가 난다. 예컨대 약물 사용과 관련된 비밀이 있어도 부도덕하다고 느낄지 여부는 사람마다 다르다. 자신에게 있는 비밀들의 지도를 만들어보면 이 같은 점을 새롭게 알게 될 수 있다.

관계적 차원이 높은 비밀은 연애 관계와 관련된 비밀인 경우가 많다. 여기에는 연애 욕구, 연애 불만, 다른 연애 관계를 바람, 외도 등이 포함된다. 관계적 차원이 낮은 비밀은 개인을 중심으로 형성된다. 정신 건강 문제, 개인적 사정, 취미, 개인적 믿음 등을 포함한다. 가족의 비밀은 평균적으로 우리가 다른 사람들과 맺는 관계에 별다른 영향을 미치지 않는 것으로 나타났다. 오히려 참가자들은 가족의 비밀을 과거의 다른 개인적 사정들과 함께 두고, 관계적 차원이 높은 사회적 삶 또는 인간관계에 관한 비밀들과는 멀리 두는 경향이 있었다.

세 번째 차원은 우리의 목표, 노력, 포부에 관한 것으로 직업과 결부된 경우가 많다(항상 그런 것은 아니다). 목표 차원이 높은 비밀에는 직장에서의 부정행위, 재정 상태, 수입, 고용 상태와 관련이 있다. 대체로 이 비밀들에는 실제적 이유가 있다(비밀이 드러나면 이루고자 하는 목표를 달성하는 데 방해가 되는 식이다). 목표 차원이 낮은 비밀은 목표나 성공을 향한 것과는 거리가 먼 감정적 경험(과거의 정신적 외상 경험, 성적 지향 등)에 관한 것이다.

비밀은 이렇게 세 가지 차원에서 검토될 수 있다. 옳지 않은 비밀인가? 타인이 연루된 비밀인가? 목표 지향적인 비밀인가? 여러 차원이 혼합된 비밀일 수도 있다. 예를 들어 고객을 속이거나 동업자를 배신하는 일은 부도덕한 동시에 관계적이며, 개인의 목표 또는 직업과도 관련이 있다.

어떤 비밀은 지도상 어느 곳에라도 자리를 잡을 수 있다. 비밀의 세 차원이 우리의 행복에 어떤 의미인지 이해하려면 각 차원을 좀 더 자세히 살펴봐야 한다.

도덕성

사람들이 등을 대고 반듯하게 누워 있다. 뭐라고 외치는데, 아마 도와달라는 뜻인 것 같다. 그러나 시끄러운 기계 소리에 묻혀 무슨 말을 하는지 알아듣기 어렵다. 이들은 움직일 수 없다. 양팔은 옆구리에 붙인 채 밧줄로 묶여 있다. 총 여섯 명으로, 다섯 명은 한 선로 위에 나란히 누워 있고 나머지 한 명만 다른 선로에 누워 있다. 기차가 다섯 사람을 향해 달리고 있다. 참, 깜빡하고 말하지 않은 것이 있는데, 여러분도 이곳에 있다. 여러분의 손은 커다란 레버의 손잡이 위에 놓여 있다. 만일 여러분이 레버를 당기면 기차의 진행 방향이 바뀔 것이다. 기차는 더 이상 그 다섯 사람이 누운 선로로 가지 않는다. 그러나 대신 다른 한 사람이 누운 신로를 향해 갈 것이다. (바라건대) 이 비현실적인 시나리오가 도덕 심리학자와 철학자들이 무척 좋아하는 '트롤리 딜레마'라는 것을 눈치챈 사람도 있을 것이다. 여러분이 개입하지 않는 한 기차는 다섯 사람을 향해 달려가고, 그들은 모두 죽는다. 그러나 레버를 당기기만 하면 기차의 방향이 바뀌어 단 한 사람만 죽을 것이다. 레버를 당기겠는가?

이런 시나리오는 또 어떤가? 한 남성이 슈퍼마켓에 들어왔다. 그는 익숙한 통로들을 빠르게 스쳐 지나간다. 여느 때처럼 일주일에 한 번 장을 보러 온 것이라면 훑어보았을 진열대들 앞에서 멈춰 서지 않는다. 오늘은 다른 목적으로 찾은 것이기 때문이다. 그가 사러 온 것은 오로지 한 가지다. 그는 생닭을 한 마리 사 들고 집으로 간다. 이 닭은 그의 저녁 식사가 될 것이다. 그러나 아직은 아니다.

언제나 그렇듯 집에는 그를 보는 다른 사람이 없음에도 세심하게 청소를 한다. 그는 아파트에 혼자 살고 있고, 모든 창문에는 블라인드가 쳐 있다. 그는 그 닭과 성교를 하고, 철저하게 익힌 뒤, 〈사인필드〉(1990년대에 방영된 미국 드라마 시리즈—역주)를 시청하며 먹는다. 이는 대다수 사람이 비정상적인 성적 행동이라고 간주할 만한 행동이다(물론 그와 별개로 드라마 취향은 훌륭하다). 그러나 도덕적으로도 잘못된 행동일까? 사람들은 쉽게 판단을 내리지 못한다.

1950년대 후반부터 1990년대 후반까지 도덕 심리학은 인간의 도덕 관념 발달 과정에 관심을 기울인 발달 심리학자들의 연구 영역이었다. 이들에 따르면 다른 아이들을 때리고 고양이 꼬리를 잡아당겼던 아이가 훗날 엄격한 채식주의자나 학교 폭력 반대 활동가가 될 수도 있다. 2000년대 초반이 되자 사회 심리학자들도 도덕 심리학 연구에 뛰어들었다.

심리학자 조너선 하이트Jonathan Haidt는 사람들이 앞선 닭 이야기와 같은 도덕적 딜레마가 주어지면 답은 선뜻 내놓을 수 있을지라도, 악의가 없고 피해를 일으키지 않는 듯한 행동들이 잘못됐다고 느껴지는 까닭을 설명하는 데 어려움을 겪는다는 사실을 찾아냈다. 하이트는 이 현상을 '도덕적 말문 막힘 현상moral dumbfounding'이라고 이름 붙였고, 이는 한 세대의 심리학자들이 도덕성의 구성 요소를 면밀히 탐구하도록 이끌었다.

그러나 트롤리 딜레마와 닭 이야기는 우리의 비밀이 주로 건드리는 도덕적 문제들과는 거리가 있다. 일상적으로 벌어지는 도덕성 문제에는 어떤 것들이 있을까? 시카고 대학교에 있던 심리학자 빌헬름 호프만Wilhelm Hofmann은 2013년에 시카고 지역에서 도덕성을 연구 중이던 다른 세 심리학자들에게 이 질문을 던졌다. 평상시 도덕성이 어떤 식으로 모습을 드러내는지 알아내기 위해 이들은 참가자들에게 무작위로 문자를 보내 다음 질문에 응답해달라고 요청했다.

'최근 도덕적인 일을 했거나 다른 사람이 하는 것을 목격했습니까? 또는 부도덕한 일을 했거나 다른 사람이 하는 것을 목격했습니까?' 그러자 참가자들은 3일 동안 하루 평균 3~4번 도덕적이거나 부도덕한 것으로 생각되는 일을 했거나 목격했다고 응답했다.

일상 속의 도덕적 행동에는 길을 잃은 관광객에게 길을 알려준 것, 노숙자에게 음식을 준 것, 음식값을 잘못 계산해 적게 달라고 한 직원에게 사실을 말한 것 등이 있었다. 그리고 일상 속의 부도덕한 행동에는 아이가 차에 함께 타고 있는데 담배를 피운 것, 근무 중에 술을 몇 잔 마신 것, 직장 동료가 가지고 있던 장인이 빚은 발사믹 식초를 훔친 것 등이 있었다. 시카고의 심리학자들은 우리가 스스로 잘한 일도 잘 알아차리지만, 그보다 다른 사람이 잘못한 일에 더 큰 관심을 기울인다는 점도 발견했다.

자신이 부도덕한 행동을 저질렀다는 걸 깨달았을 때 우리에게 무엇보다도 큰 타격을 입히는 결과는 수치심이다. 스스로가 하찮고, 무능력하며, 쓸모없는 존재라고 느끼는 것이다. 우리는 일반적으로 부도덕한 행위는 처벌받아야 한다고 믿는다. 설령 그 행위를 한 사람이 자기 자신이라고 해도 말이다. 오래전부터 사람들은 자기 자신에게 직접 벌을 가해왔는데, 일종의 스스로 죄를 용서하기 위한 방도라고 볼 수 있다. 그리고 이 같은 양상은 심리학 실험에서도 증명되었다.

멜버른 대학교 University of Melbourne의 심리학자 브록 바스티안 Brock Bastian은 작은 실험을 했다. 한 그룹 참가자들에게는 자신이 누군가를 사회적으로 배제하거나 거부한 경험을 떠올리도록 했다. 그리고 다른 그룹 참가자들에게는 최근 일상에서 겪은 상호 작용 경험을 떠올리도록 했다. 그런 뒤, 참가자들은 연구진의 안내에 따라 신체 감각 연구를 목적으로 조금 전의 실험과 무관하게 진행되는 듯한 전혀 다른 실험에 참가하기 위해 새로운 장소로 이동했다.

연구진은 참가자들에게 얼음물이 든 양동이를 주고 평소에 쓰지 않는 손을 가능한 한 오래 그 물속에 담가보라고 요청했다. 한 번이라도 얼음 섞인 차가운 물 속에 보관해둔 맥주나 탄산음료를 꺼내본 적이 있는 사람이라면 이 요청을 수행하는 게 얼마나 고통스러울지 잘 알 것이다.

누군가를 사회적으로 배제했던 경험을 떠올린 참가자들은 자신의 과거 행동을 더욱 부도덕한 것으로 평가했을 뿐 아니라(일상 속 상호 작용 경험을 떠올린 참가자들과 비교했을 때), 손을 얼음물에 더 오래 담그고 있었다. 그러나 이 고통은 겪을 만한 가치가 있는 고통이었던 것 같다. 과거의 기억으로 죄책감을 느낀 참가자들은 이 얼음물을 더욱 고통스러운 것으로 평가했다. 그리고 이 작은 처벌로 정의의 저울 균형을 다시 맞추는 데 도움을 받은 듯, 짧은 고통 덕분에 순간이나마 죄책감을 덜 수 있었다.

부정직하게 행동한 일을 비밀로 간직하면 우리는 마땅히 받아야 할 벌을 면하게 되고, 그에 따라 도덕적 자긍심을 회복할 기회를 놓친다. 가톨릭 고해성사 같은 것은 차치한다고 할 때, 어떻게 해야 비밀에 부친 잘못된 행동에 책임을 질 수 있을까? 나는 브록에게 이 의문을 이야기했고, 곧 우리는 이에 관한 답을 찾기 위한 연구를 설계했다.

우리는 한 그룹 참가자들에게 파트너에게 비밀로 하는 잘못이 있다면 떠올려보라고 했다. 그리고 다른 그룹 참가자들에게는 잘못했지만, 파트너에게 고백한 비밀이 있다면 떠올려보라고 했다. 그러자 비밀로 하는 잘못에 대해 응당 대가를 치러야 한다고 생각하는 사람이 고백한 잘못에 대해 대가를 치러야 한다고 생각하는 사람보다 많았다. 또 자신이 여전히 벌을 받아야 한다고 느끼는 참가자들은 파트너의 상냥한 대우, 친구들과 함께 식사하는 것과 같은 즐거운 경험을 더 불편하게 받아들였다.

심지어 눈과 손의 협응hand-eye coordination(날아오는 공을 잡는 것처럼 눈의 기능과 손의 기술을 통합적으로 사용해야 하는 운동 능력—역주)이 요구되는 작업을 하며 손목에 일시적인 통증이 유발되거나, 고독한 시간을 보내거나, 비난을 받는 것과 같이 고통스러운 상황이 자신에게 닥치는 걸 달가워했다. 참가자들은 도덕적 부채를 갚기라도 하려는 듯 비밀에 부친 잘못된 행동에 대해 스스로 벌을 주는 것 같았다.

수치심은 사람들이 자신에게 가하는, 특히 고통스러운 처벌이다. 수치심은 스스로가 무능하고 열등하다는 생각을 키우고 자존감을 떨어뜨린다. 안타깝게도 세상에는 나쁜 사람을 좋은 사람으로 바꾸는 마법의 알약은 없다. 나 자신이 나쁜 사람, 즉 부도덕한 사람 같아도 바꿀 방법은 없어 보인다. 수치심을 느끼는 사람들이 속수무책으로 절절매는 까닭이다.

우리는 이 연구를 통해 스스로 부도덕하다고 간주하는 비밀일수록 더 큰 수치심을 불러일으키며, 반복적으로 그 비밀을 생각하도록 내몰고, 자기 자신에게 그 비밀에 대처할 능력이 없다고 느끼게 만든다는 사실을 발견했다. 결과적으로 참가자들은 부도덕하다고 여기는 비밀이 자신의 행복을 저해할 가능성이 더욱 크다고 응답한 것이나 다름없다. 이후에 수치심이라는 해롭고 중독적인 감정에서 벗어날 방법들을 소개하려 한다.

인간관계

'100만 건'. 기혼자를 대상으로 운영되는 데이팅 웹사이트 애슐리 매디슨 Ashley Madison이 공개한 월별 외도 건수다. 자신들은 그저 거들 뿐이라고 자랑스럽게 말하는 이 회사의 슬로건은 '인생은 짧다. 바람을 피워라'이다.

정말 이렇게 많은 사람이 바람을 피우고 있을까? 살면서 한 번쯤 외도를 저지르는 사람은 약 20~25퍼센트이고, 특정 해를 기준으로 볼 때 외도 관계를 가진 사람은 기혼자의 3퍼센트 정도라고 한다(이 데이터는 미국에서 기혼 상태이거나 동거 중인 이성애자 커플을 대상으로 이루어진 조사 결과로, 조사 맥락과 국가에 따라 얼마든지 수치가 다를 수 있다). 퓨 리서치 센터 Pew Research Center(미국의 여론 조사 기관—역주)가 2013년에 실시한 조사에 따르면 미국인의 84퍼센트가 성적 외도를 도덕적으로 받아들일 수 없다고 생각하는 것으로 나타났다. 이 수치는 프랑스인은 47퍼센트, 이탈리아인과 스페인인은 64퍼센트, 키스탄인 92퍼센트로 조사되었다. 사람들이 비밀에 부치곤 하는 다른 많은 행동과 마찬가지로 외도에 있어 도덕성에 관한 인식은 나라나 문화, 개인에 따라 천차만별이다.

성적 외도는 절대 용서할 수 없는 일까지는 아니더라도 부도덕한 일임이 틀림없다고 생각하는 사람이 많다. 한편 성적 외도는 관계적 차원이 높은 비밀이기도 하다. 연애 관계나 성적 관계와 결부된 일(아무리 일시적인 관계라고 해도 마찬가지다)인 데다가 다른 사람과의 관계를 배신하는 일이기도 하기 때문이다.

성적 외도에는 몇 가지 예측 변수가 있다. 성에 대한 호기심 및 관대한 견해, 낮은 결혼 생활 만족도, 이전에 바람을 피운 경험, 배우자 친구들과의 유대가 약한 특성 등이다. 외도에는 계절적 주기도 있다. 외도는 여름철에 극에 달한다. 여름에는 여행을 가는 사람이 많아 기회가 늘어나기 때문일 수 있다. 또 사람들의 의복이 단출해지므로 유혹이 커지는 것일지도 모르겠다. 출장지에서 외도가 발생하는 비율이 높은 만큼 몰래 활동할 기회는 분명 외도의 원인이 된다고 할 수 있다.

과거에 심리학자들은 (그리고 다른 사람들도) 남성이 여성보다 외도를 더 많이 저지른다고 추징했으나 이 격차는 줄고 있다. 사회 규범의 변화 때문일 수도 있지만, 여성의 노동 참여율 증가만큼 확실한 원인도 없다. 여성이 일터에 나가게 되면서부터 여성에게 경제적 재원이 마련되고, 그에 따른 자유가 주어졌으며, 더 쉽게 부부 공동의 사회적 네트워크 바깥에서 사람들을 만날 수 있게 됐기 때문이다.

외도는 열린 관계 open relationship(연인인 두 사람의 합의에 따라 제3자와의 다양한 관계가 허용되는 관계—역주)가 아니라 닫힌 관계 closed relationship(일부일처주의를 따르는 일대일 연인 관계—역주)를 전제로 한 단어이므로 사람에 따라 의미가 다를 수 있지만, 문화와 맥락을 떠나 일관되게 발견되는 특징이 하나 있다. 160개의 사회를 조사한 연구에 따르면 배우자의 외도를 알게 되는 것은 이혼의 가장 큰 예측 변수이며, 동성 연인이 헤어지는 데도 주요 요인으로 작용하는 것으로 드러났다(동성 결혼 관계에서도 같은 양상이 발견될 것이라고 추측하지만, 아직 관련 연구가 이루어지지 않았다).

따라서 당연하게도 외도는 비밀이라는 말을 빼놓고는 생각할 수 없다. 가설적으로는 외도의 성적 측면이 더 큰 배신처럼 여겨질지 모르나, 2002년에 이성애자 남성, 이성애자 여성, 동성애자 남성, 동성애자 여성을 대상으로 실시된 한 조사에 따르면 실제로는 외도의 감정적 측면이 더 큰 상처를 주는 것으로 나타났다.

그러나 모든 관계적 비밀이 외도와 연관된 것은 아니다. 비밀리에 연애 욕구를 품은 독신도 많다. 이제 막 연애를 시작한 두 사람이 자신들의 관계를 숨기는 경우도 흔한데, 새로운 자극과 함께 친밀한 감정을 키울 수 있기 때문이다. 그런데 너무 오랫동안 비밀이 지속되면 관계 만족도와 책임감을 떨어뜨리기도 한다. 그리고 본질적으로 연애 감정과 전혀 무관한 관계적 비밀들도 있다. 예컨대 파트너든 친구든 가족이든 타인의 신뢰를 깨는 행위는 부도덕할 뿐 아니라 관계적 차원도 높은 비밀로 여겨진다.

관계적 차원이 낮은 비밀은 자기 자신에게 초점이 맞추어진 비밀로 정신 건강 문제, 자해, 신체적 불만, 개인적 믿음, 습관, 취미 등을 포함한다. 이 비밀들은 대개 자신에 국한하므로 고립감, 외로움, 다른 사람들과 단절된 느낌을 느끼게 한다. 더군다나 이 같은 비밀이 있으면 친구들도 있고 다른 사람들과 충분한 시간을 보내고 있다 해도 고립감을 느낄 수 있다. 지난 장에 나온 호스피스 업무 종사자들처럼 말이다. 이 직원들은 주변 사람들에게 속마음을 털어놓지 않았다.

어떤 비밀은 관계 증진의 기회와 관계 약화의 기회를 동시에 제공한다. 몰래 바람을 피우면 바람 상대와는 친밀감과 애틋한 마음이 커지겠지만, 파트너와의 거리는 멀어질 것이다. 이렇게 다양한 수준에서 사회적 연결과 사회적 단절의 요인으로 작용하는 것이 바로 관계적 비밀이다.

직업 및 목표 지향성

마침내 비밀의 세 차원 중 세 번째인 직업이나 목표 지향성 차원, 즉 비밀이 성공을 향한 노력과 관련된 정도를 헤아리기 위한 차원을 살펴볼 차례다. 목표 지향성이 높은 비밀은 직장이나 학교, 돈에 관한 비밀로, 직장이나 학교에서의 부적절한 행동, 성과 부족, 직업에 대한 불만, 숨기고 있는 직장과 재정과 관련된 제반 사항을 포함한다.

재정 상태에 관한 비밀은 가족, 친구, 직장 동료뿐 아니라 배우자에게도 숨기는 경우가 많다. 부부에게서 흔히 발견되는 비밀도 돈의 액수를 감추거나 배우자가 동의할 것 같지 않은 일에 몰래 돈을 쓴 것이다. 재정 문제는 부부 사이에 긴장을 일으키고 갈등을 낳는 주요 원인이기 때문에, 이 문제를 비밀로 하는 것은 다툼을 피하는 일종의 전략이기도 하다.

TD 뱅크가 2017년에 실시한 조사에 따르면 커플의 36퍼센트가 매달 재정 문제로 다투고 있으며, 13퍼센트는 파트너에게 재정에 관해 숨기는 비밀이 있다. 또 다른 조사에서는 참가자의 27퍼센트가 파트너에게 털어놓지 않은 재정적 비밀이 있다고 답했다. 그리고 대규모 전화 조사 결과 파트너와 동거하는 개인의 6퍼센트가 비밀 은행 계좌를 가지고 있으며, 20퍼센트는 500달러 이상의 지출을 파트너에게 알리지 않은 적이 적어도 한 번은 있는 것으로 나타났다.

사람들이 어떤 물건을 사고 배우자에게 비밀로 하거나 정확한 금액을 밝히지 않는 까닭은 명확하다. 갈등을 피하고 싶기 때문이다. 회사에서 요령을 피웠거나 규칙을 어겼을 때 비밀로 하는 것도 마찬가지 이유다. 그에 따라 나타날 수 있는 좋지 않은 영향을 피하기 위해서다. 직업이나 목표 지향성 차원이 높은 비밀에는 대체로 확고한 실리적 이유가 있는 듯하다.

직업이나 목표 지향성 차원이 낮은 비밀은 반대다. 이 비밀들은 특정 목표를 향한 포부나 열망, 노력 같은 것을 포함하지 않는다. 트라우마 경험이나 정신 건강 문제를 열망하는 사람은 없을 것이다. 원치 않는 임신에 어떻게 대응할지 결정해야 하는 입장이 일부러 되고 싶은 사람도 없다. 이 비밀들의 근저에는 감정과 느낌이 자리하는 반면, 직업이나 목표 지향성 차원이 높은 비밀들은 그 바탕이 논리와 숙고라고 할 수 있다. 역사상 많은 철학자가 이 대비에 주목했고, 플라톤은 인간의 이성을 두 마리 말이 끄는 마차를 모는 마부에 비유했다. 여기서 두 마리 말은 감정적 욕구와 충동을 상징한다.

이 구별에 따르면 세 번째 차원에 해당하는 비밀들의 순서가 더 쉽게 이해된다. 예컨대 왜 어떠한 성적 선호를 가지게 됐는지는 그 이유를 짐작하기가 쉽지 않은데, 이 같은 비밀은 논리나 이성이 아니라 감정에 기반을 두고 있기 때문이라고 할 수 있다. 통제 밖에 있는 트라우마 경험에 대해서도 비슷한 진단이 가능하다. 당연하게도 '왜 하필 나에게 이 일이 생긴 걸까?'라는 질문에 선뜻 대답할 사람은 없다. 참가자들은 목표 지향적 비밀에 관해서는 비교적 명확한 생각을 가지고 있다고 응답했으나 감정적 비밀에 관해서는 설명을 어려워했다. 비밀에 대한 통찰은 그 비밀을 더 잘 다루고 해결하는 데 도움이 된다.

비밀 대처 나침반

우리가 한 연구에 따르면 사람들은 비밀이 부도덕하다고 여길수록 수치심을 느낄 가능성이 크다. 그리고 자신만의 개인적 비밀이라고 생각할수록 고립감을 느낄 가능성이 크다. 또 논리가 아니라 감정에 기초한 비밀일수록 스스로 그 비밀에 대한 통찰이 부족하다고 느낀다. 비밀을 세 차원에 따라 지도화하자 비밀이 세 가지 방식으로 사람들에게 타격을 입힌다는 사실이 드러났다. 바로 수치심, 고립감, 통찰력 부족이다. 반가운 소식은 이 연구 결과가 비밀로 인해 타격을 입지 않도록 도와줄 세 가지 대처 방안도 알려준다는 것이다.

비밀은 세 차원을 따라 어느 방향으로든 다양한 수준에 위치할 수 있다. 물론 일방통행도 없다. 더 부끄러운 비밀이 있는가 하면, 덜 부끄러운 비밀도 있다. 더 고독한 비밀이 있는가 하면, 다른 사람들과의 연계성이 높은 비밀도 있다. 통찰을 발휘하기 어렵고 불확실하게 느껴지는 비밀이 있는 한편, 스스로 본질과 이유를 꿰뚫고 있다고 느끼는 비밀도 있다.

비밀의 세 차원을 기준으로 볼 때 우리의 비밀이 어디에 있는지 알면 비밀에 대처할 세 가지 길이 뚜렷하게 떠오른다. 한 조사에서 우리는 이 책의 첫 장에서 소개한 비밀 목록을 참가자들에게 제시했다. 그리고 참가자들이 자신에게 있다고 응답한 각 비밀에 대해 '이 상황을 자신이 얼마나 통제하고 있다고 생각하는가?'라고 물었다. 또 '이 비밀에 대처하는 능력이 자신에게 어느 정도 있다고 생각하는가?'라고도 물었다. 우리는 참가자들에게 이 질문들에 답하기에 앞서 다음 세 가지 선택지 중 자신의 상황을 설명하는 데 가장 적합한 선택지를 한 가지 골라 달라고 했다. 1) 이 비밀이 있어도 아무런 해가 없다(비밀인 정보로 인해 상처를 입는 사람이 없다). 2) 이 비밀은 내가 아는 사람을 보호한다(또는 나와 그 사람의 사이를 보호하는 비밀이다). 3) 나는 이 비밀을 통찰하고 있다(나에게 이 비밀이 있는 까닭 또는 대처 방법, 또는 두 가지 모두를 안다). 각 선택지를 개별적으로 살펴보면 다음과 같다.

비밀로 인해 생기는 피해가 있는가?

잘못됐다거나 부도덕한 비밀이 아니라고 생각한다면 비밀 때문에 생기는 피해가 없다고 대답할 수 있다. 다행스러운 일이다. 그러나 만일 이전 행동 중 도덕적으로 잘못됐다고 느끼는 행동이 있더라도, 다음번에는 다르게 행동할 수 있다는 사실을 알아주기를 바란다. 우리는 실수로부터 배울 수 있다.

비밀 덕분에 보호받는 사람이 있는가?

만약 비밀을 공유하는 사람이 있다면 비밀 덕분에 우리는 그 사람과 더 가까워질 수 있다. 우리는 다른 사람을 지키거나 다른 사람과의 관계를 지키기 위해 비밀을 함구하기도 한다. 비밀이 긍정적 역할을 하는 경우라고 볼 수 있다.

자신에게 그 비밀이 있는 까닭을 이해하고 있는가?

내 비밀이 스스로 외에는 아무도 보호하지 않으며 얼마간 해를 끼치고 있기까지 하다는 걸 깨닫게 됐을지도 모른다. 그러나 그렇더라도 '왜' 그 비밀이 자신에게 있는지 알면 상황에 대한 통제력이 커지고 보다 용이하게 비밀에 대처해 나아갈 수 있다.

나는 이 질문들을 아울러 '비밀 대처 나침반'이라고 한다. 이 질문들에 대한 답을 찾으면 자신의 비밀에 효과적으로 대처할 세 가지 방법이 모습을 드러내기 때문이다.

대처 전략 1: 과거의 실수는 지나간 일이며, 과거에 두어도 괜찮다는 것을 기억하라.

나에게는 행여 떠오르기라도 하면 기분이 썩 유쾌하지 않은 일고여덟 살 때의 기억이 하나 있다. 자세한 내용은 기억이 흐릿하지만, 일일 캠프에서 있었던 일이므로 아마 여름이었을 것이다. 누가 먼저 그러자고 했는지는 기억나지 않는다. 제안한 것은 다른 아이고 나는 가담했던 것뿐이라고 말하고 싶지만, 그게 진실인시 내가 그렇게 믿고 싶은 것뿐인지 정말 모르겠다. 어떤 활동으로 사람들이 모두 자리를 비웠을 때, 나와 그 아이는 사물함이 있는 방으로 몰래 들어갔다. 그러고는 잔돈을 슬쩍하기 위해 그곳에 있던 모든 가방을 차례대로 뒤졌다. 우리는 동전은 나오는 족족 챙기고 지폐만 남겨뒀다. 대체 왜 그랬는지 몰라도 절대 들키지 않을 거라고 생각했던 것 같다.

당연하게도 우리는 들켰다. 그것도 곧바로 들켰다. 간식 시간에 누가 봐도 의심스러운 양의 군것질거리를 샀던 것이다. 거기에다 몇몇 사람이 잔돈이 사라진 걸 눈치챘고, 그러자 금세 정황이 발각됐다. 나와 그 아이가 어떤 결말을 맞았는지는 기억에 없다. 그저 꾸중을 듣는 것으로 끝났는지도 모르겠다. 남은 것은 내가 그때 저지른 일에 대한 이 같은 기억이다.

우리가 한 행동은 의심할 여지 없이 도덕적으로 잘못된 행동이다. 일곱여덟 살이면 그 사실을 알았을 텐데도 우리는 문제의 행동을 감행했다. 이 일은 단순히 생각만 해도 거북하다. 그러나 무엇보다도 그 행동을 했던 과거의 나와 현재의 나를 논리적으로 곧장 연결 짓다 보니 거북한 것 같다. 과거의 내가 저지른 일은 현재의 나와 미래의 나를 보여준다고 할 수 있을까? 나로서는 그다지 동의할 수 없는 생각이다.

나침반의 선택지들을 검토하며 자신에게 물었을 때(이 비밀로 인해 생기는 피해가 있는가?), 나는 다른 사람에게 피해가 되는 부분을 전혀 찾을 수 없었다. 아무래도 이 사건을 떠올리기가 불편한 건 오늘날 나에게 있는 기준에 맞지 않는 까닭이 큰데, 바로 이 점을 깨닫는 것이 중요하다. 나는 이 과거 버전의 나에게서 현재의 내가 지닌 기준에 부합하는 면모를 찾을 수 없고, 이 비밀은 오늘날의 나와 관계가 없다.

게다가 내가 이 정보를 드러내지 않았다고 해서 피해를 본 사람이 없다는 것도 확신한다. 내 친구나 직장 동료들도 어렸을 때 이런 일을 저질렀더라도 나에게 말해줄 필요는 없다고 생각한다. 내가 과거에 한 행동은 분명히 도덕적으로 잘못됐지만, 그 행동을 비밀로 하는 것은 도덕적 잘못이 아니다. 이런 식으로 비밀을 바라보면 비밀 때문에 괴로울 일이 줄고, 더 쉽게 생각을 내려놓아 거기에 얽매이지 않을 수 있다.

아마도 많은 비밀이 이와 비슷한 유형일 것이다. 자신의 예전 행동이 도덕적으로 잘못된 행동이더라도, 비밀에 부친 내용이 누군가에게 상처를 주는 상황이 아니라면 그 비밀을 지키는 것이 도덕적으로 무조건 잘못됐다고 할 수는 없다. 과거의 내가 저지른 실수, 바꿀 수도 없는 그 실수에 초점을 맞추기보다는 그로부터 얻은 교훈에 집중하는 것이 어떨까?

과거의 행동에 대한 불편한 마음을 지우기란 어려울 것이다. 죄책감은 어떤 행동의 잘잘못을 가릴 수 있도록 돕는 건강한 반응이다. 그렇지만 과거의 자신에게 수치심을 느끼기보다 그간 자신이 발전하고 성장한 부분을 깨닫고 인정해주기를 바란다. 설령 과거에 잘못했더라도 우리는 계속해서 더 나은 방향으로 변화해왔으며, 앞으로도 그 변화를 이어나갈 수 있다.

대처 전략 2: 내가 비밀을 지킬 때 다른 사람들에게 돌아가는 이득을 생각하라.

벤은 자신의 행동을 떳떳하게 여기지 않는다. 벤은 로빈슨 부인의 딸 일레인에게 반하고 싶어서 반한 것이 아니다. 겉보기에 나이대가 어울리는 것은 일레인과 자신이었지만 그 문제와는 상관없었다. 어쨌든 일레인에게 반했고, 벤은 자신이 일레인을 진정으로 사랑한다는 걸 깨닫는다. 그러므로 일레인은 몰라야 한다. 벤은 자신이 일레인의 어머니와 외도 관계였다는 사실을 털어놓아봤자 일레인에게 슬픔을 안기고 두 사람의 새로운 관계를 상처 입힐 뿐, 좋을 게 없다고 확신했다.

영화 〈졸업〉의 줄거리라는 사실을 알아챈 사람들도 있을 것이다. 이 영화에서(그리고 원작 소설에서) 벤은 미래에 대한 뚜렷한 계획 없이 대학을 졸업한다. 그래서 캘리포니아 패서디나에 있는 부모님 댁으로 돌아온다. 그런데 졸업 축하 파티에서 만난 부모님의 친구 로빈슨 부인이 벤을 적극적으로 유혹하고, 벤은 결국 그 부인과 불륜을 저지르게 된다. 그런데 이후 대학을 다니던 로빈슨 부인의 딸이 집으로 돌아오면서 상황이 복잡해지기 시작한다.

벤의 입장에서 한번 생각해보자. 여러 장면이 떠오를 수 있겠지만, 나는 침대에 누워 자신의 의지와 상관없이 계속해서 일레인과의 즐거웠던 데이트를 떠올리는 젊은 더스틴 호프먼(벤 역)의 모습이 먼저 생각난다.

물론 로빈슨 부인과의 일이 머릿속을 떠나지 않는다. 로빈슨 부인의 제안을 받아들이는 게 아니었다. 로빈슨 부인은 결혼도 했고, 나이도 나의 두 배다. 내가 잘못을 저질렀다는 걸 이제 똑똑히 알겠다. 아니, 스스로에게 솔직해지자. 잘못이라는 건 처음부터 알고 있었다. 도대체 어떻게 해야 할까?

비밀 대처 나침반을 참고했을 때, 내 비밀이 주위 사람들에게 해가 된다는 것은 부인할 수 없는 사실이다. 로빈슨 부인과 몰래 만난 것은 그 부인의 결혼 생활에 방해가 됐을 테고, 만약 일레인이 이 사실을 알게 되면 무너지고 말 것이다. 내가 왜 이런 난장판을 만들었는지 모르겠다. 어떻게 해결해야 할지도 모르겠다. 그러나 이 비밀을 지켜야 일레인과 그 가족 전체를 보호할 수 있다는 것만은 알겠다.

내가 불륜을 저지르지 않았더라면 어땠을까 생각해본다. 그러나 한번 짠 치약을 다시 튜브 안으로 넣을 수는 없는 노릇이다. 최선은 계속해서 비밀을 지키는 것 그리고 물론 로빈슨 부인과의 관계를 정리하는 것이다. 일레인에게 솔직하게 털어놓는 것은 나에게만 좋은 일이다.

내 양심의 짐은 덜 수 있을 테지만, 일레인은 분명 엄청나게 상처받을 것이다. 불륜 사실을 나 혼자만 간직하면 일레인의 마음과 우리 관계를 지킬 수 있다. 나는 비밀을 털어놓는 것보다 비밀을 지키는 것이 오히려 이로운 상황이라고 확신한다.

벤의 비밀은 관계적 차원이 높은 비밀로 여러 사람이 관련되어 있다. 따라서 로빈슨 가족을 알고 지내는 누구에게라도 비밀을 말하는 것은 위험하다. 괜히 긁어 부스럼을 만들고, 로빈슨 부인, 부인의 남편 그리고 일레인에게 큰 상처를 입힐 가능성이 있다. 이 비밀을 함구함으로써 벤은 이 관계들을 보호할 수 있다. 중요한 것은 로빈슨 부인이 비밀을 폭로할 것이라고 생각하거나, 일레인과 자신이 진지한 관계를 맺게 되어 그 관계가 지속되리라 판단하면 이 계산이 바뀔 수 있다는 것이다.

벤은 결국 비밀을 털어놓아야 한다는 의무감에 사로잡힐지도 모른다. 아무리 기혹한 진실이라 해도 관계를 오래 이어가려면 대개 정지하고 솔직한 태도가 요구되기 때문이다. 이 문제는 비밀의 고백에 관해 이야기하는 6장에서 다시 다룰 것이다.

만일 내가 지켜온 비밀을 오늘 털어놓는다면 주위 사람들은 어떤 영향을 받을까? 상처받는 사람도 있을까? 언젠가는 고백하게 될 비밀이라 할지라도, 현재 그 비밀이 비밀이기 때문에 유익한 점이 있을 것이다. 비밀과 관련된 사람들뿐 아니라 그들 간의 관계 그리고 나와 그들의 관계가 보호받고 있을지도 모른다.

대처 전략 3: 합당한 이유가 있다는 사실을 잊지 마라.

세 번째 대처 전략을 설명하기 위해 NSA가 전 세계 규모로 전개한 비밀 감시 프로그램을 폭로하기로 했던 에드워드 스노든의 결정을 다시 한 번 살펴보려 한다. 스노든은 자신이 얼마나 곤란한 처지인지 잘 알았다. 그는 NSA의 프로그램이 도덕적으로 잘못됐다고 생각했지만, 정부의 비밀 누출 금지 서약서에 서명한 상태였다. 이 서약을 어기면 중대한 결과가 초래되리라는 것은 자명했다. 교도소에 갇히거나 나라를 떠나 영영 돌아오지 못하거나 둘 중 하나일 터였다. 그러나 스노든은 자신이 침묵을 택하면 위태로워지는 것이 무엇인지 알았고, 무시할 수 없었다. 스노든은 한 인터뷰에서 이렇게 말했다.

"내가 공개한 모든 문서는 합법적으로 공익에 부합하는지 아닌지 신중하게 평가한 문서다."

스노든은 자신에게 중요한 가치와 신념이 무엇인지도 잘 알았다. 다른 기밀 유출자들의 행위와 자신의 행위 사이에 선을 그으며 이렇게 말했다. "나는 세상에 공개되면 큰 파장을 불러일으킬 문서를 수없이 많이 알지만, 그 모든 문서를 유출한 것이 아니다. 내 목표는 투명성이지 사람들을 해치는 것이 아니기 때문이다."

스노든은 감시 프로그램을 폭로하는 데 필요한 모든 과정을 세세하게 계획했다. 증거를 입수하는 데서부터 언제 어떻게 폭로할지에 이르기까지 전부 대책을 세운 뒤 움직였다. 스노든은 자신이 내린 결정의 중대성을 인식하고 있었다. 그리고 명료하게 표현하거나 전달하는 데 어려움은 있어도, 자신이 올바른 이유로 옳은 일을 한다는 믿음이 있었다.

　　　　　　　　　　　　　　　　　　　　4장 · 비밀의 세 차원

"이 사실을 폭로하게 된 경위를 밝히는 성명서를 몇 번이나 쓰고 지웠다. 여자 친구에게 보내려고 이메일을 쓰다가도 삭제하기 일쑤였다. 적당한 말을 찾는 것이 무척 어려웠다."

우리의 비밀이 스노든의 비밀처럼 거대한 비밀은 아니어도, 그의 이야기는 다른 두 방법이 소용없을 때 우리가 비밀에 어떻게 효과적으로 대처할 수 있을지 힌트가 된다. 비밀을 둘러싸고 어느 것 하나 쉬운 결정이 없는 상황에서 자신이 모든 경우의 수를 신중하게 헤아렸으며, 주도적으로 심사숙고해 결정을 내렸다는 사실은 적잖은 위안이 된다. 어떤 비밀을 지니게 된 이유와 그 비밀로 초래할 결과를 파악하고 있으면 많은 것이 명료해진다. 우리 연구에 따르면 자신의 선택과 행동을 제대로 통찰하는 사람들이 더 자신 있게 자신의 비밀에 대처하고 있었다.

자기 나침반과 마찬가지로 비밀 대처 나침반도 자동으로 우리의 목적지를 가리키지는 않는다. 그렇지만 나침반이 있으면 올바른 방향에 서 있는지는 알 수 있다. 대부분 상황에서 세 전략 중 한 가지는 도움이 될 것이다. 연구 결과 수치심, 고립감, 통찰 부족 모두 매우 높은 수치가 보고된 사람은 1퍼센트에 불과했다. 수치심, 고립감, 통찰 부족 수치가 어느 정도 높다고 할 수 있는 사람은 4퍼센트였다. 즉, 95퍼센트의 사람들은 적어도 한 개의 탈출구를 가지고 있다는 뜻이다. 문제는 그 탈출구가 어디인가다.

자신에게 가장 유효한 대처 전략이 무엇인지 결정하는 연습을 하다 보면 걸어갈 방향이 보일 것이다. 비밀 대처 나침반을 알게 된 참가자들은 비밀에 대처하는 자신의 능력에 대해 이전보다 자신감을 드러냈다. 그리고 우리는 후속 연구를 통해 비밀 대처 나침반이 참가자들의 비밀 대처 능력을 실제로 향상시켰다는 사실을 발견했다. 참가자들이 일상에서 느끼는 행복도가 높아진 것을 관찰할 수 있었기 때문이다. 작은 한 걸음이라도 올바른 방향으로 내디딜 수 있다면 한결 가벼운 마음으로 비밀에 대처할 수 있다.

그러나 지금껏 다루지 않은 중요한 사실이 한 가지 있다. 물론 비밀이 끼치는 부담은 대체로 비밀이 우리가 혼자 있을 때 찾아와 머릿속을 헤집는다는 데 그치지만, 경우에 따라서는 다른 사람들과 이야기를 나누는 동안 적극적으로 비밀을 숨겨야 하는 일도 발생한다. 그리고 이 상황은 또 다른 층위의 문제를 던진다.

비밀 감추기

마침내 자수를 결심했을 때 멜로디 카슨Melody Casson은 67세였다.

"말씀드릴 게 있어요. 현관에서 말씀드릴 이야기는 아니고요."

카슨은 자신의 집에 찾아온 경찰관에게 말했다. 카슨에게는 52년 전에 저지른 범행이 있었다.

1963년 9월 6일, 카슨은 열다섯 살에 웨인Wayne을 낳았다. 웨인은 전형적으로 울고, 울고, 또 우는 아기였다. 생후 2주 무렵, 카슨은 육아에 지친 나머지 금방이라도 쓰러질 것 같았다. 어머니는 수술 후 병원에서 회복 중이었다. 아버지는 집에 있었지만 폐암을 앓고 있었다. 언니와 언니의 약혼자도 집에 있었다. 모두가 잠이 필요한 상황이었다. 그러나 이날 밤에도 웨인은 울음을 그칠 기미가 없었고, 가족들은 잠을 못 이루어 짜증이 폭발하기 일보 직전이었다. 카슨은 갓난아이를 옆에 두고 소파에 앉아 있었다. 그러다 문득 웨인이 잠깐만 소리를 못 내게 하면 울음을 멈출 수 있지 않을까 하는 생각이 들었다. 카슨은 소파에 있던 쿠션을 집어 웨인의 얼굴을 덮었다. 잠시 지나자 웨인의 울음소리가 마침내 멎었다. 카슨은 쿠션을 치웠고, 자신이 무슨 일을 저질렀는지 깨닫기까지는 오래 걸리지 않았다. 웨인은 전혀 움직이지 않았다. 낯빛은 하얗게 질려 있었다. 본의 아니게 사망에 이르게 한 것이었다. 카슨은 꼼짝도 할 수 없었다. 그러다 소리를 지르며 아버지가 있는 위층으로 달려갔다.

경찰이 왔을 때 카슨은 자신이 자면서 뒤척이다 무심결에 생후 18일인 아이를 눌렀고, 이 때문에 아이의 숨이 막힌 것 같다고 말했다. 담당 검시관은 웨인이 과실로 질식사했다는 보고를 남겼다. 그리고 52년이 흐른 뒤, 카슨의 자백으로 이 보고서의 내용은 바뀌었다. "저는 평생 이 죄를 안고 살아왔습니다."

최종 공판에서 재판부는 "피고인이 지난 52년간 결코 내려놓을 수 없는 죄책감을 느끼며 살아왔으리라는 점을 인정한다. 피고인은 법의 심판을 받기를 원했고, 스스로 심판대에 올랐다. 피고인은 당시 열다섯 살이었으며, 학생이었고, 청소년이었으므로, 이후의 젊은 시절과 성인으로서의 모든 날을 자신이 저지른 범행의 그늘 속에서 살았다. 이 벌은 죽음을 맞이하는 날까지 계속될 것이며, 판결 여하를 떠나 그 사실은 변하지 않을 것이다"라고 했다. 카슨은 2년의 집행 유예를 선고받았을 뿐이다(수감을 면했다). 그러나 피고인의 사정을 그다지 헤아려주지 않는 판사를 만났더라면 다른 운명에 처했을지도 모른다.

애초에 카슨은 왜 범행을 자백했을까? 왜 그렇게 커다란 비용을 치르면서까지 마음의 짐을 덜고자 한 것일까?

"더 이상 고통을 감당할 수 없었습니다."

카슨은 오랜 세월 숨겨온 비밀을 스스로 공개하게 된 동기를 이렇게 말했다. 카슨이 말하는 고통이란 무엇인가? 52년이나 지난 후에 범행을 자백한다 한들 고통을 줄이는 데 도움이 될까?

1. 비밀을 지키는 요령

어떤 때는 그저 말하지 않으면 비밀이 감추어진다. 그러나 어떤 때는 말하지 않는 것만으로는 부족하다. 어떻게든 감추어야 하는 물리적 증거가 있을 수도 있다. 악명 높은 콜롬비아의 마약왕 파블로 에스코바르Pablo Escobar는 한때 현금이 너무 많아서 하는 수 없이 집 안의 벽 속에 밀어 넣거나 플라스틱 쓰레기통에 넣어 땅에 묻었다. 자신의 범죄 행위를 은폐하기 위해 말 그대로 눈에 보이고 손에 잡히는 증거를 묻어야 했나.

여러분은 수백만 달러의 마약 밀매 자금을 땅에 묻어본 적은 없어도 사탕 껍질을 쓰레기통 깊숙이 버리거나, 영수증을 찢거나, 의심을 살 만한 이메일이나 문자메시지를 삭제한 적은 몇 번쯤 있을 것이다. 나는 한 연구에서 600명의 참가자에게 38가지 일반적인 비밀 목록 중 어떤 비밀을 가졌는지 알려달라고 했다. 그렇게 수집한 7,000여 개의 비밀 중 가장 많은 참가자가 물리적 조치가 요구된다고 답한 비밀은 습관, 중독, 재정, 재산과 관련된 비밀이었다.

증거를 감출 필요가 있는 비밀은 전체의 26퍼센트 정도였다. 그런데 비밀의 물리적 증거를 얼마나 철저히 감추는가는 해당 비밀이 초래하는 심리적 해악과 큰 관련이 없는 것으로 드러났다. 의아하게 느껴질 수 있으나 증거를 숨기는 문제에서 비롯되는 장기적 영향은 없는 것 같다. 어쨌거나 작은 물건이라면 서랍 구석에 넣을 수도 있으므로 숨기는 게 그리 어려운 일이 아니다. 아예 없애지 못하더라도 잘 숨겨두었다 싶으면 내 비밀의 증거가 다른 사람의 눈에 띌 염려를 덜고 한결 안심할 수 있다.

만일 우리가 자신의 모든 비밀을 양말 서랍 안쪽에 넣고 몽땅 잊을 수 있다면 비밀 지키기는 일도 아닐 것이다. 그러나 증거만 감추면 지킬 수 있는 비밀은 많지 않다(내가 조사한 바로는 전체의 3퍼센트에 불과하다). 진실을 교묘하게 피해가야 하는 순간도 닥치는 법이다. 비밀에 너무 가까이 다가가는 대화 주제는 피하고 관련 질문은 적당히 넘길 줄도 알아야 한다.

우리는 하루 평균 16,000개의 단어를 말한다. 언제 어떻게 우리의 비밀과 관련된 내용이 대화 주제로 떠오를지 알 수 없다. 그러나 입을 꾹 다물 수만 있으면 된다. 영화 〈파이트 클럽〉에 나오는 파이트 클럽의 첫 번째와 두 번째 규칙처럼, 하여간 비밀에 대해 입을 열지 마라. 그러나 비밀을 다루는 비결이 이렇게 간단하다면 얼마나 좋을까(그러면 이 책도 훨씬 짧았을 것이다). 당연히 그렇게 간단하지 않으니 문제다.

한 그룹 참가자들에게 '완벽한 비밀(아무에게도 말하지 않은 비밀)'이 있는지, 있다면 다른 사람과의 대화에서 그 비밀이 얼마나 자주 화제로 떠오르는지 물었다. 그러자 지난 한 달 동안 평균 한 차례 관련 질문을 받은 것으로 조사되었다(월 1.2회). 그러나 이들이 동일 기간 자신의 비밀을 숨길 필요성을 느낀 것은 평균 두세 차례로 나타났다(월 2.4회). 자신이 비밀을 숨기고 있다고 느낀 순간의 절반은 누군가 그 비밀에 관해 물어온 순간이 아니라는 뜻이다.

연구 결과 사람들이 질문을 가장 많이 받는 비밀은 성적 지향, 믿음, 취미, 야망과 관련된 것들이었다. 그러나 성적 지향을 제외하면, 이 비밀들은 사람들이 그렇게 자주 숨기는 비밀은 아니다. 사람들이 제일 자주 숨기는 비밀은 정신 건강 문제나 재정 문제, 연애에 대한 불만 등이다. 비밀을 숨긴다는 것은 그저 다른 사람의 질문을 어물쩍 넘기는 일이 전부가 아니다. 그만큼 스스로 쓸데없는 말을 하지 않도록 각별히 주의해야 한다.

비밀을 숨기는 데는 다른 사람들의 이목이 모이는 것을 막는 방패보다 우리 자신에게서 비밀이 새어나가지 않도록 막아주는 코르크 마개가 필요하다고 할 수 있다. 그러므로 우선 코르크 마개를 꽂으면 어떻게 되는지 살펴보자. 그런 다음 답변하지 않는 편이 나은 질문들로부터 자신을 지키는 법도 살펴보도록 하자.

대화 피하기

비밀을 지키는 한 가지 방법은 비밀과 관련한 모든 대화를 피하는 것이다. 토니 소프라노의 경우처럼 이 일은 상당히 쉽게 풀릴 문제다. 토니와 그의 주변 사람들은 정신과 상담 같은 문제를 화제로 삼지 않는다. 그들의 대화는 정신과 상담 같은 것과는 꽤 거리가 있어서 결코 관련한 이야기를 할 일이 생기지 않는다. 토니가 상담실이 있는 건물로 들어가는 장면을 누군가 우연히 목격하지 않는 이상, 그가 정신과 상담을 다닌다는 실마리는 어디에도 없다. 이 일을 비밀에 부치고 싶은 토니가 할 일은 스스로 입 밖에 내지 않는 것뿐이다.

　이런 비밀이 여러분에게도 있을지 모르겠다. 있다면 오래전에 일어난 일과 관련한 비밀이거나, 사람들이 그다지 화제로 삼지 않는 내용에 관한 비밀일 것이다. 평소 내 비밀과 관련한 질문을 하는 사람이 아무도 없다면, 누군가 들쑤시거나 의심할지 모른다며 걱정하거나 경계할 필요가 없다. 이 경우에는 나만 잠자코 있으면 된다.

　그런데 대화의 특정 주제를 적극적으로 피하는 태도는 상대방과 신뢰할 수 있는 관계를 맺는 데 방해가 될 수 있다. 한 연구에 따르면 오래 사귄 연인이 있는 대학생들에게 관계 문제, 연인이 못마땅하게 여길 법한 부정적 행동, 성관계 등에 관한 대화를 얼마나 피하는지 묻자 이 주제들에 관해 연인과 이야기를 나누지 않는 사람일수록 관계 만족도가 낮은 것으로 나타났다.

　관계에 문제가 있으므로 대화를 피하게 되는 것일까? 아니면 그 반대일까? 또 다른 실험에 따르면 후자의 가능성이 농후한 것 같다. 즉, 대화를 회피하는 것은 어떤 문제의 징후에 그치지 않고 관계에 균열을 일으키는 원인으로 작용한다. 참가자들에게 친구가 특정 주제에 관해 자신과 대화하는 것을 꺼린다면 어떨지 묻자 상처를 받는다는 응답이 많았다. 특히 그 주제가 자신과 친구의 관계에 관한 것이라면 더욱 큰 상처를 받을 것이라고 했다.

　막 결혼한 사람들을 대상으로 실시한 연구 결과도 대화 회피가 문제를 일으킬 수 있다는 주장을 뒷받침한다. 실제로 배우자에게 숨기는 게 있다고 답한 참가자가 얼마나 많은가를 감안하더라도, 자신의 배우자가 숨기는 게 있다고 믿는 사람일수록 몇 달 뒤 추적 조사에서 관계의 질이 낮아진 양상을 보였다. 배우자가 숨기는 게 있다는 생각이 들면 배우자의 삶에서 배제된 듯한 느낌이 들고, 이는 당연히 고통스러운 일이다.

어려운 대화를 피하는 태도는 파트너를 향한 신뢰 부족으로 인식될 수 있다. 속마음을 죄다 이야기하고 과거에 있었던 모든 일도 낱낱이 털어놓아야 한다는 뜻이 아니다. 이전에 사귀었던 사람들과의 내밀한 사정이나 과거의 성 경험은 공유하지 않는 것이 마땅하다고 생각하는 커플이 상당히 많다. 말하자면 '과거는 과거에 묻어두어야 한다'는 것이다. 그렇게 보면 이전의 성 경험에 관해 대화를 나누지 않는 까닭이 설명된다. 이 화제는 보통 연인과의 대화에서 적당하지 않다고 여겨지며, 비밀이라기보다는 사적인 문제로 취급되기 때문이다.

비밀은 단순히 말할 기회를 놓쳐서 생기기도 하지만, 그보다는 어느 한쪽이 정보를 숨기고자 작정했을 때 생긴다. 우리가 파트너에게 무언가를 숨길 때는 갈등을 피하거나, 파트너의 감정을 배려할 수 있으므로 관계를 지키는 데 도움이 된다는 판단이 섰을 때다. 그런데 이때 내가 우려한 결과는 피할 수 있을지 몰라도 득보다 실이 클 수도 있다. 특히 내가 숨기는게 있다는 걸 파트너가 알아채기라도 하면 괜히 비밀로 한 탓에 걷잡을 수 없는 후폭풍이 닥칠지도 모른다(내가 평소 파트너가 무언가 숨기고 있을지도 모른다고 생각하는 유형의 사람일 경우, 이 후폭풍 속에서 관계가 손상되는 것은 더욱 자명한 일이다).

비밀이 있을 것이라는 의심은 사실 여부를 떠나 관계에 악영향을 끼친다. 파트너를 향한 신뢰도는 파트너가 얼마나 비밀스러운 사람인가가 아니라, 자신이 얼마나 비밀스러운 사람인가에 의해 더 크게 좌우된다는 것이 밝혀졌다. 파트너가 비밀이 많은 사람이라고 여기는 사람은 은연중에 자신도 그래도 된다고 믿고, 결국 악순환에 빠질 가능성이 있다. 어느 한쪽이라도 상대방이 숨기는 게 있다고 생각하기 시작하면 두 사람 모두 손해를 입는다. 둘 다 이 관계가 끈끈하지 않다고 느끼게 될 것이다.

다소 힘든 시기를 겪는 사람은 연인으로부터 부정적인 반응이 돌아오거나 공연히 말을 해서 상황이 더 나빠지는 것은 아닐까 두려워 마음을 털어놓기가 더욱 주저될 것이다. 그러나 비밀의 악순환을 깨는 데 동원할 수 있는 지렛대는 분명 우리에게 있다. 바로 '신뢰'다. 파트너를 신뢰하고, 자신을 신뢰하라. 대화를 시작하려면 커다란 용기가 필요하고 감수해야 하는 위험도 있을 것이다. 그러나 두려움 때문에 시작하기도 전에 대화의 문을 닫아서는 안 된다. 상대방이 응할 준비가 되지 않은 화제라면 기습적으로 이야기를 꺼내지 않는 편이 좋다. 특히 무겁고 까다로운 주제라면 본격적인 대화를 하기에 앞서 미리 언질을 주도록 하자. 그리고 기억하기를 바란다. 이런 일은 시간이 걸리는 법이다. 한 번에 모든 것을 해결할 수는 없다. 그러나 대화를 시작하는 것만으로도 실질적인 진전을 이룰 수 있다.

질문 피하기

우리에게는 털어놓을 준비가 안 된 비밀들이 있다. 그래도 괜찮다. 문제는 우리만 대화의 주제를 정하는 게 아니라는 점이다. 언제든 다른 사람이 우리의 비밀과 관련된 이야기를 시작할 수도, 한 발 더 나아가 우리에게 질문을 던질 수도 있다. 비밀과 연관이 있는 화제나 질문을 예상하지 못한 순간에 예상하지 못한 사람이 꺼냈다면 우리는 어떻게 해야 할까?

여러 사람이 대화를 나누는 자리라면 행운이 따른 것이다. 두 사람뿐이라면 대화에 개인적으로 임해야 하겠지만, 세 사람 이상이면 이미 하나의 무리다. 더 많은 사람이 참여하는 자리일수록 한 사람 한 사람에게 주어지는 발언 시간은 줄어든다. 여러 사람이 동시에 말을 하면 당연히 원만한 대화가 이루어지기 어려우므로, 몇 사람은 대화를 주도하고 몇 사람은 대화에 끼어들지 못할 때도 있다. 이 점을 이용해 후자와 같이 잠자코 있으면 된다. 가만히 앉아 다른 사람들의 이야기를 듣는 것이다.

그렇지만 누군가 정확히 나를 향해 질문을 던졌다면 어떻게 해야 할까? 대답을 피하는 가장 확실한 방법은 그 주제에 관해서는 대답하고 싶지 않다고 직접 말하는 것이다. 이렇게 하면 웬만하면 상대방도 대답하라고 밀어붙이지 않는다. 물론 그렇게 말하면 무례하게 비치거나 분위기가 어색해질까 봐 염려될 것이다. 내 말은 로봇처럼 "그 질문에는 대답하지 않을래"라고 말하라는 게 아니다. 얼마든지 훨씬 부드럽게 이야기할 방법이 있다. 내 동료는 딱 이 같은 상황에 처하는 바람에 "아, 너무 많이 알려고 하면 다칠 텐데?"라고 대답한 적이 있다고 한다. 조금은 방정맞은 어투로 분위기도 해치지 않고 우아하게 질문을 받아넘긴 것이다.

까다로운 질문을 모면할 최고의 방법은 내가 질문하는 것이다. 상대방의 대답에 따라 대화가 새로운 방향으로 흘러갈 수 있기 때문이다. 농담도 무척 효과적인 방법이다. 평소 농담을 즐겨하지 않는 사람에게는 다소 무리한 방법일 수 있다. 그러나 우리의 목적은 단지 대답을 얼버무리는 것이므로 농담이 재미가 없어도 된다(장담한다).

완벽하게 구사할 수만 있다면 빈정대기라도 하듯 더없이 정직한 답변을 하는 방법이 통할 때도 있다. 기밀 파일을 복사할 요량으로 정부의 구형 컴퓨터를 자기 책상으로 옮기고 있던 에드워드 스노든을 멈춰 세운 사람이 있었다. IT 감독관이었다. 그는 그걸로 대체 뭘 하려고 하느냐고 물었다. 스노든은 대답했다.

"기밀이라도 슬쩍해볼까 하고요."

이에 두 사람은 함께 웃음을 터뜨렸다.

즉석에서 재미있는 답변을 생각해낼 수 없다면, 느닷없이 대화의 화제를 바꾸는 방법도 있다. 그러면 사람들의 관심을 다른 데로 돌리면서도 계속해서 대화를 이어갈 수 있다. 질문해도 좋고('넌 이번 주말에 뭐해?'), 말하고 싶다고 속으로 생각하던 화제를 무엇이든 꺼내도 좋다('참, 나 회사에 까다로운 일 생겼어.' 또는 '슬슬 뭐 좀 먹어야 하지 않을까?' 또는 상대방을 아예 쫓아버리는 방법도 있다. '맞다, 나 아직 양치 안 했다!'). 내가 아무리 밑도 끝도 없이 아무 말을 한다 해도('달도 녹이 슨다고 하더라?') 상대방은 그에 대꾸할 수밖에 없고, 이로써 대화는 원래 질문으로부터 한참 멀어지게 된다.

질문, 농담, 맥락 없는 말이 효과적인 까닭은 본래 대화의 화제였던 질문을 이미 끝난 이야기로 만들어버리기 때문이다. 친구들과 대화를 하던 중 말을 보태고 싶었지만 그만 때를 놓쳐본 적이 있다면, 대화의 화제가 이 화제에서 저 화제로 얼마나 빨리 넘어가는지 알 것이다. 우리는 대화의 이러한 점을 십분 활용해야 한다. 일단 대화의 흐름을 민감한 화제로부터 멀리 떨어뜨려 놓기만 하면 다른 사람들도 원래 화제로 쉽사리 되돌아가기 어렵다.

뭐니 뭐니 해도 가장 중요한 것은 자연스럽게 답변을 넘기는 것이다. 그러려면 일단 머릿속에 떠오르는 것을 재빨리 붙잡아 반응을 내놓아야 한다. 그러니 너무 깊이 생각하지 말자. 대화의 화제가 전환되고 나면 그것만으로도 많은 경우 상대방은 질문의 답변을 듣지 못했다는 사실조차 깨닫지 못할 가능성이 있다는 연구 결과도 있다. 또 대부분 대화 상대는 우리의 깊고 어두운 비밀을 굳이 캐내려 들지 않는다. 따라서 우리가 답변을 회피했다는 걸 인지하더라도 압박을 해올 가능성은 낮다.

그러나 모종의 이유로 상대방이 압박해온다면? 마지막 비장의 전략이 있다. 바로 고마움을 표시하는 것이다. 내가 최대한 피하고 싶은 질문을 누군가 했다는 게 특별히 기쁠 일은 아니지만, 그 질문이 우호적인 상호 작용에서 나온 것이라면 상대에게 나를 깎아내리고자 하는 의도가 없다는 걸 느낄 수 있을 것이다. 그렇다면 우선 상대의 선의를 알아차렸다는 사실을 전하자. 그러면 답변을 한결 부드럽게 거절할 수 있다. 어려움에 처한 친구에게 그 상황에 관해 묻는 장면을 상상해보라고 요청한 실험 결과 밝혀진 내용이다. 이 실험에서 연구진은 참가자들에게 다양한 방식으로 반응하는 친구의 모습을 상상해보라고 했다.

참가자들은 "내가 너 정말 믿고 의지하는 거 알지? 지금은 다른 얘길 하는 게 나을 것 같아"와 같은 반응에 대해서는 상당히 무리 없이 거절을 받아들일 수 있다고 응답했다. 이 대답은 두 사람의 관계가 지닌 가치를 확고하게 확인시키기 때문이다. 그러나 이보다 더 좋은 반응은 "이렇게 신경 써서 물어봐주니까 얼마나 고마운지 모르겠어"처럼 고마움을 표시하는 반응이었다. 친구의 반응이 이렇다고 하면 참가자들은 친구의 나머지 말이 "그런데 그 얘기는 지금 털어놓긴 어려워"든 "지금은 다른 얘길 하는 게 나을 것 같아"든 개의치 않았다.

질문한 사람이 연인 관계에 있는 사람이라면 그렇게 쉽게 빠져나가기란 어렵다. 만일 질문이 닥친 순간 정말 그 화제에 대해 말하고 싶지 않다면, 최선은 다음에 대화를 나누면 좋겠다고 부탁한 뒤 언제 다시 그 화제를 가지고 이야기를 주고받을지 계획을 세우는 방법이다. 대화를 완전히 피하겠다는 게 아니라 먼저 생각을 정리하고 싶을 뿐이라는 점을 확실히 알리면 상대도 나의 요청을 더 쉽게 받아들일 수 있다.

질문을 받고 단지 밝힐 만한 성질의 이야기가 아니라서, 또는 지나치게 개인적인 이야기거나 곤란한 이야기라서 대답할 수 없다고만 말하는 것은 나와 가까운 사람들에게는 무례하고 모욕적인 처사일 수 있다. 사랑하는 사람이나 친구가 내가 마음을 터놓을 만큼 편하지 않다는 데 달가운 사람은 없다. 그러니 질문한 사람과의 관계를 망치고 싶지 않다면, 질문한 사람이 누구인가의 문제가 아니라 내가 직면한 상황상 또는 시간이 더 필요하므로 답변할 수 없다는 뜻을 어떤 식으로든 전해야 한다. 그렇게 시간을 벌면, 그 시간을 허투루 흘려보내서는 안 된다. 나중에 누군가에게 털어놓고 싶을 때를 대비해 생각을 정리해두는 편이 좋다.

2. 말하고 싶어도 참기

많은 비밀이 지키기 어려운 까닭은 단순히 관련 내용이 대화의 화제가 되거나 질문이 나오는 상황을 피하기만 하면 되는 게 아니기 때문이다. 비밀을 지키는 데 진정 어려운 부분은 나 스스로 대화를 원치 않는 곳으로 이끌어가지 않도록 하는 것이다.

사회학자 어빙 고프먼Erving Goffman은 1963년에 출간한 《스티그마》에서 사회적으로 낙인이 찍힌 정체성을 지닌 사람들이 직면한 부담에 대해 썼다. 교도소 수감 이력, 종교적 소속, 비가시적 장애 또는 성적 지향과 같이 식별할 수 없는 정체성도 포함하는 내용이었다. 고프먼이 이 사회 문제를 설명하기 위해 쓴 용어들은 분명 다른 시대의 용어라는 느낌이 들지만, 그가 연구 주제로 삼은 개인들의 투쟁은 요즘 세상을 보고 쓴 듯 생생하다. 고프먼에 따르면 우리는 모두 주어진 상황이나 환경마다 자신의 진정한 모습을 얼마나 드러낼지 결정해야 한다. 우리는 자신을 자유롭게 표현하기로 선택할 수도 있고, 부정적 평가로 이어지는 부분은 숨기기로 선택할 수도 있다.

그러나 모든 사람이 동등한 표현의 자유를 누리는 것은 아니다. 내가 컬럼비아 대학교에서 처음으로 연구 결과를 발표했을 때, 당시 다양성 부문 연구를 선도하던 고 캐서린 필립스Katherine Phillips 교수에게서 받은 지적이다. 우리는 직원들이 직장에서 진정한 자신의 모습을 마음껏 발휘할 수 있도록 독려하고자 최근 기업들이 쏟는 노력을 논의하고 있었다.

필립스 교수의 반응은 지금까지도 생생하다.

"지금 농담하시는 거 아니죠!? 직장에서 자기 자신을 고스란히 드러낸다는 건 저로서는 상상도 안 되는데요. 어떻게 친구나 가족들과 얘기할 때처럼 직장 동료들이랑 얘기하겠어요."

필립스 교수가 이렇게 생각했다는 걸 알면 아마 함께 일했던 동료들은 깜짝 놀랄 것이다. 필립스는 개인적으로나 직업적으로나 타인을 진실한 태도로 대하기로 정평이 나 있었기 때문이다.

그러나 흑인 여성으로서 전통적으로 백인 남성이 지배해온 경영대학원 환경이 자신에게 꼭 맞는다고 느끼기란 어려웠을 것이다. 필립스는 켈로그 경영대학원Kellogg School of Management 종신 교수로 임용된 최초의 흑인 여성이자 컬럼비아 경영대학원Columbia Business School 종신 교수로 임용된 최초의 흑인 여성이었다. 교수 사회에 적응하는 데는 거리낌 없이 드러낼 수 없는 자신의 중요한 부분이 있었던 것이다.

우리는 직장, 집, 친구, 가족 등 다양한 사회 영역을 넘나들며 살아가고, 그때마다 자신의 다른 부분을 드러낸다. 어떤 상황에서는 다른 상황일 때보다 더욱 자신을 숨기기도 한다. 나는 UC 버클리University of California, Berkeley의 드루 저코비 상고르Drew Jacoby-Senghor 교수와 함께 사람들이 일상에서 어떤 때에 진정한 자기 자신으로 있을 수 없다고 느끼는지 연구했다. 적어도 한 가지 이상 주변화된 정체성을 지닌 1000명 이상의 사람들을 조사한 결과, 이들이 공통으로 겪는 상황 중에는 인종, 젠더, 사회 경제적 지위, 체형, 신념 등 무엇이든지 간에, 어떤 공간에서 특정 방식으로 보이는 유일한 사람인 경우가 있었다.

"어디에서 오셨어요?"처럼 이들이 소외감을 느끼게 하는 질문이 무엇인지도 드러났다. 묻는 사람은 그저 궁금해서 물었을 뿐이라 해도 이 질문을 받는 사람은 '그쪽이 왜 여기에 계세요?'처럼 다르게 해석할 수 있는 것이다. 또 참가자들은 자신의 사회 집단(인종, 젠더, 민족 등)을 대표해 발언해

달라는 요청을 받을 때, 누군가 자신의 성장 과정을 추측하려 들 때, 자신이 가지고 있던 고정관념과 다르다며 놀라움을 표할 때 정체성에 위협을 느꼈다고 답했다.

참가자들이 자신의 진짜 모습을 내보이기 어렵다고 느끼는 상황은 또 있었다. 바로 일상 속에서 흔히 벌어지는 대화였다. 무려 81퍼센트의 참가자가 지난 한 주 사이에도 온전한 자기 자신으로서 대화에 참여할 수 없었던 일이 있다고 답했다. 이때의 대화란 별다른 대화가 아니라 여가(음악, 텔레비전, 영화, 책), 취미, 여름 여행, 성장 과정 같은 것들에 대해 나누는 일상적인 대화다. 물론 이 주제들은 가볍게 즐거운 이야기를 나누는 데 더없이 적절하다. 그러나 자유롭게 말하다 보면 동떨어져 있다고 느끼는 자신의 모습 일부분을 무심코 드러내버릴 수 있다.

어떤 상황과 환경에서든 소외감을 일으키는 요소가 포함되어 있으면 참가자들은 자신의 일부를 감추었고, 그 결과 자신의 상태를 가식이라고 느꼈다. 매일 사회적 상호 작용 속에서 진짜 사기 자신이 없다고 느끼는 일이 반복되면 스트레스가 쌓이고, 스스로 자신의 건강을 좋지 않다고 생각하게 된다.

다른 사람과 다르게 보이지 않으려 애쓰며 정체성의 일부를 숨기는 것 (심리학자들은 '커버링 covering'이라고 한다)이 절망스러운 까닭은 끝이 없다는 데 있다. 한번 성공적으로 감췄다고 해서 다시는 감출 일이 없어지는 게 아니다. 고프먼은 이 특성을 '사회적 상황에서 발생할 수 있는 위험을 끊임없이 감지해야 하는 스캐너'로써 살아가는 사람들에게 들려진 추가적 부담이라고 봤다.

고프먼의 예측은 50년 뒤 검증되었다. 즉, 비밀을 숨기는 일이 번거롭고 어색한 것은 자신의 사회적 상호 작용을 검토해야 하는 까닭이 크다. 코넬 대학교 Cornell University 교수를 역임하고 지금은 UC 버클리 교수로 재직 중인 클레이턴 크리처 Clayton Critcher는 두 대학의 학부생 참가자들을 대상으로 연구를 진행했고, '자녀를 가지고 싶은가?' 또는 '이상적인 연인상을 설명해달라' 같은 일련의 질문에 대답해달라고 요청했다. 이때 한 그룹 참가자들에게는 '아침(아침 식사)'과 '그래서'라는 단어를 쓰면 안 된다는 제약을 두고, 다른 그룹 참가자들은 자유롭게 답변하도록 했다. 그런 다음 참가자들에게 어느 정도 인내심과 두뇌 회전이 요구되는 과제가 주어졌다(제시된 입체 도형이 보이지 않는 부분까지 포함해 모두 몇 개의 블록으로 이루어져 있는지 추론하는 문제 등).

실수로 특정 단어를 말하지 않도록 주의해야 했던 참가자들은 자유롭게 말할 수 있었던 참가자들과 비교해 후속 과제에서 나쁜 성과를 보였다. 말할 때 몇 가지 단어를 삼가야 하는 것만으로도 인지 기능에 타격을 주는 것이다. 크리처 교수의 연구는 아침을 먹은 것과 같이 굉장히 사소한 이야기를 피하는 것만 해도 자기 검열이 얼마나 우리를 지치게 하는지 잘 보여주는 결정적인 연구다. 그런데 이런 것보다 훨씬 중요한 이야기를 억눌러야 할 때는 어떨까? 크리처 교수가 설계한 연구의 다른 버전을 보면 그 답을 알 수 있다.

또 다른 그룹 참가자들은 연애와 관련한 질문들에 답하면서 이상적인 연인상의 젠더를 숨기도록 요구받았다. '남자'나 '여자' 같은 단어를 건너뛰면서 누군가를 설명하는 것은 꽤 까다로운 일이다. 특히 이 제약 조건을 준

수할 경우 참가자의 성적 지향 또한 감춰지기 쉬운데, 이때의 참가자들이 모두 이성애자로, 자신의 성적 지향을 숨기는 연습이 잘 되어 있지 않은 사람들이었다는 점을 짚고 넘어갈 필요가 있다. 인터뷰가 끝난 뒤, 이 참가자들 역시 자유롭게 답변할 수 있었던 다른 그룹 참가자들에 비해 후속 과제에서 낮은 성적을 거두었다.

이상적 연애 상대의 젠더를 숨기려면 참가자들은 특정 단어를 조심해야 할 뿐 아니라(여자, 남자 같은 단어를 쓰지 않도록 자신을 검열한다), 적절한 대체 단어를 찾아 변경해야 한다(사람, 상대 같은 단어를 쓰기로 나름의 방침을 정해야 한다). 검열을 하는 데다 변경까지 해야 하는 그룹은 검열만 하는 그룹보다 더 높은 피로도를 보일까? 사실 두 그룹은 똑같은 피로도를 느끼는 것으로 나타났다. 단어를 바꾸는 추가적 과정은 당초 자신의 말에 주의를 기울이는 것만큼 피곤한 일은 아니라고 할 수 있다.

물론 실험의 일부로 주어진 인지 작업을 제대로 수행하지 못한 것은 전혀 중요한 일이 아니다. 그러나 비밀을 숨기는 것은 실제로 시간이 지나면서 건강에 악영향을 미친다는 증거가 있다. 1990년대 중반에 발표된 한 연구에서 에이즈에 감염된 동성애자 남성들의 면역 기능을 9년에 걸쳐 6개월마다 추적 관찰한 결과, 커밍아웃을 한 사람들과 비교해 커밍아웃을 하지 않은 사람들은 면역 기능이 떨어지고, 에이즈의 진행 속도가 빠르며, 다른 질병에 감염될 위험이 크고, 더 일찍 사망하는 것으로 조사됐다. 이 연구 결과를 보면 비밀을 숨기는 것이 대단히 치명적으로 느껴진다. 이처럼 정신이 번쩍 들게 하는 건강상 결과는 비밀을 감출 때 야기되는 정신적 피로에 의한 것일까? 아니면 다른 원인이 있을 수도 있을까?

사람들이 자신의 정체성 일부를 감추고 있다고 말하는 정도를 측정한 연구들이 있다. 그 결과를 보면 정체성을 숨기는 행동과 애초에 있는 그대로의 자기 자신으로 존재하기 어렵다고 느끼는 감정을 구별하기가 불가능하진 않더라도 무척 까다롭다는 걸 알 수 있다. 건강상 악영향이 어디에서 오는지 파악하려면 사람들이 자신의 정체성을 숨기는지 뿐만 아니라, 자기 자신을 드러낼 수 있을 만큼 편안한 상태인지를 살펴야 한다.

이 지점을 포착한 연구가 있다. 이 연구의 연구진은 로스앤젤레스 LGBTQ 커뮤니티에서 모집한 참가자들에게 2주간 매일 성적 지향을 드러낼 만한 계기가 얼마나 있었는지, 또 실제로 성적 지향을 밝혔는지 기록해달라고 했다. 참가자들은 하루가 끝날 때마다 그날 하루 자신의 정체성을 밝히는 문제에 있어 얼마나 다른 사람들의 지지를 받고 있다고 느꼈는지도 기록했다.

그러고 나서 두 달 뒤, 연구진은 이 참가자들의 전반적인 삶의 만족도를 조사했다. 그 결과, 정체성 은폐는 낮은 삶의 만족도로 연결되는 동시에 낮은 사회적 지지와도 무관하지 않다는 사실을 알아냈다. 그리고 동등한 수준의 사회적 지지를 받는 사람들을 살핀 결과, 정체성을 숨긴 사람들이 정체성을 밝힌 사람들보다 삶의 만족도가 떨어지는 것은 아니었다. 그러나 동등한 수준으로 정체성을 숨기는 참가자들을 살피자, 낮은 사회적 지지가 낮은 삶의 만족도와 관련이 있었다.

이 연구는 정체성 은폐의 부정적 영향이 성적 지향을 숨기기 위해 쏟아야 하는 노력에서 비롯된다는 것을 말하는 것이 아니다. 애초에 성적 지향을 공개할 만큼 사회적 지지를 얻고 있지 않다는 느낌을 중심으로 형성된 여러 부정적 감정에서 비롯되는 것임을 시사한다. 따라서 다른 지지 수단이 확보된 상황이라면, 비판적 반응으로부터 자신을 지키는 데 도움이 될 때는 정체성을 은폐하는 것이 해롭다기보다 이로울 수 있다.

3. 사람들이 눈치챌 수도 있을까?

내 일부를 드러내지 않기로 선택했을 때, 대화 중 상대방이 내가 무언가를 숨기고 있다는 사실을 정확히 간파할 가능성은 얼마나 될까? 사람들은 우리의 기분이 언짢지는 않은지, 우리가 열쇠를 찾고 있지는 않은지 알아차린다. 그러나 우리의 생각은 맞히지 못한다.

우리에게는 언제나 다른 사람들과 나누지 않은 생각이 있다. 그리고 사람들은 그 생각을 절대 모른다. 하고 있던 이야기에 정확히 들어맞는 에피소드가 떠올라 입을 열려는 찰나에 대화의 화제가 바뀌고, 말할 기회를 놓친다. 그럴듯한 농담이 생각났으나 격식에 맞지 않는 듯해 생각만 하고 넘어간다. 또는 그다지 좋은 내용이 아닌 것 같아서 말을 하다 만다. 대화를 하면서 이처럼 빠른 선택을 내리지 않으면 우리는 지금보다 훨씬 덜 우아한 세상을 살고 있을 것이다. 동기는 달라도 우리가 품위 없는 농담과 유익하지 않은 의견을 내뱉지 않게 도와주는 바로 그 인지 능력이 우리가 다른 사람과 대화할 때 무심코 비밀을 입 밖에 내지 않도록 도와준다.

대화에서 비밀을 감추기란 사실 기술적으로 그렇게 어려운 일이 아니다. 그러나 말투나 몸짓, 표정이 우리의 뜻을 어떻게 배신할지 모르니 걱정되는 것이다. 우리에게 감추는 게 있다는 걸 다른 사람들이 감지하는 방식으로 말이다. 그런데 그게 과연 가능할까? 답은 조건부 '아니오'인 듯싶다.

1990년대 후반에 당시 버지니아 대학교 University of Virginia에 재직하던 로라 스마트 리치먼 Laura Smart Richman과 대니얼 웨그너 교수는 섭식 장애를 겪는 여성들을 대상으로 일련의 질문에 대답하도록 하는 조사 연구를 수행했다. 인터뷰는 대학 생활에 관한 질문으로 시작해 결국 자기 조절, 식습관, 체중 관리 압박에 관한 질문으로 나아갔다. 참가자들은 사전에 인터뷰어에게 자신의 섭식 장애 문제를 숨기라는 지시를 받았다. 한편 이 연구의 조사 대상에는 섭식 장애가 없는 여성들도 포함되어 있었고, 이들은 질문에 솔직하게 답변하라는 지시를 받고 인터뷰에 참가했다. 녹음된 인터뷰 내용을 들은 연구 보조원들은 섭식 장애 문제를 숨기는 참가자와 정말로 섭식 장애 문제가 없는 참가자를 구별할 수 없었다. 이들은 또 두 그룹의 사회적 기술, 몰입도, 호감도를 똑같이 평가했다. 내면에 어떤 문제를 감추고 있든 표면에 떠오르지 않은 것이다.

숨기는 연습이 하나도 되어 있지 않은, 게다가 숨기려면 '남자' 또는 '여자' 등의 단어를 쓰지 않는 것 이상의 노력이 요구되는 경우라면 어떨까? 이에 대한 답을 찾기 위해 당시 영국 엑시터 대학교 University of Exeter 심리학과 교수였던 애나 레이먼 Anna Reiman은 참가자들에게 자신의 대학 전공을 숨기고 의대 학생인 척하라고 주문했다. 아무도 이전에 그런 시도를 한 적이 없을 것이라는 전제가 깔려 있었다. 참가자들에게는 대학 생활에 관한 몇 가지 인터뷰 질문이 주어졌고, 곧이어 전공에 관한 질문이 나왔다. 한 그룹의 참가자들은 자유롭게 답변할 수 있었지만, 또 다른 그룹의 참가자들은 답변할 때 자신의 진짜 전공을 숨겨야 했다.

다음으로 연구 보조원들이 이들의 인터뷰 녹화 영상을 보며 답변에 얼마나 적극적으로 임하는가를 중점으로 각 참가자에게서 받은 인상을 기록했다. 그 결과 의대 학생인 척을 하는 참가자든 자신의 진짜 전공을 밝힌 참가자든 간에 연구 보조원들은 답변을 통해 해당 참가자를 더 많이 알 수 있었다고 느끼는 경우일수록 참가자와 참가자의 답변에 전체적으로 긍정적인 평가를 내렸다.

정체성 은폐에 관한 실험은 거의 대화 상황을 가장한 모의 인터뷰 형식으로 실시된다. 그러나 우리가 실제로 일상에서 주고받는 대화는 인터뷰 형식이 아니다. 정체성을 숨기는 것이 덜 구조화된 대화 속에서 부정적 영향을 일으키는지 확인하기 위해 당시 워싱턴 대학교 University of Washington 에서 심리학을 연구하던 진 고 Jin Goh 교수는 동 대학의 LGBTQ 학생들을 참가자로 모집한 뒤, 학내 LGBTQ 커뮤니티에 지원금을 제공할 것인가를 둘러싼 이슈에 관해 이야기를 나누도록 요청했다.

참가자들은 자신의 성적 지향 또는 젠더 정체성을 숨기거나 드러내도록 무작위로 지정받았고, 이성애자로 확인된 참가자들(정체성 문제를 이야기하는 것에 관해 별다른 지시를 받지 않음)이 대화 상대로 배치되었다. 그리고 이후에 대화 상대로 참가한 학생들과 대화 녹화 영상을 본 외부 평가자들이 실험에 참가한 LGBTQ 학생들을 평가했다. 모든 평가자에 따르면 정체성을 숨긴 학생들은 정체성을 드러낸 학생들 못지않게 편안해 보였으며, 활발한 태도로 몰입해서 상호 작용에 참여했다.

이 연구들은 우리가 무언가를 숨길 때 적어도 낯선 사람들은 그 사실을 판별하기 어렵다는 것을 보여준다. 우리를 잘 아는 사람들은 현재 우리를 괴롭히는 문제가 있다는 것, 털어놓지 않은 이야기가 있다는 것을 감지할 수 있을지도 모른다. 그러나 그 점을 제외한 다른 부분에서 내 모습을 충분히 솔직하고 자연스럽게 드러내고 있다면 상대방과의 상호 작용에 문제가 생기리라는 걱정은 접어두어도 좋다.

4. 내가 먼저 말하고 싶어졌을 때

자백 당시 멜로디 카슨은 자신이 나서서 밝히지 않으면 자신의 생후 18일 아들의 죽음에 얽힌 진실을 알아낼 사람은 아무도 없다는 사실을 알고 있었다. 범행 이후 52년이 넘는 세월 동안 이 문제가 저절로 대화의 화제에 오르는 일은 없었을 것이다. 그러나 그 비밀은 그녀를 끊임없이 괴롭혔다. 왜일까?

나는 그렇게 오랜 기간 비밀을 가져본 적이 없지만, 부모님의 비밀이 두 분 각각 26년씩, 합치면 52년 동안 간직된 비밀이라는 데 생각이 미쳤다. 나는 어머니에게 비밀을 그렇게 오래 가지고 있다는 건 어떤 건지 물었다. 어쨌든 나나 내 동생의 유전적 특성을 묻는 사람은 없었다. 카슨의 경우와 마찬가지로 자연스럽게 대화에 등장하곤 하는 화제가 아니었기 때문이다. 어머니는 가끔 다른 사람과 대화할 때 비밀이 생각나 거북함을 느끼기는 했지만, 대화를 이어가기 어려운 수준이었던 적은 없다고 했다.

이 상황은 동생이 10대가 되면서 자신이 부모님으로부터 어떤 특성을 물려받았고 어떤 특성을 독자적으로 가지게 됐는지 따지기 시작했을 때 변할 수도 있었다. 그러나 뭐랄까, 동생은 아버지가 자신의 생물학적 아버지가 아닐 수도 있다고는 전혀 의심하지 않았다. 단순히 부모님의 성격적 특징, 건강 상태 등에 관심을 보이며 여러모로 추측해볼 뿐이었다. 아무튼 어머니 말씀에 따르면 이를 기점으로 '더욱 골치 아픈 상황'이 시작됐다. 비밀을 생각할 일이 많아지면서 진실에 대해 잠자코 있기가 한층 불편해진 것이다.

비밀은 우리 마음에서 멀어지고 멀어져서 마치 존재하지 않는 양 느껴질 때가 있다. 그러다 특정 사건, 대화 또는 걱정을 만나면 다시 떠오르고, 그 결과 새로이 우리의 마음을 장악하기도 한다. 어떤 비밀과 우리 삶의 관련성은 계속해서 변화할 수밖에 없고, 그에 따라 부담도 커지거나 줄어든다. 그런데 비밀이 부담스러운 까닭은 비밀이 우리의 뇌리를 떠나지 않으며 생각을 사로잡기 때문이기도 하지만, 비밀이 우리의 혀끝에서 맴돌기 때문이기도 하다.

누군가 비밀을 고수한다고 해서 그 사람이 비밀을 털어놓고 싶지 않은 것이라고 무조건 단정해서는 안 된다. 나는 사람들이 흔히 비밀로 하는 38가지 경험 목록을 참가자들에게 보여준 뒤 (비밀이든 아니든) 자신이 겪은 항목이 있는지, 있다면 그 경험을 다른 사람들에게 이야기하고 싶은지 물었다. 그러자 비밀이든 아니든 별 차이가 없는 것으로 나타났다. 참가자들은 비밀이 아닌 경험과 다를 바 없이 비밀인 경험도 이야기하고 싶어 했다. 더군다나 애초에 이들이 건네받은 것은 일반적인 비밀 목록이었다. 왜 이런 결과가 나타난 것일까?

사실상 두 가지 상반되는 힘이 작용하기 때문이다. 참가자들은 자신의 개인적 경험이 해결되지 않은 상태라고 느낄수록 더욱 그 경험에 관해 이야기하고 싶어 하는 것으로 나타났다. 또 비밀이 아닌 개인적 경험과 비교해 비밀인 경험을 더욱 미해결 상태라고 느끼고 있었다. 풀리지 않는 어려움이 있으면 우리는 해결책을 모색한다. 이때 다른 사람에게 털어놓는 것이 해결의 지름길이 되는 경우도 꽤 있다. 그러나 이는 비밀을 숨기고 싶은 욕구와 충돌한다. 해결책을 찾고 싶은 바람 때문에 머릿속은 온통 비밀에 관한 생각뿐이고 입을 열면 비밀이 튀어나올 것 같다. 그러나 동시에 관련 내용을 다른 사람들에게 감춰야 한다는 우선순위에 있는 의도가 우리를 반대 방향으로 잡아끈다.

일반적으로 우리는 마음속 생각을 다른 사람들과 나누고 싶어 한다. 그 생각이 비밀일 때는 쉽사리 그렇게 하지 못할 뿐이다. 나는 이 긴장을 측정하는 데 유용한 방법을 한 가지 발견했다. 실제로 사람들에게 비밀을 털어놓고 싶은 바람이 얼마나 큰지 물어보는 것이었다. 이 질문을 받은 참가자들의 대답은 일상 속 대화에서 자주 맞닥뜨리는 비밀도 있다는 걸 감안하더라도, 그들이 얼마나 자주 비밀을 감추는가에 대한 대답과 일치했다. 비밀을 말하고 싶은 마음이 클수록 우리는 말을 너무 많이 하지 않도록 참고, 또 조심해야 한다. 이렇게 질문을 피해야 하는 상황이든 아니든 비밀을 숨기는 데 따르는 부담은 말하고 싶은데 말할 수 없다는 데서도 적잖이 발생한다.

5. 비밀은 언제 가장 괴로운가?

　지난 두 장에서 살펴보았듯, 우리의 정신 공간을 더 많이 차지하는 비밀일수록 수치심, 고립감, 불확실성 같은 느낌을 낳으며, 해로운 비밀로 작용할 가능성이 크다. 그런데 이 해악은 그 비밀을 생각하는 데서 비롯되는 것일까, 아니면 비밀을 감추는 일에서 비롯되는 것일까? 대화에서 자주 감추어야 하는 비밀은 마음에 자주 떠오를 수밖에 없다. 비밀을 감춘 조금 전의 상황을 되새기거나 앞으로 닥칠 상황을 상상하고 대비하는 것이다. 물론 두 가지가 뒤엉켜 벌어지기도 하지만, 대화 중에 비밀을 감추는 일과 대화 밖에서 비밀을 반복해 생각하는 일은 상당히 다른 경험이다.

　비밀을 감추는 행위는 그 행위가 나올 수밖에 없었던 사회적 상호 작용이 벌어지는 동안에만 지속된다. 그것도 주로 그 시간 중 일부에서만 지속되며, 이때 우리는 대개 그 비밀이 얼마나 속상하고 후회스러운지가 아니라 내가 무슨 말을 어떤 식으로 하는지에 초점을 맞춘다. 그러나 사회적 상호 작용 바깥에서 비밀은 언제든지 우리를 찾아올 수 있다. 어떤 경험을 되살리고, 비밀 자체를 되새기고, 얼마나 후회스러운지 되짚을 여지가 한도 끝도 없다.

　물론 비밀을 생각하는 것은 생산적일 수 있으나, 반대 결과가 초래되는 경우가 훨씬 많다. 그 이유는 우리가 비밀을 혼자서 생각하기 때문이다. 흔히 혼자 간직하기로 결정한 일은 건강한 방식으로 다루는 데 어려움을 겪곤 한다. 부정적인 면에 집착하고, 자신을 비난하고, 급기야 문제를 내팽개쳐버리는 것이다. 아무리 비생산적인 사고 패턴에 빠져 있다고 해도 아무에게도 털어놓지 않은 이상 누구도 그 점을 짚어줄 수가 없다.

비밀을 숨기는 일은 우리에게 스트레스도 준다. 그러나 비밀을 숨기는 데 드는 노력 때문만은 아니다. 자신을 온전히 드러낼 수 있을 만큼 편안한 여건이 주어져 있지 않다는 사실이 비밀을 숨기느라 다른 사람들과 대화를 나눌 때 나름의 수를 써야 한다는 사실보다 속상한 법이다. 비밀을 감추는 순간은 누구나 불편하다. 그러나 곧 안도감이 찾아오고, 우리도 다른 이야기를 이어간다. 나는 사람들이 자신이 비밀을 효과적으로 감춘 순간을 일종의 성취로 여긴다는 사실을 발견했다. 재앙을 피했기 때문이다. 이 관점에서 볼 때 비밀을 숨기는 것은 나쁘지 않다. 숨기고자 결심한 상황이라고 할 때, 효과적으로 은폐한 매 순간은 성공에 해당한다.

멜로디 카슨은 더 이상 견딜 수 없어서 자수할 때까지 52년간 자신의 비밀을 감추는 데 성공했다. 50년이 넘는 세월 동안 우연히 비밀 가까이에 다가온 사람도, 비밀을 물은 사람도 아무도 없었다. 그러나 그녀에게는 비밀을 고백하고 싶은 마음이 있었다. 카슨이 비밀로 인해 느낀 부담은 누군가 진실을 알게 될지 모른다는 걱정이 아니라, 결코 그 누구도 진실을 알지 못할 것이라는 걱정에서 비롯된 것이다. 카슨의 사연은 비밀을 숨기는 행위가 얼마나 쉬운 일인지 시사한다. 어려운 부분은 비밀을 홀로 알아야 한다는 것이다. 좋은 소식은 반드시 그럴 필요는 없다는 것이다.

고백과 신뢰

어느 더운 여름날의 뉴욕 워싱턴 스퀘어 공원 Washington Square Park, 삼삼오오 모인 대학생들, 체스 두는 사람들, 땀을 뻘뻘 흘리는 관광객들 그리고 그냥 지나가던 사람들의 눈에 색다른 것이 들어왔다. 나무 테이블 위에 놓인 전화기였다. '마음의 짐을 털어내길 바랍니다'라는 설명과 함께 '시크릿 텔레폰 SECRET TELEPHONE'이라고 쓰인 안내문도 달려 있었다. 어느 버튼을 누르면 자신의 비밀을 녹음할 수 있었고, 또 다른 버튼을 누르면 앞서 전화를 쓴 사람들이 남긴 비밀을 들을 수도 있었다. 이 진기한 물건을 고안한 사람은 '서브웨이 테라피 Subway Therapy' 프로젝트로 유명한 아티스트 매튜 차베스 Matthew Chavez였다.

차베스는 수년에 걸쳐 주기적으로 뉴욕시 지하철역에 작품을 설치해 왔다. 그중에서도 그 어느 때보다도 나라가 분열된 것 같았던 2016년 미국 대선 이후 설치된 작품이 언론의 헤드라인을 장식했다. 차베스는 6번 에비

뉴와 7번 에비뉴 사이의 14번 스트리트 터널에 작은 테이블을 설치한 뒤, 여러 개의 펜과 포스트잇을 비치했다. 아이디어는 간단했다. 포스트잇에 무언가를 써서 벽에 붙이는 것이었다. 대선 다음 날, 많은 사람이 희망을 표현하기 위해 이 공간을 이용했다. 더 많이 귀 기울이고, 긍정적인 태도를 잃지 않으며, 우리가 힘을 합치면 더 강한 마음으로 모든 것을 잘 헤쳐나갈 수 있을 것이라는 내용이 있었다.

이후 점점 더 많은 사람이 참여하면서 설치물은 유니언 스퀘어 역까지 확장되어갔고, 약 5만 개의 포스트잇이 벽을 뒤덮었다. 바닥에서 천장까지 복도와 기둥을 따라 포스트잇의 향연이 펼쳐졌다. 멀리서 보면 네온 빛깔과 파스텔 빛깔이 빈틈없이 이어지는 아찔하고 놀라운 모자이크였고, 가까이에서 보면 감정과 연대의 의지가 쏟아져 나온 장이었다.

이 프로젝트는 정치적인 것이라기보다 치유를 위한 것이었다. 차베스는 단지 사람들에게 자기 생각을 드러내고 감정을 나눌 장소를 제공하고 싶었다. 서브웨이 테라피 프로젝트가 있은 지 2년 뒤 내가 우연히 마주친 또 다른 프로젝트의 목적도 마찬가지였다. 나는 콘서트를 보러 브루클린으로 가는 길이었다. 서브웨이 테라피가 처음 진행되었던 바로 그 지하도를 지나고 있었는데, '포스트잇 시크릿STICKY NOTE SECRETS'이라는 안내판이 눈에 띄었다. 그리고 검은색 포스트잇에 은색 마커로 무언가를 쓴 포스트잇이 한쪽 벽면을 가득 메우고 있었다. 테이블 위에는 검은색 상자가 있었고, 은색으로 '비밀을 써서 상자 안에 넣거나 벽에 붙여보세요'라고 써 있었다. 처음에는 얼른 사진을 찍은 뒤 가던 길을 계속 갔다. 다른 지하철 이용객들처럼 나도 서두르는 중이었다. 그러나 정확히 180도 방향을 틀어 다시 포스트잇이 있는 곳으로 갔고, 내용들을 읽기 시작했다. 정말 잘한 일이었다. 그 덕분에 그날 저녁 포스트잇을 철거하러 온 차베스를 만날 수 있었기 때문이다. 우리는 약속을 잡았고, 비밀에 대한 이야기를 나누기로 했다. 그리고 3개월 뒤, 시크릿 텔레폰이 탄생했다.

차베스의 관점에서 보면 시크릿 텔레폰은 벽에 붙인 포스트잇의 오디오 버전이다. 이번에는 비밀을 포스트잇에 손으로 쓰는 것이 아니라 수화기에 대고 말을 한다는 차이점이 있었다. 우리는 시크릿 텔레폰을 낮에 공원에 설치했다. 지나가던 사람들은 기꺼이 수화기를 들고, 다른 사람의 비밀을 듣고, 자신의 비밀을 공유했다. 우리는 시크릿 텔레폰을 설치하면서도 어떤 결과를 기대해야 할지 긴가민가했다. 그러나 곧 사람들은 자기 비밀을 말하려고 줄을 서기 시작했다. 어떤 사람은 지난 4년 동안 바람을 피웠지만 그만두려 노력하고 있다고 녹음했다. 또 어떤 사람은 실수로 그만 예술 작품에 상처를 낸 일을 이야기했다. 일곱 살 때 단짝 친구의 셔츠를 훔친 일을 회상하는 사람도 있었다.

사람들은 자신의 비밀을 고백하고 싶어 한다. 당연히 그렇지 않을까? 앞서 탐구했듯이 사람들은 어떤 생각을 혼자만 아는 상황을 좋아하지 않는다. 게다가 비밀은 수치심이나 고립감, 또는 불확실한 느낌을 안기기도 한다. 우리는 자신의 비밀 절반 이상을 적어도 한 사람에게 털어놓는다. 비밀에 동반되는 내면의 고통을 감수하면서까지 비밀을 끌어안고 싶지는 않은 것이다. 사람들이 자신의 이야기를 다른 사람과 나누고자 하는 데는 타당한 이유가 있다. 마음을 터놓아야 다른 사람들이 나를 알 수 있고, 스스로도 자기 자신을 알 수 있기 때문이다. 그리고 아무에게도 말하지 않으려 했던 비밀을 누군가에게 털어놓는 순간, 조언, 지지, 연결성이라는 완전히 새로운 가능성의 세계가 열린다. 단, 적합한 사람을 선택했을 때의 이야기다.

1. 과거 이야기

과거의 경험은 무척 특별하다. 특별하게 기억되리라는 걸 그 순간 느끼는 경우도 있다. 우리는 친구들과 함께 보낸 시간, 해외여행, 결혼식 같은 추억을 소중히 여긴다. 내 조부모님은 유럽 여행을 다녀오신 지 50년도 넘었다. 그런데도 할머니는 여행 당시를 고스란히 기억하며, 어떤 경험들을 했는지 상세히 말할 수 있다. 이야기는 대부분 길을 잃거나 기껏 주문했더니 전혀 생각지 못한 음식이 나왔다는 소소하게 곤란을 겪은 일들이다. 그런데 더 특별한 기억이 한 가지 있었다. 할머니는 어느 작은 언덕 비탈에 할아버지와 나란히 앉아 아래로 펼쳐진 호수와 마을의 불빛을 내려다보고 있었다. 땅거미가 지고 있었고, 갓 결혼한 신부였던 할머니는 그곳에서 혼잣말을 했다.

"이 순간이 영원히 기억에 남을 것 같아."

그리고 실제로 그랬다. 할머니는 그 순간을 너무나도 똑똑히 기억했고, 수십 년이 지난 뒤에도 나에게 생생하게 이야기해줄 수 있었다. 인간의 기억이 이런 식으로 작동할 수 있다는 것은 경이롭다. 그런데 왜 우리는 이 모든 세세한 내용을 간직하는 것일까?

나중에 볼 영화를 다운로드해본 적이 있다면 영화가 하드 드라이브에서 공간을 얼마나 차지하는지 알 것이다. 왜 우리는 꼭 영화 버전 같은 개인적 기억에 그렇게 많은 정신 공간을 할애할까? 왜 우리는 나의 할머니가 프랑스의 언덕에서 보낸 한때를 당시의 광경, 시간대, 그 순간 생각한 내용까지 생생하게 기억하듯 그 모든 세부 사항을 기억하는 것일까?

인지 과학자들은 오래전부터 우리의 에피소드 기억 episodic memory(나의 할머니가 프랑스의 언덕에서 보낸 한때와 같은 과거 경험에 대한 기억)이 의미 기억 semantic memory(프랑스가 한 나라의 이름이라는 것과 같은 지식이나 저장된 사실)과 확연히 다르다는 사실을 알았다. 무엇보다도 과거의 경험에 대한 기억은 정말이지 깊고 풍부해서 그 기억을 갖게 된 경위까지도 기억에 포함되어 있곤 한다. 의미 기억은 그렇지 않다. 우리는 프랑스가 나라라는 것, 누군가 할머니가 되는 것은 어떤 경우라는 것을 알지만 어떻게 이 사실들을 알게 됐는지, 그때 어디에 있었으며 또 누가 함께 있었는지는 기억하지 못한다. 가장 최근 있었던 즐거운 일이나 특별한 행사에 관한 기억과 비교해보라. 이 일들은 떠올리면 단순히 사실이 기억나는 것이 아니라 그 일 자체를 다시 경험할 수 있다. 게다가 그곳에서 직접 겪은 일이므로 왜 그 일이 기억에 남는지도 정확히 말할 수 있을 것이다.

우리는 과거의 경험을 풍부하게 기억하고 있기 때문에 다른 사람들에게 말할 수 있다. 그리고 실제로 말한다. 게다가 많이 말한다. 한 조사에 따르면 우리가 말하는 내용의 40퍼센트는 자신의 과거 경험이다. 과거의 경험을 공유함으로써 서로에게 배우고, 서로를 잘 알 수 있으며, 서로 가까워진다. 《왜 우리는 이야기하는가: 언어의 진화론적 기원 Why We Talk: The Evolutionary Origins of Language》에서 장 루이 데살 Jean-Louis Dessalles은 바로 이 점, 우리가 서로 이야기를 들려준다는 점에서 인간의 의사소통과 동물의 의사소통이 구별된다고 주장한다. 다른 동물들은 과거의 경험을 서로에게 말하지 않지만, 인간은 말을 하고, 또 빈번하게 말한다.

인간은 타고난 이야기꾼이다. 두 번째 장에서 아이들은 내면세계에 주의를 기울이는 법을 깨우치게 되면서 자신의 과거 경험을 회상하는 데도 익숙해진다는 것을 이야기했다. 스토리텔링은 이러한 경험을 다른 사람들과 공유하는 방법이 된다. 과거의 경험에 대한 기억이 축적될수록 아이들은 지난 사건을 일어난 순서에 따라 설명하기 위해 점점 더 이야기를 활용하기 시작한다. 이야기를 하는 것은 그곳에 없었던 사람들에게 우리가 본 것을 증명하는 방법이라고 할 수 있다. 에피소드 기억은 우리에게 과거에 있었던 일을 이야기할 수 있는 권위를 부여한다.

《공유하는 현실: 우리를 강하게 만들고, 갈라놓는 것은 무엇인가In Shared Reality: What Makes Us Strong and Tears Us Apart》에서 컬럼비아 대학교의 토리 히긴스Tory Higgins 교수는 우리의 의사소통 목적은 다른 이들에게 지식을 전하기 위해서이기도 하지만 다른 이들에게서 지식을 얻기 위해서이기도 하다고 말한다. 세상은 복잡한 곳이기에, 다른 사람들도 우리와 같은 방식으로 세상을 경험하는지 알고 싶은 것이다. 어젯밤 뉴스에 나온 사건이 계속 생각난다고 말하는 건 내가 내린 결론을 말하고 싶어서가 아니라 그 사건에 관한 상대의 의견을 듣고 싶기 때문일 수도 있다. 우리는 다른 사람이 어떤 생각을 하고 어떤 말을 하는지 알고 싶어서 우리의 의견과 감정을 이야기하기도 한다. 다른 사람들의 생각과 말을 들으면 그들이 같은 방식으로 세상을 경험하는지 아닌지 알 수 있고, 그들의 관점은 우리의 관점과 어떻게 다른지 이해할 수 있기 때문이다.

대화를 나눌 주제는 무궁무진하다. 그러나 대화에 관한 여러 연구 결과에 따르면 우리는 거의 자기 자신에 대해 이야기한다. 대체 무슨 까닭일까? 인간이 타고나길 나르시시스트라서일까? 스스로에 대해 말하고 싶은 욕구가 큰 것은 비난받을 일이 아니다. 어쨌든 나 자신은 우리가 일상적으로 겪는 경험의 커다란 부분이다. 우리는 다른 사람들의 생각과 말을 듣고 싶어서 나 자신에 대해 이야기한다. 만일 자신의 일부를 비밀로 한다면, 가까운 사람들이 나의 그 부분을 어떻게 생각하는지 알 기회의 문을 닫는 것이다. 계속 살펴보겠지만, 우리가 상정하는 최악의 경우와 비교한다면 그들은 상냥한 말을 건네올 가능성이 크다.

2. 다른 사람들이 보는 나

인간에게는 자신의 기억을 다른 이들에게 전할 수 있을 만큼 풍부하게 저장하는 기억 시스템이 있고, 우리의 의사소통은 자신이 과거에 한 경험을 이야기하는 것을 중심으로 이루어진다. 우리는 감정을 터뜨리고 싶을 때도 있고, 전하고 싶은 중요한 교훈이 있을 때도 있고, 꼭 물어봐야겠다 싶은 질문이 있을 때도 있다. 그런데 어떤 경우든 간에 우리가 자신의 이야기를 하는 것은 다른 사람들에게 우리를 알리기 위해서다.

아마 누구나 다른 사람을 아는 것보다 자기 자신을 더 많이 알 것이다. 그러나 그렇다고 해서 자기 자신을 완벽하게 안다는 뜻은 아니다. 자신의 모습이 계속 변화하는데 어떻게 완벽하게 알 수 있겠나? 나는 한 조사를 통해 참가자들에게 주요 인생 사건은 무엇인지, 언제 그 사건이 일어났는지, 각각의 사건은 자신의 현재 모습에 얼마나 크게 기여했는지 물었다. 참가자들은 최근에 겪은 일일수록 자신에게 영향을 많이 주었다고 답했다.

후속 조사에서는 참가자들이 자신이 변화한 시점이라고 말하는 때가 저마다 주요 인생 사건을 겪은 무렵과 일치한다는 사실을 발견했다. 부모님 댁에서 이사를 나왔든, 대학에 진학했든, 새로운 직장에 들어갔든, 새로운 도시로 이사 갔든, 중요한 관계를 시작했거나 끝냈든, 탄생 또는 죽음과 관련된 일을 겪었든 간에 말이다. 시간의 흐름에 따라 삶은 변화하게 마련이고, 우리도 변화한다.

자기 자신에게 배울 점은 언제나 더 있다. 다른 사람들과의 대화에 귀기울이다 보면 우리는 스스로 몰랐던 자신의 모습에 대한 의견과 통찰의 기회를 얻을 수 있다. 자신이 재미있다고 생각하는 사람은 친구들을 만나면 농담을 던질 것이다. 이때 친구들이 웃으면 내 생각이 맞는다고 봐도 무방하나, 친구들이 웃지 않으면 틀렸을 수 있다. 즉, 새로운 데이터를 수집해야 하는 상황일지도 모른다. 평생 혼자 섬에 사는 사람에게는 자신을 비교할 사람도 없겠지만, 자신에게 반응해줄 사람이나 자신의 거울이 되어줄 사람도 없다. 자기 자신을 알고 싶으면 자신의 이야기를 다른 사람들과 나눠야 한다.

그런데 왜 우리는 자신을 알고자 하는 걸까? 프린스턴 대학교 Princeton University의 교수이자 사회 신경 과학자인 다이애나 타미르 Diana Tamir가 풍부한 뇌 영상 데이터를 기반으로 연구한 내용에 따르면 우리는 기본적으로 다른 사람의 행동을 예측하기 위해 그들을 이해하고 싶어 한다. 다른 사람의 정신 상태를 알면 그가 앞으로 할 가능성이 높은 일은 무엇인지, 또 가능성이 낮은 일은 무엇인지 추측할 수 있다. 자기 자신에 대해 아는 것도 이와 같은 이점이 있다. 자신을 이해하고 자신의 모습에서 바뀌고 싶은 부분이 있다는 걸 인식할 수 있을 때라야(그렇지 않고서는 저절로 바뀔 수 없는 부분) 그 변화를 목표로 움직일 수 있다. 사람은 바뀔 수 있다는 믿음과 자기 인식이 결합하면 낙관적으로 변하고, 의사 결정 능력이 향상되며, 목표를 향해 효과적으로 나아가게 된다. 이렇듯 자신을 알면 많은 것을 얻을 수 있다. 그리고 스스로를 알 가장 좋은 방법은 자신의 일부를 다른 사람들에게 드러내는 것이다.

지금까지 양해도 구하지 않은 채 모든 사람이 엄청나게 자기중심적인 존재인 듯 썼지만, 당연히 우리는 필요하기 때문에만 대화를 시작하지는 않는다. 일반적으로 우리를 다른 사람들이 알아주고, 우리도 다른 사람들을 알아주는 일이 양방향적으로 함께 벌어진다. 어울려 지내며 좋은 관계를 유지하고 싶은 순수한 바람에서 친구들과 수다를 떤다. 오랫동안 진행된 다양한 연구에 따르면 우리가 자신을 드러내는 것과 사회적 연결은 서로 맞물려 있다. 자신을 드러내는 사람은 다른 사람의 이해를 얻을 수 있고, 그 이해가 사람과 사람을 연결하는 수단이기 때문이다. 친구, 연인, 가족, 동료 등 모든 종류의 관계 가운데 서로 많은 것을 드러내고 털어놓는 사이일수록 건강하고 행복한 관계를 이룰 수 있는 까닭이다. 그렇다면 무엇 때문에 우리는 주저하는 것일까?

3. 사람들이 뭐라고 할 것 같아?

"저는 사람들을 편안하게 하려고 노력합니다. 설 때는 똑바로 서고, 걸을 때는 똑바로 걸으려고 하죠. 여러 사람과의 관계와 그곳의 사물들도 미리 외워둡니다. 그렇게 하면 대화 중에 언급할 수 있고, 상황에 유동적으로 대응하며 움직일 수도 있으니까요. 저는 상대방 쪽을 향한 동시에 다른 감각들을 이용해서 그 사람에 관한 정보를 최대한 많이 모읍니다. 그러면 상대방은 제가 자신에게 주의를 쏟고 있다는 걸 알 테고, 제가 자신을 보는 것처럼 느낄 수 있죠."

《선택의 심리학》을 쓴 컬럼비아 대학교의 쉬나 아이엔가Sheena Iyengar 교수가 사회적 상호 작용에 기울인 노력을 말한 내용이다. 쉬나는 망막 퇴화를 일으키는 희귀 선천성 질환으로 어린 나이에 시력을 잃었다.

"별일 아닌 양 받아들이고 싶었어요. 그러나 쉽지 않았죠. 어릴 때 제가 앞을 볼 수 없다는 건 별일 아닌 게 아니었어요. 부끄러워하고, 사과해야 하고, 아무도 모르게 감추어야 하는 일이었어요."

쉬나가 열세 살이 될 때까지 쉬나의 가족들은 쉬나가 앞을 볼 수 없다는 사실을 사람들에게 비밀로 했다.

"어떤 경우에도 부딪히거나 걸려 넘어지지 않고 어색하게 더듬거리지 않도록 사람들이 각각 어디에 있고 물건들은 또 어디에 놓여 있는지 파악하는 데 제 인생이 걸린 것 같았죠. 그리고 만일 그런 일이 벌어지더라도, 변명하고 설명할 준비가 되어 있었어요."

왜 그렇게 숨기기 어려운 비밀을 숨기려 했던 걸까? 쉬나의 부모님이라면 이렇게 대답했을 것이다. "로 꺄 까헹게 Log kya kahenge." 우르두어나 힌디어를 할 줄 아는 사람이라면 익숙한 구절일 텐데, 옮기면 이런 내용이다. "사람들이 뭐라고 할 것 같아?"

그러나 이 질문 뒤에 숨는 데는 비용이 따랐다.

"제 세상은 진작부터 아주 작았어요. 집이나 학교가 아니면 구루드와라(사원)에 있었죠. 매주 금요일 저녁에도 토요일 저녁에도 거기 있고, 일요일에는 하루 종일 있었어요. '로 꺄 까헹게'로 인해 제 활동은 한층 더 제약을 받을 수밖에 없었어요. 시력을 더 잃을수록, 저는 더 작은 세상에 갇히게 됐죠."

한 줄기 구원의 빛이 있다면 쉬나가 학교에서는 비밀을 폭로해도 좋다는 허락을 받은 것이었다. 어차피 숨기려야 숨길 수도 없었을 것이다. 이 비밀은 어찌 됐건 특정 사람들, 즉 인도인 공동체 사람들만 알지 못하게 지키면 되는 비밀이었다.

"저희 가족은 제 실명 사실을 다른 인도인들에게 들키지 않으려고 필사적이었어요. 아마도 인도인이 아닌 사람들은 제가 앞을 못 보는 걸 결점으로 여기거나 그 문제로 저희 가족을 재단할 가능성이 적다고 생각했기 때문인 것 같아요. 아니면 가족이 속한 공동체로부터는 미움받고 거절당하는 게 더 두려웠던 걸 수도 있겠고요."

그러나 이것은 타당한 두려움일까? 시카고 대학교 교수이자 행동 과학자인 니컬러스 에플리 Nicholas Epley는 저서 《마음을 읽는다는 착각》에서 다른 사람들이 우리에게 어떤 반응을 보일지에 관한 예측은 많은 경우 빗

나간다고 말한다. 그는 실험 참가자들에게 커다란 껌 덩어리를 입에 물고 미국 국가를 불러보라고 하거나, R.E.M.(1980~1990년대에 큰 인기를 누린 미국의 록 밴드—역주)의 속사포 같은 가사를 자랑하는 곡 〈우리가 아는 세상은 끝났다 It's the End of the World as We Know It〉를 최대한 따라 불러보라고 요청했다. 그 뒤 참가자들에게 자신의 노래를 다른 사람들이 어떻게 평가했을지 맞혀보라고 했는데, 사람들은 참가자들의 예상보다 훨씬 후한 점수를 줬다. 대부분은 이 곡들이 부르기 어려운 곡이라는 점을 감안했고, 그에 맞추어 평가를 조정했다. 예측이 종종 빗나가는 까닭은 이 '조정' 때문이다. 우리는 사람들이 앞뒤 맥락과 사정을 헤아릴 거라는 걸 빼고 생각할 때가 많다.

한번은 파티에서 친구가 느닷없이 "말하고 싶은 게 있어. 나 대학생 때 학점 진짜 별로였다?"라고 했다. 나는 친구에게 왜 그 이야기를 꺼내게 되었는지 물었다. 친구는 반사적으로 "나 지금 네 연구 표본 된 거야?"라고 하더니 불현듯 친구들이 학점을 가지고 자신을 평가하지 않으리라는 데 생각이 미쳤다고 했다. 그렇게 하나의 비밀이 사라졌다. 친구는 이 새로운 정보가 양동이에 떨어진 물 한 방울에 불과하다는 것을 상당히 정확하게 인식하고 있었다. 우리가 함께한 경험과 그 친구에 대해 아는 그 모든 것에 비하면 이 비밀은 아주 작은 사실에 불과했다.

우리가 어떤 사실을 인정하고 털어놓는다고 해서 사람들은 그 사실을 듣자마자 나에 대한 모든 걸 깡그리 잊어버리고 새로운 정보에만 치중하지 않는다. 비밀을 가진 당사자로서는 쉽사리 취할 수 없는 관점이기는 하다. 우리는 상상 가능한 최악을 상정하는 데 생각이 사로잡혀서 다른 경우도 얼마든지 가능하다는 걸 잊곤 한다. 자기 머리로만 비밀을 생각하고 결론을 내리는 사람은 생각을 건강한 쪽으로 잘 이끌어가지 않는다.

학교에서 쉬나와 같은 반 아이들은 쉬나가 시력을 점점 잃어가고 있다는 걸 알았다.

"아이들은 제가 이상하다며 놀리고, 비웃고, 괴롭혔죠. 욕도 하고, 제가 지나가는 길에 물건을 놔두기도 하고요. 또 제가 옆에 앉거나 같이 놀려고 하면 때리고 도망가기 일쑤였어요."

쉬나에게 학교는 행복한 곳이 아니었다. 그러나 더 자유로운 곳이라는 건 부인할 수 없었다.

"앞을 못 보는 건 여기서나 저기서나 마찬가지지만, 학교는 앞을 못 본다는 사실을 숨길 필요는 없는 곳이었으니까요. 어떤 어려움을 겪어야 하든 간에 맹인으로서의 삶을 자유롭게 만들어나갈 곳이라고 느꼈죠. 앞을 멀쩡히 보는 것처럼 불가능한 삶을 꾸며내는 대신에요. 그리고 마침내 제가 미래를 꿈꾸도록 깨우침을 주고, 그중 많은 꿈을 실제로 이룰 수 있도록 도와준 친구며 멘토, 저를 지지해주는 많은 사람을 만날 수 있었어요."

"사람들이 뭐라고 할 것 같아?" 쉬나는 자라면서 부모님의 이 말이 경고의 의미라는 것을 깨달았다.

"질문처럼 들리지만 명령, 경고, 비난의 기능을 하는 말이에요. '사람들이 뭐라고 하겠어. 감히 그러기만 해봐라'에 가깝죠." 그러나 이제 쉬나는 이 질문에 다르게 접근한다. 쉬나는 사람들에게 "이 문장을 제대로 된 질문으로 받아들여보세요. 여러분이 진실을 털어놓았을 때 다른 사람들이 정말 뭐라고 생각하고, 뭐라고 말할 것 같은지 넓은 마음으로 상상해보세요"라고 권한다. 이 질문을 진실을 드러내지 못하게 막는 장애물이라고 여기는 대신, 골똘히 생각해볼 가치가 있는 사고 실험의 도구로 활용하라는 것이다. 그리고 명확한 연구 결과가 있다는 사실을 잊지 않길 바란다.

다른 사람들은 나에 대해 내 생각보다 훨씬 너그럽게 생각한다. 가까이 지내는 사람들과 나를 잘 아는 사람들은 두말할 나위 없다. 우리는 낯선 사람을 만나면 부정적인 정보 하나에 의지해 재빨리 그 사람을 판단하기도 하지만, 가까운 사람들에게는 그러지 않는다. 친구든 가족이든 연인이든, 가까운 사람들을 향한 인상을 하루아침에 바꾸는 경우는 잘 없다. 거우 정보 한 가지를 근거로 그들의 인격을 판단하려 들지 않는다.

비밀을 혼자 끌어안고 있으면 거듭 최악을 상상하며 최악의 결론에 이르기 쉽다. 그러나 우리는 사람들의 공감을 얻고, 용서받을 수 있다. 물론 속마음이나 비밀을 밖으로 끄집어내려면 용기가 필요하다. 그러나 그렇다는 걸 상대방도 충분히 알아줄 것이다. 민감한 사항을 드러낼 때 우리는 약해질 수밖에 없다. 그리 좋게 들리진 않을 것이다. 그러나 이렇게 자신을 드러내면 상대방을 믿는다는 사실을 전할 수 있다. 그리고 상대방도 그 사실을 느낀다. 이는 분명 친밀한 관계라야 이루어질 수 있는 일이며, 우리가 다른 사람들의 도움과 지원을 얻는 방법이다.

4. 진실을 고백해야 할까?

결혼 생활이 끝나기 전 몇 달, 니키타 모레노Nikyta Moreno는 남편의 이

163

상한 행동을 어떻게 받아들여야 할지 도무지 알 수 없었다.

"꼭 스탠드 불을 끈 것 같았어요. 저랑 일절 얘기를 안 하려고 하고, 상담도 받으러 가기 싫다고 하고요. 심지어 건강에 문제가 생겨서 성격이 바뀐 건 아닐까 생각했죠."

한참 뒤에 모레노는 남편이 바람을 피우고 있었다는 사실을 알게 됐다. 그리고 그의 행동이 변했던 까닭이 단번에 납득이 갔다.

놀랍게도 모레노가 남편의 외도 사실을 알게 된 건 〈뉴욕타임스〉에 실린 그의 결혼 기사를 통해서였다. 기사에 포함된 프로필에는 그가 2017년 1월에 아내를 처음 만났다고 적혀 있었는데, 그때 그와 모레노는 아직 결혼 상태였다. 그는 외도라는 비밀을 지키느라 대화를 회피하고 폐쇄적인 태도로 일관했으며 마치 다른 사람이 된 듯 보였던 것이다.

나에게 이런 비밀이 있다면 어떨까? 진실을 고백할까? 이 질문은 서로 다른 질문 두 개가 합해진 질문이라고 할 수 있다. 고백하면 내가, 즉 고백하는 사람이 안도감을 얻게 되나? 또 내가 고백하면 상대방 그리고 나와 상대방의 관계는 어떤 영향을 받나? 첫 번째 질문에 대한 답은 거의 언제나 분명한 '네'다. 그러나 두 번째 질문에 대한 답은 그렇지 않다. 이 질문의 답은 '상황에 따라 다르다'이다.

비밀을 밝히면 마음의 짐을 덜고 한결 기분이 나아지겠지만 그다음은 어떻게 되는 걸까? 상대방은 울음을 터뜨리거나, 분노를 폭발시키거나, 엄청난 기세로 결혼반지를 빼 바다에 던져버릴 수도 있다. 그러면 기분은 다시 가라앉을지 모른다. 물론 모든 고백이 이렇게 안타까운 결과를 맞이하는 것은 아니다. 요점은 고백의 결과가 상대방 반응에 달려 있다는 것이다.

우리는 자신의 평판, 관계, 폭로로 인해 상처받을 다른 사람들을 보호하기 위해 비밀을 지킨다. 그런데 우리는 다른 사람들, 특히 가까운 사람들에게 솔직하고 정직해야 한다는 의무감도 느낀다. 이 딜레마를 연구한 시카고 대학교의 행동 과학과 교수 에마 러바인Emma Levine은 특정 시나리오에서라면 우리가 따를 명백한 규범이 있다고 말한다. 바로 '다정함'이다.

예를 들어 클럽에 거의 다다른 택시 안에서 친구가 자신의 의상이 어떤지 물었을 때, 옷을 갈아입을 수도 없는 상황에서 부정적인 의견을 건네는 것은 아무런 효용 가치가 없다. 또 누가 나에게 "보고 싶어"라고 했을 때 우리 입에서 나올 괜찮은 대답은 사실상 한 가지뿐이다. "나도 보고 싶어." (괜히 '아직 보고 싶진 않지만, 곧 보고 싶어질 것 같아!'라고 했다가 나름대로 비싸게 얻은 교훈이다.) 러바인 교수는 진실을 말하는 것이 다른 사람의 감정을 불필요하게 상하게 할 수 있을 때, 사람들은 정보를 감추는 것이 올바른 선택이라고 믿는다는 사실을 발견했다. 그래서 종종 '하얀 거짓말'이 있는 그대로의 진실보다 윤리적이고, 다정하며, 자비롭게 느껴지곤 한다.

여러 권의 책을 쓴 저널리스트 A. J. 제이콥스A.J. Jacobs는 1년 동안 거짓말하지 않기에 도전하기도 했다(거짓말을 하지 않을 뿐 아니라 성경에 나오는 모든 규율을 실천하려고 했다). 결과는 엉망이었다. 한번은 아내와 레스토랑에 갔다가 그곳에서 식사 중이던 아내의 친구들을 만났다. 잠시 가벼운 대화가 오갔고, 아내의 친구들은 조만간 다 같이 만나는 자리를 마련해보자고 했다. 제이콥스는 솔직해야 한다는 생각이 들었고, 이렇게 말했다.

"다들 정말 좋은 분들이신 것 같아요. 그런데 굳이 만나서 어울리기까지 해야 할까 싶어요. 더군다나 저는 제 친구들도 잘 만나지 못하는 상황이

거든요. 그래서 감사하지만, 그 자리는 사양하겠습니다."

어떤 반응이 돌아왔을까? 제이콥스에 따르면 아내의 친구들은 불쾌한 기색이 역력했고, 아내는 무섭게 화를 냈다.

"한동안 제 쪽은 쳐다보지도 않더라고요."

다정한 태도와 인정사정없이 솔직한 태도 중 한 가지를 선택해야 하는 상황일 때, 대부분은 다정한 태도를 취하는 편이 낫다고 생각한다. 그러나 많은 비밀이 이 딜레마와는 관계가 없다. 자녀의 대학 자금을 도박으로 날렸다거나, 직장을 잃었다거나, 누군가의 신뢰를 저버린 일을 솔직하게 말하는 것은 별점 3점을 주기보다 인심을 써 별점 5점을 주는 것과는 완전히 다른 문제다.

비밀이 적을수록 잘 지낼 수 있는 것도 맞지만, 모든 비밀을 밝힐 수는 없다. 그렇다면 어떤 비밀을 고백하고, 어떤 비밀을 고백하지 말아야 할까? 이때 나의 고백이 아닌 다른 경로를 통해 비밀을 알게 되었을 때 나에 대한 상대방의 신뢰가 얼마나 큰 타격을 입는가도 고려해야 하는 요소다.

요즈음은 예전에 비해 DNA 검사가 보편화된 데다 비용도 많이 들지 않으므로, 내 동생과 내가 정자 기증으로 태어났다는 사실을 우연히 알게 되었을 가능성도 없지 않다. 유전자 검사 서비스를 이용해 가족에 대한 뜻밖의 정보를 알게 된 사람들의 사연을 소개한 '23앤드미(미국의 유전 정보 분석 전문 기업—역주) 시대, 가족의 비밀은 있을 수 없다 There's No Such Thing as Family Secrets in the Age of 23andMe'라는 기사도 있다. 이 주제를 다룬《잃어버린 가족: DNA 테스트로 뒤집히는 세계 The Lost Family: How DNA Testing Is Upending Who We Are》라는 책도 있다.

다행히 나와 동생이 비밀을 알게 된 건 유전자 검사 서비스를 통해서가 아니었다. 그렇지만 나중에 부모님은 우리가 비밀을 알게 된 방식에 대해 두 분 모두 후회하고 있다고 말씀하셨다. 2013년 초, 어머니는 동생과 통화를 하던 중 최근에 자신이 겪은 말다툼에 관해 이야기했고, 그 대화는 곧 우리 가족이 모두 갈등에 대처하는 방식이 다르다는 이야기로 넘어갔다. 어머니는 또 다른 말다툼 이야기를 예로 들려고 하다가 그 말다툼이 나와 동생에게 계속해서 진실을 감출 것인가 말 것인가에 관한 것이었다는 게 생각났다.

"말을 하다 보니 아차 싶은 거야. 어떻게 말할 수 있겠어. 그 말다툼이 무슨 말다툼이었는지 생각나자마자 슬쩍 이야기를 그만뒀지."

그러나 이야기를 끊은 시점이 어색했던 터라, 동생은 어머니에게 하던 이야기를 계속해달라고 했다. 처음에 어머니는 말할 수 없다고 버텼지만, 압박감을 느낀 끝에 절대 말하지 않겠다고 약속한 비밀에 관한 것이었다고 털어놓았다. 그렇게 이 통화를 통해 동생은 우리의 비밀을 알게 됐다. 나는 이틀 뒤, 면접을 보고 난 저녁 늦게 알게 됐다(다행히 다들 센스를 발휘해 바로 연락하지 않고 내 면접이 끝날 때까지 기다려주었다). 그러나 부모님은 우리가 이런 식으로 비밀을 알게 되길 바라지 않았다. 부모님은 진실을 밝힌다면 우리 가족이 모두 모인 자리에서 직접 밝히고 싶었고, 나와 동생이 동시에 알게 될 것이라고 막연히 생각하고 있었다고 했다. 어처구니없는 말실수로나 밤늦게 전화를 걸어 전달하게 될 줄은 꿈에도 몰랐던 것이다.

어떤 비밀이 우연히 드러나거나 내가 아니어도 다른 사람을 통해 전달될 가능성이 있을 경우, 최선은 그에 앞서 스스로 비밀을 말하고 최소한 비

167

밀을 밝히는 일에 대한 통제권을 확보하는 것일지도 모른다. 결국 밝혀질 비밀이라거나 숨기기가 무척 까다롭고 영원히 숨길 수도 없는 비밀이라면, 우리는 고백의 '가능성'이 아니라 '시기'를 물어야 할 것이다.

그러나 그다지 들킬 염려가 없는 비밀이라면? 예컨대 지금 어울려 지내는 사람들은 아무도 모르는 내 과거라든지, 나 혼자 목격한 어떤 사건이나 행동이 이 비밀에 해당한다. 우리가 이런 비밀들을 다른 사람에게 이야기하는 까닭은 무엇일까? 그 정보를 통해 상대방이 나에 대해 잘못 아는 부분을 짚고, 오해를 바로잡고 싶기 때문일 것이다. 아니면 경험을 나누며 유대를 쌓고 싶기 때문일 수도 있고, 단지 누군가에게 속 시원히 털어놓고 마음의 짐을 덜고 싶은 바람 때문일 수도 있다.

비밀로 했을 때 무슨 비밀인지를 떠나 오로지 숨겼다는 사실만으로도 다른 사람의 기분을 크게 상하게 할 비밀이라면? "어떻게 나한테 그걸 숨길 수 있어?"라는 말을 듣기 전에 되도록 빨리 고백하는 편이 나중에 고백하는 것보다 낫다. 어려운 이야기를 하기에 적절한 순간을 잡는 것이 쉬운 일은 아니다. 그렇다고 해서 마냥 미루면 상황이 악화될 뿐이다.

방법은 본론을 꺼내기에 앞서 미리 언질을 주는 것이다. 중요한 할 말이 있다는 기색을 내비치고, 대강 어떤 화제로 대화를 나누고 싶은지 말해두는 것도 좋다. 그 자리에서 곧장 이야기할 게 아니더라도, 이렇게 하면 나중에 실제로 털어놨을 때 상대방이 받을지 모르는 충격을 줄일 수 있다.

그러나 비밀을 고백할 경우 관계 손상이 불가피한 경우라면? 이때는 어떻게 해야 할까? 가장 중요하고도 대답하기 까다로운 질문이다. 이 딜레마의 전형적인 예는 바로 외도를 고백할 것인가 말 것인가 하는 문제다. 5만

명이 넘는 조사 응답자의 3명 중 1명은 외도를 저지른 적이 있다고 답했다. 그리고 외도를 저지른 사람 중 3분의 1은 결국 그 사실을 파트너에게 고백했고, 3분의 1은 아무에게도 말하지 않았으며, 나머지 3분의 1은 나름의 기준에 따라 어떤 사람들에게는 말하고 어떤 사람들에게는 말하지 않았다.

오랫동안 연애 상담 칼럼 '새비지 러브Savage Love'를 써온 칼럼니스트 댄 새비지Dan Savage는 외도를 깨끗이 털어놓으면 '나'는 홀가분해질 수 있을지 몰라도 연인이나 배우자는 낙담할 수밖에 없다고 경고한다. 꼭 내 외도 사실을 파트너까지 감당하게 만들어야 할까? 새비지는 외도가 반복된다면 외도가 해결되지 않은 또 다른 문제의 징후일 수 있다고 말한다. 그러나 만일 외도가 단발성 사건이었다면, 즉 동일 인물과는 물론 다른 인물과도 또다시 외도를 저지를 가능성이 전혀 없다면, 한 사람만 그 사실을 감당한다면 모두 더 행복하게 지낼 수 있지 않겠느냐고 제안한다. 외도가 일회성으로 저지른 후회밖에 남지 않은 실수라면 굳이 말하지 않는 편이 나을지도 모른다.

새비지의 조언을 따를 때 생길 위험은 비밀의 존재로 인해 나의 행동거지가 어딘가 달라지고, 그 때문에 상대의 신뢰를 잃을 수 있다는 점이다. 니키타 모레노와 니키타의 남편 사례에서처럼 말이다. 현재 어떤 상황이든지 간에 되도록 많은 생각과 감정을 공유한다면 더욱 끈끈하고 깊은 관계를 만들어나갈 수 있을 것이다.

고려해야 할 사항은 또 있다. '이 문제에서 내 파트너가 차라리 낫다고 여기는 쪽은 어느 쪽일까?' 나는 연인이나 배우자가 있는 300명의 조사 참가자를 모집한 뒤, 다음 시나리오를 제시했다. '파트너가 여행 중 어느 날 밤(나는 동행하지 않은 여행이다), 술에 취해 외도를 저질렀다(누군가와 성관계를 가졌다). 이 일은 엄청난 실수로, 두 사람 사이에 더 큰 문제가 있을 수 있다는 징후는 아니다. 이 일이 일회성 사건이며, 파트너가 이때의 상대 또는 그 밖의 상대와 앞으로 외도할 가능성은 100퍼센트 없다고 보장된 상황이라면, 이 사실을 알고 싶은가?' 두 가지 선택지 중 참가자의 23퍼센트가 '나는 파트너가 이 사실을 나에게 비밀로 하기를 바란다'라고 답했고, 77퍼센트는 '나는 파트너가 이 사실을 나에게 고백하기를 바란다'라고 답했다.

자, 진실을 묻어두어야 하나, 아니면 고백해야 하나? 상대방은 알고 싶어 할까? 이 질문들에 대한 답은 오롯이 혼자 찾을 필요는 없다. 우리에게는 누군가 신뢰할 수 있는 사람에게 비밀을 털어놓고 조언을 구하는 방법도 있다.

5. 다른 사람에게 털어놓기

신뢰하는 사람에게 비밀을 털어놓는 것은 케이크를 먹는데도 케이크가 줄지 않는 것과 같다. 비밀을 말할 수 있는데, 동시에 비밀을 계속해서 비밀로 둘 수 있기 때문이다. 그렇다면 비밀을 좀 더 자주 털어놓는 게 좋지 않을까?

그런데 사람들이 우리의 비밀에 관해 먼저 묻는 경우는 거의 없다. 물론 전체적으로 볼 때 다행스러운 일이지만, 반대로 이는 우리가 이야기하고 싶은 바로 그 주제를 화제로 올리고 비밀을 말할 분위기를 마련해주는 사람이 거의 없다는 뜻이기도 하다. 전에 이 같은 상황에 놓였을 때 나는 내 비밀을 말할 만한 적당한 때를 기다렸다. 그래서 어떻게 됐을까? 그런 때는 오지 않았다. 서로 비밀을 털어놓는 상황이 아닌 이상(그런 상황은 술자리에서 게임을 할 때, 또는 술자리가 끝난 뒤밖에 없는 것 같다) 다른 사람에게 문을 열고 나오라고 부추기는 사람은 웬만해선 없으므로, 문을 열고 나가고 싶으면 우리 스스로 열어야 한다.

쉬나 아이엔가 교수와 나는 만약 우리가 사람들을 위해 그 문을 열어준다면 어떤 일이 일어날지 궁금했다. 만약 우리가 참가자들에게 그들이 일부러 비밀을 숨기는 사람들이 아닌 다른 사람들에게 비밀을 털어놓을 기회를 준다면? 우리는 서로 안면이 없는 두 참가자를 실험실에 앉힌 뒤, 서로를 알아갈 질문 목록을 제공하고 번갈아 물어보게 했다. '돈에 구애받지 않고 세계 어느 곳이든 한 달 동안 여행할 수 있다면, 어디에 가서 무엇을 하고 싶은가요?' 또는 '오랫동안 꿈꿔온 일이 있나요? 아직 하지 않은 까닭은 무엇인가요?' 같은 질문들이었다. '자신이 자란 성장 환경에서 바꾸고 싶은 부분이 있다면 무엇인가요?'라는 질문도 있었다.

이 질문들은 1997년에 아서 애런Arthur Aron 연구진이 고안한 '빨리 친해지기 과정Fast Friends Procedure'에 사용되는 질문들을 변형한 것이다. 빨리 친해지기 과정은 짝을 이룬 참가자들이 서로 돌아가며 자신에 대해 공개하면서 즉각 친밀감을 형성하도록 유도하는 활동이다. 바리스타나 파티에서 만난 낯선 사람, 또는 잘 알지 못하는 직장 동료와 잠깐 즐겁게 얘기를 나눴을 뿐인데 그 순간 진실한 연대감을 느낀 적이 있을 것이다. 이 과정의 참가자들은 바로 그 감정을 느끼게 된다.

빨리 친해지기 과정을 실험해본 한 여성은 대화 상대였던 사람과 사랑에 빠졌다. 그리고 그 이야기를 〈뉴욕타임스〉의 '모던 러브Modern Love' 칼럼란에 '사랑에 빠지고 싶다면 이렇게 하라To Fall in Love with Anyone, Do This'라는 제목으로 실었다. 칼럼니스트 맨디 렌 카트론Mandy Len Catron이었다. 카트론은 이렇게 말한다. "서로의 정보가 서서히 공개되도록 구성되어 있었기 때문에 정신을 차리고 보니 이미 우리는 친밀한 영역에 들어와 있었다. 일반적으로는 몇 주 또는 몇 달이 걸리는 과정이다." 카트론의 경험을 뒷받침하는 연구 결과도 있다. 한 조사에 따르면 빨리 친해지기 과정에 해당하는 36가지 질문을 주고받은 커플들은 순식간에 친밀도가 올라간 것으로 나타났다.

쉬나 교수와 나는 빨리 친해지기 과정이 개개인이 편안한 마음으로 자신의 중대한 비밀을 밝힐 수 있을 만큼 친밀감을 높이는지 알아보기 위해 이 프로그램의 축약판을 만들었다. 질문 수는 반으로 줄이고 질문 내용은 더욱 상세한 정보를 끌어내는 것으로 바꾸었다. 결국에는 '가장 후회하는 일은 무엇인가요?'나 '가장 끔찍한 기억은 무엇인가요?' 등 꽤 무거운 질문들에 이르도록 했다.

서로 질문과 대답을 주고받은 참가자들은 각기 다른 방으로 안내됐고, 38가지 일반적인 비밀 목록을 건네받은 뒤 자신에게 현재 있는 비밀은 무엇인지, 다른 사람에게 이야기할 용의가 있는 중대한 비밀은 무엇인지 답변했다. 이후 참가자들은 다시 실험 파트너를 만났고, 이번에는 앞선 질문의 내용이든 무엇이든 자유롭게 대화를 나누라는 안내를 받았다. 한 가지 조건이 있기는 있었다. '자신의 비밀을 상대방에게 털어놓으세요.'

참가자들이 서로를 꽤 알게 됐다고는 하나, 과연 개인적으로 중대한 비밀을 드러낼 수 있을 만큼 편안하게 느낄까? 결과는 약 50퍼센트의 참가자들이 자신의 비밀을 말하는 것으로 나타났다. 우리는 또 참가자들이 기꺼이 털어놓은 비밀과 털어놓지 않은 비밀 사이에 다른 점이 있는지 알아보고자 각자의 비밀에 대해 추가 질문을 던졌다.

실험 결과를 분석하는 데 한 가지 복잡한 요소는 한 참가자가 비밀을 말하면 다른 참가자도 똑같이 했다는 것이다. 그러니까 둘 모두 비밀을 말하거나, 모두 말하지 않는 식이었다. 유대감이라는 감정이 상호 작동하며 양측 모두를 편안하게 마음을 터놓을 여건으로 이끄는 게 아닌가 싶다. 또는 누구든 둘 중 먼저 말을 시작한 참가자에 의해 그 팀의 결과가 좌우됐다고 볼 수도 있다. 어느 한 사람이 비밀을 말할 경우 다른 사람도 그에 응해 똑같이 비밀을 말해야 한다는 의무감을 느낄 가능성도 충분하기 때문이다.

그렇다 하더라도 참가자들이 이야기한 비밀과 이야기하지 않은 비밀은 현저히 달랐다. 우리는 참가자들에게 비밀을 공유하라고 하기 전에, 그 비밀을 지키는 데 따르는 어려움은 무엇인지 물었다. 고립감인가? 자신의 진정한 모습이 아니라는 느낌인가? 또는 다른 사람들에게 비밀을 숨기느라 받는 스트레스인가? 아니면 그런 스트레스는 없어도 비밀에 대한 걱정이 머릿속을 가득 채우고 있나? 실험 결과 비밀에 대한 걱정이 많을수록 상대방에게 비밀을 털어놓은 참가자가 많았다. 실험 마지막 단계에서는 비밀을 말하고 나니 어떤 기분이 드는지도 물었다(비밀을 말한 참가자의 경우). 그러자 비밀에 대한 걱정이 컸던 참가자일수록 기분이 큰 폭으로 나아졌다는 걸 알 수 있었다.

이 얘기를 들으면 당연한 결과가 아닌가 싶을 것이다. 걱정이 클수록 기분이 개선될 여지도 컸을 테니까. 그리고 바로 그 점이 핵심이다. 비밀을 다루는 가장 해로운 방식이 무엇인지 이제 여러분도 알 것이다. 바로 혼자서 생각하는 것이다. 다른 사람을 불러들였을 때의 이점이 여기에 있다.

비밀을 털어놓기에 적절한 시점은 털어놓는 것이 편안하게 느껴질 때다. 대화 중 상대방이 자신의 개인적 부분을 드러냈다면, 그 순간 여러분도 편안한 마음으로 비밀을 이야기할 수 있을 것이다. 또는 그게 아니더라도 대화가 잘 통해서 지금 말하면 좋겠다는 생각이 드는 순간이 있을 수 있다. 알맞은 사람을 선택했다면 그 사람의 도움도 기대할 수 있겠다.

그렇다면 비밀을 털어놓기에 알맞은 사람은 어떤 사람일까? 수천 명을 대상으로 설문 조사한 결과, 대다수가 온정적인 사람을 이상적 상대로 여기고 있었다. 직관적이고 타당한 생각이다. 이해심과 포용력이 있는 사람은 우리의 고백을 다정하게 들어주고 공감을 보여줄 가능성이 크다. 그런데 사람들은 자기주장이 강하고 단호한 상대도 신호했다. 이 같은 자질을 지닌 사람들과 이야기했을 때의 이점은 이들이 우리가 해결책과 나아갈 길을 찾을 수 있게 적극적으로 돕고, 실행에 옮기도록 우리를 독려한다는 것이다.

한편 내 비밀을 알았을 때 관련 문제에 덩달아 연루되거나 비밀을 지키기 부담스럽고 곤란한 처지의 사람이라면 기꺼이 그 사람 대신 다른 사람을 선택하자. 이 모든 일에 휘말릴 가능성이 없는 사람이 있을 것이다. 심지어 모르는 사람이어도 괜찮다. 나는 자신의 비밀을 바에서 만난 다른 손님, 택시 운전사, 심리 치료사에게 털어놓았다는 사람들의 이야기를 들을 수 있었다. 내 연구의 참가자들이 그렇게 했던 것처럼, 모르는 사람에게 비밀을 말하면 우리는 두 가지 상반되는 이점을 취할 수 있다. 비밀 발설에 따른 위험을 최소화하면서도(비밀이 내가 아는 사람의 귀에 절대 들어가지 않는다), 비밀을 속 시원히 털어놓을 수 있다.

물론 아는 사람에게 비밀을 말할 때도 이점이 있다. 200명의 참가자를 조사한 결과 이들은 38가지 범주에 걸친 다른 사람들의 비밀을 약 3000개 알고 있었는데, 대체로 자신에게 비밀을 알려준 데 대해 고맙고 기쁘게 생각하며 그 사람을 더 가깝게 느끼게 되었다고 답했다. 이렇게 마음을 터놓고 자신을 드러내면 신뢰를 전달할 수 있을 뿐 아니라 친밀감을 표시할 수 있다.

누구를 믿고 비밀을 말해야 할지 결정할 때는 사람들이 우리에게 생각만큼 혹독한 잣대를 들이대지 않는다는 점 그리고 사람들이 우리에게 갖고 있는 인상은 그렇게 쉽게 망가지지 않는다는 점을 기억하도록 하자. 알맞은 사람을 선택하기만 하면 비밀을 내보였다고 해서 관계가 무너지는 일은 없을 것이다.

도움이 되는 반응을 돌려줄 사람을 선택하는 것도 중요하지만, 비밀을 안전하게 지킬 사람을 선택하는 것도 중요하다. 다행히 관련 조사 결과, 우리가 다른 사람에게 털어놓는 비밀 중 대략 70퍼센트는 새어나가지 않는 듯하다. 이 수치가 달갑다면? 기쁜 소식을 전하게 되어 영광이다. 이 수치가 당혹스럽다면? 그렇게 걱정하지 않아도 된다. 비밀을 털어놓을 상대를 신중하게 선택한다면 이 수치를 크게 높일 수 있다.

인간은 이야기를 주고받기를 좋아한다. 그리고 이러한 성향의 자연스러운 연장선상에서 가십도 좋아한다. 사람들은 가십을 나누며 유대를 다지는데, 가십이 이야깃거리이자 오락거리로써 기능하기 때문이다. 또 가십은 정보도 전달해준다. 나쁜 행동에 대한 경고 역할을 하는 것이다. 사교적활동이나 도덕적 경고와 관련된 가십의 두 가지 특성은 사람들이 비밀을 털어놓을 상대를 고를 때 기피하는 두 가지 특성과 일치한다.

우리는 참가자들에게서 입이 가볍고 남달리 사교성이 뛰어난 사람에게는 비밀을 알리고 싶어 하지 않는다는 사실을 발견했다. 도덕군자라도 되는 것처럼 독선적으로 구는 사람들에게도 마찬가지였다. 따라서 친구가 알아주는 수다쟁이라면 비밀을 털어놓을 상대로는 부적절하다. 또 평소 온정적이고 다른 사람을 잘 돕는 사람이더라도, 나와 도덕관이 매우 다르거나 내 고백을 들으면 비난을 앞세울 사람도 피하는 것이 좋다. 내 연구에 따르면 도덕적으로 충격을 받고 화가 난 사람은 우리가 비밀로 한 행동을 다른 사람들에게 알릴 가능성이 크다. 따라서 비슷한 도덕관의 사람을 찾는 것이 훨씬 안전하다.

우리는 비밀을 털어놓음으로써 상당히 도움되는 반응들을 얻을 수 있다. 우리의 상상은 대개 그 반대쪽으로 치닫곤 하지만 말이다. 비밀을 들은 상대로부터 돌아올 긍정적 반응도 각양각색이다. 우리 이야기에 귀 기울이고(계속 이야기해봐), 맞장구치고(어떻게 그럴 수 있나?), 공감해준다(제가 다 속상하네요). 상대방이 그저 이야기를 끝까지 들어주든, 정서적 지지를 표하거나 조언까지 건네주든 간에, 연구 결과 우리가 자신의 비밀에 관한 대화를 하는 것만으로도 자신감을 가지고 비밀에 더 적극적으로 대처하게 되는 것만은 분명하다.

6. 새로운 관점 찾기 그리고 생각 깨기

아직 비밀을 털어놓을 적당한 사람을 찾지 못했다면, 한 가지 방안이 있다. 바로 생각을 글로 써보는 것이다. 이 방법은 다른 사람을 찾을 필요도 없다.

제임스 페니베이커가 배우자를 잃은 사람들에게 실시했던 설문 조사를 떠올려보면, 슬픔과 트라우마는 말하지 않는 것보다 말하는 게 한결 도움이 됐다. 페니베이커는 이어서 트라우마를 말로 표현하는 행위가 정확히 어떤 면에서 도움이 되는지 연구했다. 그는 실험을 통해 개개인이 트라우마에 효과적으로 대처할 수 있도록 타인의 반응 양상에 따라 추가되는 복잡성을 제거하면서 대처 방법을 찾으려고 했다.

페니베이커는 대학생 실험 참가자들에게 자신의 트라우마를 다른 사람에게 이야기하는 대신 일기로 써보라고 요청했다. 첫 번째 그룹은 트라우마를 남긴 과거의 경험을 둘러싼 '감정'에 관해 썼고, 두 번째 그룹은 그 같은 경험을 둘러싼 '사실'에 관해 썼으며, 세 번째 그룹은 '감정과 사실 둘 다'에 관해 썼다. 참가자들은 나흘 동안 일기를 썼는데, 한 가지 트라우마에 대해 여러 번 쓸지, 아니면 날마다 다른 트라우마에 대해 쓸지 선택할 수 있었다. 그리고 네 번째 그룹은 자기 집 거실을 설명하거나 그날 신은 신발을 묘사하는 등 매일 사소한 내용을 쓰라는 지침을 받았다.

연구진은 학생 건강 센터와 협력해 이 학생들이 실험 전과 후 몇 달 동안 얼마나 자주 아파서 센터에 들렀는지 방문 기록을 확보했다. 그 결과 세 그룹의 건강 문제가 증가한 것으로 확인됐다. 겨울에 접어들면서 바이러스 감염이 쉽게 일어나는 실내 생활을 주로 하게 된 것이 요인으로 보였다. 그런데 한 그룹은 겨울이 와도 건강 문제가 증가하지 않았다. 트라우마 경험을 둘러싼 감정과 사실을 둘 다 일기로 쓴 그룹이었다.

페니베이커의 후속 연구는 트라우마에 대해 일기를 쓸 때 부정적 감정을 인정하는 것은 도움이 되지만, 지나치게 파고드는 것은 도움이 되지 않는다는 걸 시사한다. 부정적 감정에 몰두하기 시작하면 그때부터 일기는 일기가 아니라 해로운 반추를 글로 옮긴 것에 불과하다. 그리고 트라우마를 인지적으로 처리하는 데 소용되는 단어들을 사용하면 한결 더 도움이 된다(왜, 어떻게, 따라서 등). 트라우마 경험을 둘러싼 원인, 이유, 교훈, 통찰을 숙고하는 시간을 가진 것은 이렇게 건강 향상에 기여한다.

자, 그렇다면 다른 사람에게 털어놓는 과정은 싹 생략하고 일기만 써도 우리 문제를 다루는 데 지장이 없을까? 그렇지는 않다. 일기 쓰기가 모든 사람에게 효과적이지는 않다는 걸 처음 밝힌 사람이 페니베이커다. 일기 쓰기는 만병통치약이 아니다. 일기 쓰기는 여러 면에서 우리에게 도움이 되는 활동으로 언제나 비밀과 관련이 있는 것이 아니다.

예컨대 자신이 겪은 긍정적 사건에 관해 쓸 때도 자신이 겪은 부정적 사건에 관해 쓸 때와 비슷한 건강상 이점을 얻을 수 있다. 또 자신이 겪지도 않은 트라우마를 극복하는 내용으로 글을 쓴대도 비슷한 이점이 나타난다. 이러한 글쓰기 활동이 도움이 되는 까닭은 그 자체가 문제를 다양한 관점에서 바라보는 연습이라고 할 수 있기 때문이다. 또 기쁘고 행복한 일, 또다른 스트레스 해소법, 문제를 헤아리는 새롭고 생산적인 방식 등 평소 주의를 기울이지 않았던 것들을 생각해볼 기회를 제공하기 때문이다.

아직 누군가와 대화할 준비가 되지 않았다면 한 걸음 뒤로 물러서서 생각을 정리할 방법을 찾는 것이 문제에 대한 대처를 시작하는 유일한 길이다. 생각을 쓰는 방법이 마음에 든다면(어쨌든 반감이 있는 것은 아니라면) 평소 시각에서 벗어나는 것을 목표로 공백의 페이지를 마주해보자. 그러면 문제에 대처하는 데 한층 큰 도움을 얻을 수 있을 것이다. 평소의 사고방식을 깨려고 시도하자. 부정적인 부분과 과거에 과도하게 집중하지 마라. 대신 현재와 미래에 집중하라.

우리가 앞으로 나아갈 방법은 이 밖에도 많다. 익명으로 엽서를 보내는 방법을 통해 비밀을 털어놓을 수도 있다. 이미 수십만 명이 '포스트시크릿 프로젝트 PostSecret Project'를 통해 엽서를 보냈다. 2004년에 프랭크 워렌 Frank Warren은 워싱턴의 지하철역 입구를 돌며 3000개의 엽서를 나누어주었다. 그는 사람들에게 비밀을 적은 뒤 자신에게 부치라고 말했다. 2005년 초가 되자 그는 온라인 사이트에 정기 게재할 수 있을 만큼 많은 엽서를 받았고, 이후로도 엽서는 계속해서, 게다가 전 세계로부터 쏟아져 들어왔다. 많은 엽서가 감동적인 이야기를 싣고 있었다. 그중에는 가슴 아픈 이야기도 있고, 가끔은 웃긴 이야기도 있었다(한 스타벅스 직원은 이렇게 고백했다. '전 무례하게 구는 손님들에게는 디카페인 커피를 줘요!').

엽서와 우표가 없다면 인터넷 공간에서 익명으로 비밀을 밝히는 방법도 있다(찾아보면 이 목적으로 운영되는 웹사이트가 무척 많다). 우리 연구진도 전체적으로 비밀을 공유하는 연습의 형태로 구성한 '당신의 비밀을 말해주세요!Tell us your secret!' 실험을 통해 인터넷상에서 익명으로 비밀을 드러내는 것이 기분 전환에 도움된다는 사실을 확인했다. 비밀을 밝히는 순간 마음의 짐이 가벼워지기 때문이다.

그런데 여기에는 문제가 하나 있다. 허공에 대고 비밀을 공개하는 일은 쉽고, 지레 겁먹고 걱정할 부분이 적다. 그러나 비밀로 인해 느끼는 고립감에서 벗어나려면 보통 다른 사람과의 대화가 필요하다. 다른 사람과의 대화 없이는 대개 평소의 사고방식에서 빠져나오기도 어렵다.

우리는 타인에게서 빈 페이지에서는 얻을 수 없는 정서적 지지를 받는다. 눈앞의 사람이든, 수화기 너머의 사람이든, 인터넷을 통해 익명으로 접촉하게 된 사람이든 말이다. 다른 사람은 우리의 비생산적 사고 패턴을 지적할 수 있는데, 이는 힘든 경험을 극복하는 데 무척 도움이 된다. 또, 다른 사람은 우리가 스스로 손에 넣기 어려운 새로운 관점과 실질적 지원을 제공해주기도 한다. 일기 쓰기를 비롯해 비밀을 드러내더라도 타인의 반응을 얻을 가능성이 없는 여러 수단으로부터는 얻을 수 없는 이점들이다.

언제나 그렇게 느껴지진 않을지 몰라도 내 말을 들어주고 나를 도와줄 사람은 분명히 있다. 기껏 비밀을 털어놓았더니 상대방이 내가 잘못했다고 말하거나 나아가 잘못을 바로잡아야 한다고 재촉할지도 모른다. 그러나 동시에 나를 응원하고 지지해줄 것이다. 비밀이라고 해서 모두 나쁘다는 생각은 오산이다. 비밀은 사람들을 하나로 모을 수도 있다. 실은 이 책 내내 슬며시 피해온 정말 좋은 종류의 비밀도 있다. 지금부터는 그 이야기를 해보려고 한다.

긍정적 비밀

잠시 시간을 내어 나에게 인생의 새 장을 열어줄 놀랍고 멋진 소식이 찾아왔다고 상상해보자. 상을 받았을 수도 있고, 승진했을 수도 있다. 어떤 일이든지 간에 정말 좋은 일이 방금 막 일어났다. 나의 첫 번째 반응은 무엇일까?

한 연구를 통해 500명에게 이 질문을 했더니 76퍼센트가 소식을 다른 사람에게 전하는 것이라고 답했다. 다음으로 많이 나온 답변을 완전히 앞지른 수치였다. 다음으로 많이 나온 답변은 기쁨을 표현하는 것(환호성, 춤, 주먹 세레머니, '좋았어!'라고 외치기)으로, 10퍼센트에 불과했다. 나머지 참가자들은 그 순간을 즐기고, 음미하고, 감사를 표하고, 소식을 제대로 들은 것이 맞는지 다시 한 번 확인한다는 등의 답변을 했다.

좋은 소식을 들으면 기뻐하는 것은 누구나 당연하지만, 그 순간 가장 먼저 떠오르는 일은 대체로 소식을 나누는 일인 듯하다. 한번은 동료 교수가 자신의 논문이 과학 학술지 〈사이언스Science〉에 실리게 되었다는 소식(논문이 하버드대 입학에 성공한 것과 같은 일이다)을 듣자마자 대뜸 욕을 하고 화를 내며 자리를 박차고 나가는 바람에 무슨 일인가 싶었던 적이 있다. 알고 보니 그날 하루 종일 스케줄이 꽉 차 있어서 소식을 들은 순간 연인에게 전화를 걸고 축하 파티 계획을 세울 수 없었기에 불만을 터뜨린 것이었다.

일생일대의 희소식이어야만 다른 사람들에게 알리고 함께 나누고 싶은 마음이 드는 것은 아니다. 나는 후속 연구를 통해 참가자들에게 지금 어떤 좋은 일이 있는지 전부 알려달라고 했다. 총 3000여 건의 좋은 일 가운데 96퍼센트에 대해 참가자들은 다른 사람들에게 알리고 싶어 했다. 이 중에는 물론 커다란 성취와 인생의 새로운 전기도 있지만 업무를 완수하고, 인정을 받고, 새로운 프로젝트를 시작하거나 새로운 재산을 취득하고, 아이디어를 손에 넣고, 잃어버렸던 물건을 되찾거나 앞으로 있을 즐거운 일을 기대하는 등의 작은 성취도 포함되어 있었다. 우리는 이러한 것들을 다른 사람들에게 말하고 싶어 한다.

그리고 말할 때마다 우리에게는 좋은 소식을 축하할 또 한 번의 기회가 생기는 셈이다. 우리는 다른 사람들과 기쁨을 나눌 때마다 행복한 시간을 보낸다. 그러나 그렇다고 해서 모든 좋은 소식을 곧장 사람들에게 알리는 것은 아니다. 어떤 때는 완벽한 순간에 그 소식을 공개하기 위해 얼마간 말을 하지 않고 기다리기도 한다.

이제 내가 감추어온 비밀을 독자 여러분에게 고백할 때가 된 것 같다. 앞서 소개한 비밀의 세 차원 지도에는 38가지 비밀 목록 중 두 가지 비밀이 빠져 있다. 바로 '청혼 계획'과 '기타 서프라이즈 계획'이다. 이 두 가지 비밀은 그 자체로 하나의 범주이다. 완전히 다른 영역에 위치하므로 그 지도에 포함될 수 없었다.

긍정적 비밀은 비밀을 숨기는 것이 향후 공개했을 때 더 큰 놀라움을 선사하기 위한 계획의 일환이며, 공개 시간을 기다리는 것 또한 우리에게 효용을 준다.

1. 일상을 돌파하고 미래 내다보기

우리는 자신의 비밀을 생각할 때 미래와 잘 결부하지 않는다. 심지어 어떤 일을 숨기려고 이리저리 머리를 굴려 나름의 방어책이나 변명거리를 강구할 때조차 과거의 해당 사건(더불어 해당 사건의 대체 버전)에 주의가 집중되므로 미래를 내다보기보다 과거를 돌아보는 데 치중한다. 비밀을 밝히는 걸 진지하게 고민하기 전까지 대체로 비밀의 미래는 고려 대상이 아닌 듯하다.

그러나 긍정적 비밀은 다르다. 긍정적 비밀에 관해서라면 우리는 비밀이 공개되는 순간을 끊임없이 생각하곤 한다. 그 순간을 상상하는 것만으로도 해당 일은 더욱 찬란하게 느껴지는데, 비단 공개에 앞선 기간에만 그런 게 아니라 공개 이후에까지 여운을 남기기도 한다.

앞으로 있을 즐거운 일

가까운 도시를 2주 연속 주말마다 방문할 계획이라고 해보자. 그중 한 주말에는 그곳에 사는 까칠한 데다 별로 친하지 않은 가족 한 사람을 만나러 가야 한다. 별로 내키지 않지만 어쨌든 보러 가야 하므로 가는 것이다. 다른 주말에는 오랫동안 못 본 친한 친구들을 만나려고 한다. 어느 주말에 누굴 만날지는 나에게 달렸다. 누구를 먼저 만나고 싶은가? 한 조사에 따르면 이 질문에 대해 90퍼센트의 응답자가 내키지 않는 방문을 첫 주말에 해치운 뒤, 그다음 주말에 친구들을 만나겠다고 했다. 연구진이 어떤 선택지를 먼저 제시하든 결과는 같았다. 물론 첫 번째 주말에 친구들을 만나면 두 번째 주말에 가족을 만나느라 지쳐도 첫 주말의 소중한 추억을 떠올리며 위안 삼을 수 있다. 그런데도 즐거운 일을 앞두고 있는 상황이 압도적인 매력으로 작용하는 것 같다.

또 다른 연구는 참가자들에게 좋은 친구의 요건에 관한 5분 스피치를 준비해서 발표해달라고 요청함으로써 의도적으로 참가자의 스트레스 수준을 높였다. 그런데 한 그룹의 참가자들에게는 스피치를 하기 전에 주간지 〈뉴요커 New Yorker〉의 재미있는 카툰을 몇 편 보여주었고, 다른 그룹의 참가자들에게는 스피치를 마치고 나면 그 만화를 보여줄 것이라고 말했다. 긍정적 경험을 기대하는 참가자들은 스피치를 앞둔 시점에서 방금 막 그 경험을 마친 참가자들에 비해 더 나은 기분 상태를 보였고, 스피치를 할 때도 덜 긴장했다. 즐거운 경험을 한 것보다 즐거운 경험을 앞둔 게 더 도움이 된 것이다.

무언가를 기대하는 일은 긍정적 미래 경험이 계획되어 있을 때뿐 아니라 지금은 모르나 앞으로 알게 될 일이 있을 때도 가능하다. 앞서 이야기한 미국 드라마 〈사인필드〉의 파일럿 에피소드에서 제리는 소파에 앉아 시리얼을 먹으며 TV를 보고 있다. 그런데 그때 전화벨이 울리고, 전화를 받은 제리는 다짜고짜 이렇게 말한다. "메츠의 경기 결과를 알더라도 말하지 마세요. 지금 녹화한 거 보는 중이에요. 여보세요." 지나치게 긴 전화 첫마디에 방청객의 웃음소리가 터지고, 곧 잘못 걸려 온 전화였던 것으로 판명 난다. 제리가 전화를 끊는 순간 크레이머가 문을 열고 들이닥친다. 크레이머의 상징적인 첫 등장 신이다. 그리고 말한다. "나 원 참! 오늘 메츠 완전히 말아먹었잖아." 제리는 메츠가 졌기 때문이 아니라 크레이머가 경기 결과를 밝히는 바람에 절망해서 바닥에 주저앉는다.

마지막까지 결말을 모른다는 것은 스포츠나 책, 영화에서뿐 아니라 상당히 많은 활동에서 즐거움을 결정짓는 필수 요소다. 사람들이 자신의 복권이 당첨되었는지 아닌지 늦게 확인하는 것을 선호한다는 조사 결과도 있다. 미래가 불확실한 상태에서는 가능성으로 인해 설렘과 긴장감을 느끼게 된다. 미래의 결과를 알기를 미루는 한 모든 게 가능하니까.

《행복에 걸려 비틀거리다》에서 대니얼 길버트Daniel Gilbert는 불확실성이 우리의 정서적 경험을 얼마나 증폭시키는지 설명한다. 긍정적 정서든 부정적 정서든 말이다. 건강 검진 결과를 알기까지 기다려야 하는 일은 건강 검진 경험을 더욱 유쾌하지 않게 만든다. 반면 어떤 경품을 탔는지 알기까지 기다려야 하는 일은 경품을 타는 경험을 더욱 유쾌하게 만든다. 이는 버지니아 대학교에서 실시한 실험의 결과로, 이 실험에서는 한 사람도 빠짐없이 모든 참가자가 경품을 받았다. 경품으로는 초콜릿, 병따개, 커피잔을 비롯해 이와 비슷한 가치를 지닌 물건이 있었다.

연구진은 참가자들에게 첫 번째로 받고 싶은 경품과 두 번째로 받고 싶은 경품을 알려달라고 했다. 이후 첫 번째 그룹은 회전판을 돌렸고, 자신이 첫 번째 선택과 두 번째 선택 중 어떤 경품을 받게 되었는지 확인했다(회전이 멈추는 위치에 따라 정해졌다). 그런 다음 연구진이 준비한 다른 과제들을 수행했다. 두 번째 그룹은 먼저 이 과제들을 수행했고, 연구진에게서 과제를 모두 마치고 나면 회전판을 돌리게 될 것이라는 안내를 받았다. 세 번째 그룹은 실험이 거의 끝났으며 경품이 많이 남은 관계로 회전판을 돌릴 필요 없이 첫 번째로 고른 경품과 두 번째로 고른 경품을 모두 받게 될 것이라고 전달받았다.

연구진은 이 실험이 진행되는 중간중간 질문지를 통해 참가자들의 기분을 조사했다. 그 결과 처음 회전판을 통해 경품을 받게 될 것이라는 사실을 알았을 때는 모든 참가자가 대체로 기분이 아주 좋았던 것으로 파악됐다. 그러나 실험 말미에 이르러서는 자신이 어떤 경품을 받게 될 것인지 아직 모르는 참가자들만이 계속해서 기분이 좋은 상태였다. 두 가지 경품을 모두 받은 참가자들보다도 더 기분이 좋았다.

논리적으로 따지면 경품 두 개를 받은 사람이 경품 한 개를 받은 사람보다 기분이 좋아야 한다. 그러나 비밀에 싸인 한 개의 경품에는 이미 밝혀진 두 개의 경품에는 없는 특성이 있는데, 바로 '불확실성'이다. 미래의 긍정적 경험이 과연 어떤 식으로 펼쳐질지 이리저리 상상하는 데서 오는 즐거움은 결코 무시할 수 없는 것이다.

좋은 일, 나쁜 일 그리고 음미하기

기대되는 미래의 사건이 있으면 우리는 그 일을 더욱 자주 생각하고, 그 일이 어떻게 전개될지 상상한다. 그리고 많이 생각하고 기대한 긍정적 사건일수록 그 사건이 실제로 일어났을 때 더욱 감사한 마음을 느끼는 경향이 있다.

음미하기savoring는 우리가 긍정적 경험에 대한 주의력과 감사한 마음을 끌어올리기 위해 할 수 있는 행동들을 지칭하는 심리학 용어다. 우리는 어떤 일이 일어나기 전에 상상하고 기대함으로써 그 일을 음미할 수 있다. 예를 들어 친구들과 주말에 만나기로 했다면 미리부터 그 주말을 기대하고 어떤 즐거운 시간을 보낼지 상상하게 된다. 우리는 어떤 일이 일어난 후에도 홀로 회상에 잠기거나 다른 사람들에게 전함으로써 그 일을 음미할 수 있다. 내 실험의 참가자들이 좋은 소식과 작은 성취들을 다른 사람들과 나눌 계획을 세웠던 것처럼 말이다.

우리는 또 어떤 일이 일어나는 동안에도 그 일을 음미할 수 있다. 인터넷에서 '음미하기'의 이미지를 검색해보면 긍정적 경험의 순간에 푹 빠진 사람들의 이미지를 수없이 확인할 수 있다. 따뜻한 커피를 한 모금 들이키는 순간, 완벽하게 차려진 맛있는 음식을 맛보는 순간, 한껏 꽃내음을 맡거나 신선한 공기를 느끼는 순간, 시각적 방해 요소를 차단하고 그 순간의 기쁨을 만끽하기 위해 두 눈을 감은 사람들도 있을 것이다. '하던 일을 멈추고 장미꽃 내음을 맡아라' 같은 관용구는 우리에게 인생이 선사하는 좋은 일들을 음미하는 시간을 가지라고 독려한다. 좋은 일을 음미하는 습관은 삶의 만족도와도 이어진다.

'하던 일을 멈추고 장미꽃 내음을 맡아라' 같은 조언이 필요한 이유가 긍정적인 일은 자주 오는 것이 아니므로 그러한 순간이 찾아왔을 때 되도록 감사하고 음미해야 하기 때문이라고 받아들일 수도 있다. 그런데 우리에게 이 조언이 필요한 이유는 정확히 그 반대다. 사실 긍정적 사건은 부정적 사건보다 훨씬 자주 일어난다. 그러나 긍정적 사건들은 그렇게 특별하게 느껴지지 않으므로 깨닫지 못하고 넘어가는 경우가 많다.

한 연구팀이 참가자들에게 며칠 동안 녹음기를 들고 다니며 생활하게 하자, 대체로 부정적 단어보다 긍정적 단어를 많이 쓰는 것으로 드러났다. 또 다른 연구팀은 이 연구를 한 단계 발전시켜 책, 개인적 편지, 심지어 일기를 비롯해 대화, 연설, 회의 녹음 기록 등 광범위한 출처를 바탕으로 1억 개 이상에 달하는 단어의 말뭉corpus(컴퓨터가 읽을 수 있는 형태로 바꾼 언어 자료의 집합체로, 언어 연구, 사회 분석, 인공 지능 개발 등에 활용된다.—역주)를 수집했다. 그리고 그 결과 사람들이 부정적 단어보다 긍정적 단어를 훨씬 자주 쓴다는 것이 다시 입증됐다. 예를 들어 '좋다good'는 '나쁘다bad'보다 다섯 배 많이 사용됐다(100만 단어당 795회 vs. 153회 출현). 조사 참가자들에게 일주일 동안 매일 열 번씩 기분을 물어보는 방법으로 사람들이 대부분의 경우 기분이 좋다는 사실을 발견한 연구팀도 있다.

이렇게 우리는 부정적으로 말하기보다 긍정적으로 말하며, 대체로 기분이 좋은 상태로 지낸다. 그렇다면 왜 긍정적 요소보다 부정적 요소가 많다고 느끼는 것일까? 이를 알아내기 위해 한 연구팀은 참가자들에게 일주일에 걸쳐 하루도 빠짐없이 일과 중 긍정적 사건 한 가지와 부정적 사건 한 가지를 기록해달라고 했다. 한 주가 끝난 뒤 연구진은 참가자들에게 자신이 일주일간 기록한 사건들의 유사성을 살펴도록 했다.

참가자들은 긍정적 사건들이 서로 무척 비슷하다고 평가했다. 그런데 부정적 사건들은 달랐다. 부정적 사건들은 서로 비슷하다고 평가하지 않은 것이다. 바로 부정적 사건을 한층 뉴스 가치가 있는 사건으로, 즉 유일무이하며 각기 다른 부정적 특성을 지닌 사건으로 느끼는 까닭이다. 또 이에 따라 부정적 사건은 우리의 주의를 사로잡고 마음속에 오랫동안 남을 수밖에 없다.

긍정적 사건은 굉장히 긍정적일 때만 주의를 끈다. 그래서 우리는 일상 속의 긍정적 사건을 보다 특별하게 만들기 위해 별도의 노력을 기울이기도 한다. 비밀이 한몫을 톡톡히 하는 지점이다.

2. 선물, 청혼, 서프라이즈

2013년, 아이스하키 열성 팬 조애나 챈Joanna Chan과 줄리 모리스 Julie Morris는 31개에 이르는 NHL National Hockey League(북미 아이스하키 리그)의 모든 경기장에서 경기를 한 번씩 관람하겠다는 목표를 세우고 경기장을 돌기 시작했다. 이 목표를 완수하는 데는 5년이 걸렸고, 두 사람은 마침내 마지막 경기장인 캐나다 캘거리의 스코티아뱅크 새들돔Scotiabank Saddledome에서 경기를 보게 됐다. 이 경기에는 모리스가 깜짝 놀랄 일이 기다리고 있었다. 캘거리 플레임스Calgary Flames(스코티아뱅크 새들돔이 홈 경기장인 캐나다의 프로 아이스하키팀—역주)의 경기 1피리어드 도중 챈이 무릎을 꿇더니 청혼을 한 것이다. 챈의 손에는 마이크까지 있었고, 이 장면은 모든 관객이 볼 수 있도록 대형 스크린으로 생중계되었다.

사실 대형 스크린을 통한 청혼 이벤트는 이미 하나의 산업으로 자리 잡은 지 오래다. 스코티아뱅크 새들돔은 그중에서도 높은 가격을 책정하는 곳으로, 이 경기장에서 청혼하려면 무려 5,000달러를 내야 한다(미국 매사추세츠주에 있는 펜웨이 파크Fenway Park 야구장의 경우 350달러면 된다). 그러나 챈은 그 금액을 지불할 만한 가치가 있었다고 말한다.

"많은 사람 앞에서 공개적으로 청혼할 수 있었다는 것보다는, 저희 두 사람의 마지막 경기를 특별하게 만들 수 있었다는 점에서 무척 의미가 크죠." 챈이 한 인터뷰에서 한 말이다. 그리고 챈의 청혼은 정말로 특별했다.

"얼마나 가슴이 벅차오르고 뭉클했는지 몰라요. 정말 많이 놀랐죠."

모리스의 말이다. 모리스는 챈이 청혼하는 순간 자신의 모습이 대형 스크린에 비치고 있다는 사실은 까맣게 잊었다고 한다.

"그러다 환호성이 들리면서 다시 현실로 돌아왔죠. 사람들이 저희를 둘러싸고 축하해주고 있었어요. 그렇지만 어떻게 그럴 수 있었을까 싶을 정도로 사석으로 느껴진 짧은 순간이 있었던 거죠."

모리스는 챈의 청혼을 받아들였고, 지금 두 사람은 가족이다.

놀라움은 인간이 느끼는 감정적 경험 중 가장 짧게 스치고 지나간다. 그렇다면 군이 짚고 넘어갈 필요가 없는 감정 아닐까? 사전적으로 놀라움은 어느 정도 예상하지 못한 일이라는 뜻을 포함한다. 그리고 우리는 예상치 못한 사건을 더 잘 기억하며 특별하게 취급하는 경향이 있다. 사람들이 플래시 몹이나 항공기 배너를 이용해 화려하고 호사스러운 청혼을 하는 이유가 설명된다. 어느 예비 신랑은 TV 광고를 제작해 예비 신부가 좋아하는 쇼 프로그램 중간에 방영하는 이벤트를 하기도 했다. 놀라움을 느끼는 순간은 잠시에 불과할지 모르지만, 우리는 그 순간을 기억 속에서 생생하게 되살릴 수 있다. 그 순간을 이후에도 오래오래 음미할 수 있는 것이다.

결국 상대방의 손에 갈가리 찢기게 될 뿐이란 걸 알면서도 돈을 내고 사는 것은 어떤가? 이렇게 따지면 선물 포장만큼 경솔하고 실속 없는 관행도 없는 것 같다. 포장지는 재활용이 어려우므로 엄청난 양의 쓰레기가 발생한다는 사실까지 굳이 상기하지 않더라도 말이다. 그러나 선물 포장에는 분명한 심리적 이점이 있다.

인류학자 칩 코웰 Chip Colwell 에 따르면 우리는 천 년이 넘는 세월 동안 선물을 포장하고 포장을 뜯는 행위를 해왔다. 포장 덕분에 물건은 단순히 물건을 넘어 선물로 탈바꿈한다. 안에 든 것이 포장지로 싼 책처럼 어느 정도 짐작되는 경우라 해도, 포장된 선물은 본질적으로 미스터리에서 출발한다. 선물을 뜯을 때 설렘과 기대, 놀라움을 경험할 수 있다. 안에 든 물건은 드러나기 직전까지 비밀이나 다름없기 때문이다.

선물이든 청혼이든 파티든 다른 사람을 정말로 깜짝 놀라게 하려면 계획을 세우는 단계가 필요하다. 나는 살면서 내 아내 레이철만큼 서프라이즈를 좋아하는 사람은 또 본 적이 없다. 레이철은 자신이 서프라이즈 이벤트를 준비하는 것도, 누군가 자신에게 서프라이즈 이벤트를 해주는 것도 좋아한다. 우리가 학회에서 처음 만났을 때 레이철은 호주에 살고 있었고 나는 캘리포니아에서 대학원을 다니고 있었다. 학회가 있고 몇 달 뒤 나는 호주로 가서 레이철을 만났고, 그해 연말이 다가오면서 호주에서 레이철과 함께 크리스마스를 보내야겠다는 계획을 세웠다.

그리고 11월 초의 어느 날, 집으로 돌아와 문을 열었을 때 나는 놀라서 입을 다물 수 없었다. 레이철이 거실 한가운데 서 있었던 것이다. 호주에 있는 레이철과 통화를 나눈 지 채 24시간도 되지 않았다는 점을 생각하면 레이철이 내 아파트는커녕 캘리포니아에 있다는 사실 자체가 불가능한 것으로 느껴졌고, 나는 눈앞의 광경을 믿을 수 없었다. 나는 꼼짝 않고 굳어서 레이철을 바라보며 머릿속으로 생각했다. '와, 레이철이랑 진짜 똑같이 생긴 사람이다.' 내 얼굴은 일그러졌다. 반갑지 않기 때문이 아니라, 너무 혼란스러웠기 때문이었다.

나중에 레이철이 말하길, 19시간에 걸쳐 캘리포니아 팔로알토로 오는 내내 자신이 내 친구들의 도움을 빌려 준비한 엄청난 서프라이즈를 보고 내가 얼마나 기뻐하고 좋아할지 상상했다고 한다. 그런데 막상 자신의 모습을 본 내가 충격을 받은 것 같아서 공항에서 아파트로 오기 위해 탄 슈퍼셔틀Super Shuttle(미국의 합승 택시—역주)에서 다른 승객들을 기다리는 사이 운전사가 한 말을 떠올릴 수밖에 없었다고 했다.

"확실히 성공적인 서프라이즈가 될 것 같네요. 그런데 서프라이즈 싫어하는 분은 아닌 거죠? 모두가 서프라이즈를 좋아하는 건 아니니까요."

맞다. '예기치 못한 상황'에 처하는 걸 누구나 좋아하는 것은 아니다. 기나긴 하루를 끝내고 집으로 돌아왔다고 상상해보자. 비로소 조용하고 편안한 시간을 보낼 수 있겠다고 기대하며 현관문을 연다. 그런데 내가 아는 모든 사람이 나를 반기며 외친다. "서프라이즈!" 이쯤 되면 놀라는 데 그치는 게 아니라 아무런 예고 없이 내키지 않는 파티에 끌려가 집중 조명 세례를 받게 된 기분이 든다. 서프라이즈를 싫어하는 사람도 있게 마련이다. 청혼도 마찬가지다. 대형 스크린을 통해 뜻밖의 청혼을 받으면 평생 잊지 못할 설렘과 추억으로 받아들이는 사람도 있겠지만, 공개적인 방식 때문에 당황하고 기분 나빠하거나 심지어 화를 내는 사람도 있을 것이다. 상대방을 예상치 못한 방식으로 놀래키면 역효과가 날 수도 있다.

일례로 사전에 결혼을 상의한 적도 없는데 청혼하는 것은 청혼이 실패할 가능성이 크다고 알려주는 강력한 예측 변수다. 한 조사에 따르면 실패한 청혼 사례들에서는 사전에 결혼을 상의한 커플이 29퍼센트에 불과했고, 성공한 청혼 사례들에서는 사전에 결혼을 상의한 커플이 100퍼센트였다. 따라서 서프라이즈 이벤트를 계획할 때는 청혼이든 서프라이즈 파티든 화려한 선물이든 상대방의 기호를 제대로 파악한 뒤 실행에 옮기도록 하자. 그러면 실패로 돌아갈 일은 별로 없을 것이다.

이번에는 서프라이즈 파티, 인생의 전환점이 될 청혼, 그 밖의 예기치 못한 각종 돌발 이벤트 대신 완벽한 선물을 받았다고 상상해보자. 전혀 예상하지 못했을 뿐 아니라 마음에 쏙 드는 선물이다. 이 같은 서프라이즈는 일반적으로 우리에게 커다란 기쁨을 선사한다. 내가 그날 거실에 선 사람이 정말로 레이철이라는 걸 깨달았을 때 느꼈던 감정도 바로 기쁨이었다.

앞 장들에서 논의한 비밀들과 달리 완벽한 순간을 기다리며 긍정적 비밀을 숨기고 있을 때는 기분이 좋다. 주의 깊게 경계해야 하고, 비밀이 대화의 화제가 되지 않도록 조심해야 하며, 증거를 감추느라 동분서주해야 할지라도 말이다. 서프라이즈 이벤트를 하기로 하고 나면 그 계획이 머릿속에 떠올랐을 때부터 다가올 순간을 '음미'할 수 있다. 서프라이즈 순간과 상대방의 기뻐하는 반응을 (바라 마지않으며) '고대'하게 된다.

나는 지난 8년 동안 크리스마스이브 때마다 다음 날 아침에 선물을 줄 계획을 세운 참가자들을 대상으로 설문 조사를 했다. 또 임신 같은 좋은 소식들을 비밀로 하는 것과 여러 행복한 서프라이즈들에 관해 연구했다. 나는 이 과정에서 총 5000명 이상의 참가자들에게서 어떤 긍정적 비밀이 있는지 그리고 그 비밀을 가지고 있다는 것은 어떤 경험인지 들을 수 있었다. 그 결과 대부분이 자신의 경험을 즐겁고 신나며 기분을 북돋우고 활력을 주는 경험이라고 느낀다는 걸 알 수 있었다. 사람들이 자신의 긍정적 비밀을 말할 때 어떤 식으로 말하는지 조금만 유심히 관찰해보면 누구나 알아차릴 수 있는 사실이다.

"저는 정말 기쁘고, 에너지가 막 넘치는 것 같아요. 너무 신나고, 그래서 그날 정말 제대로 무언가 보여줄 수 있을 것 같고요. 그때까지 여자친구한테 안 들키는 게 관건인데, 재미있는 도전이라고 생각합니다."
"일급비밀을 지키는 비밀 요원이라도 된 것 같은 기분이에요. 굉장히 즐겁고, 제가 준비한 걸 보면 아내가 어떤 표정을 지을지 무척 궁금해요, 빨리 그 순간이 됐으면 좋겠어요!"

긍정적 비밀이 있는 대다수 사람이 순전한 기쁨과 설렘을 이야기한 한편, 기대되는 것은 맞지만 불만이나 우려, 초조한 마음을 숨길 수 없는 사람들도 있었다.

"신이 나면서도 우려되는 마음이 있죠. 직장 동료들한테 제가 못 참고 말해버릴 수도 있는 거니까. 좋은 일이 생겼다고 알리고 축하도 받고 싶은데 못 하니까 날마다 입이 너무 근질거리고 참기가 힘들어요."

"4개월이 될 때까지는 아무한테도 말하지 않으려고 하는데, 가끔은 머릿속에 넣어둔 게 못 참고 폭발해버릴 것 같은 느낌이 들 때가 있어요."

어려움과 불안에 맞서야 하긴 해도 긍정적 비밀은 우리 일상에 활력을 불어넣는다. 보통 이 같은 비밀이 있으면 해당 정보 그리고 그 정보의 전달 방법(형식, 여건, 시점)을 자신이 통제하고 있다고 느낄 수 있기 때문이다. 임신을 비밀로 하는 커플(적어도 몇 사람에게는 비밀로 함)을 대상으로 조사한 결과, 임신한 여성은 자신의 임신 사실을 누가 누가 아는지 스스로 잘 통제하고 있다고 생각할수록 그 비밀로 인해 활력을 느끼는 것으로 나타났다. 그리고 이때 그 여성의 파트너 또한 비밀로부터 활력을 얻었다.

마찬가지로 우리는 상을 받거나 승진을 했지만, 공식적인 확정 또는 발표가 있기 전까지 다른 사람에게 알릴 수 없는 경우처럼 긍정적 소식을 언제 발표할 것인가에 관해 자신이 완전한 통제력을 행사할 수 없을 때 상당한 불만이나 고통을 느낄 수 있다.

통제하고 있다는 감각은 인간의 삶에 큰 영향을 끼치는 요소다. 삶을 적절히 통제하고 있다는 생각이 들면 유능감이 충만해진다. 그에 따라 스트레스도 잘 관리할 수 있고, 어려운 일이 닥쳐도 효과적으로 대처한다. 자기 삶을 통제하고 있다고 느끼는 사람은 그렇지 않은 사람에 비해 행복하고 건강한 삶을 살아갈 가능성이 크다. 또 수명도 더 길다.

이렇게 누군가를 위해 준비한 선물이나 임신, 청혼처럼, 인생의 소중하고 행복한 일 중 어떤 일들은 공개될 날이 예정된 특별한 비밀로써 시작된다. 마침내 긍정적 비밀이 드러날 순간을 기다리는 기쁨과 긍정적 비밀이 있을 때 따라오는 통제감은 우리가 만족스럽고 활력 있는 생활을 하는데 기여한다.

3. 은밀한 즐거움

지금까지 비밀이 어떻게 긍정적 사건을 더욱 흥미진진하게 만드는지 살펴보았다. 그런데 긍정적 비밀에는 또 다른 종류도 있다. 바로 드러낼 생각이 전혀 없는 비밀이다. 나는 이 비밀을 은밀한 즐거움이라고 한다.

다음은 내 연구에 참여한 두 참가자가 자신이 비밀로 한 즐거운 경험에 관해 이야기한 내용이다.

"나는 새벽에 명상하는 걸 좋아한다. 그런데 내가 명상을 한나고 나른 사람에게 말한 적은 한 번도 없다. 사람들이 어떤 반응을 보일지 알 수 없기 때문이다. 경우에 따라서는 내 명상 시간을 망칠지도 모르니까. 조용히 관조하며 성찰해야 하는 시간에 사람들의 말을 끊임없이 곱씹어야 하는 사태만은 피하고 싶다."

"나는 밤에 산책을 즐긴다. 그럴 때면 굉장히 평화로운 기분이 든다. 고요 속에 잠긴 동네를 걸으며 노란 불빛을 내뿜는 가로등 행렬을 보면 마음이 편안하다. 그런데 밤에 밖에 나간다고 하면 다들 위험하다고 한소리할 것 같아서 다른 사람에게는 이런 취미를 잘 말하지 않는다. 내 생각에는 안전하고, 위험을 느낀 적도 없다. 나는 밤에 산책할 때 긴장이 풀리고 스트레스도 날아가고 나만의 위안을 얻는다. 이 시간은 나에게 꼭 필요한 시간이다."

이 긍정적 비밀들은 선물, 청혼, 그 밖의 다른 서프라이즈들과 분위기가 사뭇 다르다. 이 이야기들은 활기나 에너지가 느껴진다기보다 평온하고 독립적인 느낌으로 다가온다. 우리가 다른 사람들에게 말하지 않는 즐거운 경험들을 살펴보면 고립감과는 다른 종류의 고독이 존재한다는 사실을 알 수 있다. 혼자라고 느끼기보다 타인의 기대, 타인의 관점에서 벗어나 자유로움과 독립성을 만끽하는 것이다.

우리가 비밀에 부치는 많은 취미가 이러한 특성을 띤다. 여기에는 예술 작업, 수집(카드, 만화책, 우표, 동전), 도박, 자수, 뜨개질(코바늘 뜨개질, 대바늘 뜨개질 등), 명상, 게임(카드 게임, 보드게임, 비디오 게임), 독서(SF 소설, 로맨스 소설 등), 약물, 운동, 글쓰기(소설, 시 등), TV 시청(만화, 어린이 프로그램, 드라마 등), 요가 등이 있다. 물론 이 활동들은 모두 어느 정도 위험성을 내포하고 있다. 약물을 복용하거나 밤늦게 집에 혼자 걸어가고, 드라마를 시즌 7까지 몰아 보는 경우를 생각해보라.

조사 참가자들은 자신의 은밀한 즐거움을 밝힐 때 자신들도 위험성을 인지하고 있으며 신중하게 접근하고 있다고 말했다. 그러나 내 취미에 왈가왈부하는 사람들을 상대할 필요 없이 마음껏 즐길 수 있다는 것도 이 활동들이 즐거운 커다란 이유다. 긍정적 서프라이즈가 긍정적 경험을 증폭시키기 위한 것이라면 은밀한 즐거움은 긍정적 경험을 지키기 위해 비밀로 유지된다. 이 점에서 은밀한 즐거움은 선물, 청혼, 그 밖의 여러 서프라이즈들과 구별된다고 할 수 있다.

우리는 대처란 부정적 사건이 닥쳤을 때 하는 것이라고 생각하는 경향이 있다. 그러나 긍정적 사건이 생겼을 때도 대처해야 할 일이 생기곤 한다. 지금 막 비디오 게임에서 이겼다고 해보자. 나라면 어떻게 할까? 내 승리를 같이 좋아하고 축하해주는 긍정적 반응을 기대하며 다른 사람에게 이 소식을 알리고 싶을지 모른다. 그런데 상대방 반응이 시큰둥하다면? 기껏 신나서 이야기했더니 "그래서?" 같은 반응이 돌아온 적이 있지 않은가? 그때 무척 참담한 기분이 들었던 기억이 난다. 누군가 내가 즐기는 일에 부정적으로 반응하면 우리는 기분이 상한다. 다시는 그 사람에게 뭘 말하지 않겠다고 결심하기도 한다. 따라서 무척 즐기는 활동이 있을 때 다른 사람들이 이해하지 못하거나 비난할 가능성이 있다는 데 생각이 미치면 그 활동을 비밀로 간직하기도 한다.

이 비밀들은 고립감 대신 독립성과 자율성이라는 건강한 형태의 고독을 제공한다. 우리에게는 타인의 의견이 필요치 않을 때도 있으며, 이것도 우리 결정의 일부라고 할 수 있다. 분명한 것은 긍정적 비밀이 있는 사람은 운전석에 앉을 수밖에 없다는 것이다. 고대해 마지않는 목적지를 향해 차근차근 달려가든, 자신만을 위해 마련해 둔 특별한 장소로 드라이브를 즐기며 가든 말이다.

누구나 자신의 비밀에 대해 통제력을 발휘할 수 있다. 어떤 비밀을 공유하고, 어떤 식으로 공유할지는 우리의 선택이다. 그러나 이 통제력을 어떤 목적을 위해 행사해야 할지 많은 경우 혼란스러운 것이 사실이다. 특히 사회적 연결, 유대, 인정을 바라는 인간적 욕구와 비밀을 조화시켜야 할 때 우리는 더 큰 혼란을 겪는다. 비밀의 본성을 들여다보려면 마지막으로 인간의 이 같은 보편적 욕구를 이해해야 한다.

문화에 따른 대처

계속해서 같은 검사 결과가 나왔다. 4기 폐암이라는 진단을 세 번째로 받았을 때, 이제는 사실을 받아들일 수밖에 없었다. 홍 루Hong Lu는 망설일 것도 없이 암 진단 사실을 언니에게 비밀로 하기로 결심한 뒤, 진단서가 언니에게 가기 전에 얼른 챙겨 프린트 센터로 갔다. 그곳에서 루는 진단서를 새로 만드는 데 도움을 얻을 수 있는지 물었으나 거절당한다. 허위 문서를 만드는 것은 자신들의 윤리 강령에 어긋난다는 이유였다. 그러나 이미 만들어진 문서를 가지고 온다면 기꺼이 복사해주겠다고 했다.

루의 붓질 몇 번에 진실은 불투명한 흰색 용액 아래에 감춰졌다. 그리고 다시 공란이 된 자리에 루는 양성 종양이라는 새로운 진단명을 썼다. 루는 이렇게 자신이 조작한 문서를 복사했다. 언니 나이 나이Nai Nai(중국어로 할머니라는 뜻으로, 계속해서 이렇게 부르려 한다)에게 남은 시간은 고작 3개월이었고, 가족들은 이 사실을 나이 나이에게 알리지 않기로 한다.

루루 왕 LuLu Wang은 베이징에서 태어난 뒤 여섯 살 때 미국으로 이주했다. 스토리텔링 작업에 푹 빠져 보스턴칼리지 Boston College에서 영화 제작을 공부한 왕은 자신의 할머니 나이 나이와 그에게 철저히 비밀을 감춘 가족들의 이야기를 바탕으로 두 번째 장편 영화를 제작했다. 왕이 처음 이 이야기를 털어놓은 것은 NPR(미국 공영 라디오 방송)의 〈디스 아메리칸 라이프 This American Life〉라는 프로그램을 통해서였다.

"근데 문제가 있었죠. 나이 나이가 세상을 떠나기 전에 모든 가족이 한 번씩 만나려면 어떻게 해야 하지? 세 국가에 흩어져 사는 가족들이 나이 나이에게 작별 인사를 해야 하는데, 작별 인사라는 티를 내서도 안 되고요. 수정액으로 문서를 조작하는 것과는 차원이 다른 문제였죠."

다행히 왕의 사촌이 결혼 축하연을 계획하고 있었고, 이에 가족들은 그 축하연을 1년 일찍 열기로 했다. 이렇게 자리가 마련되면서 모든 사람이 가족의 가장 큰 어른이 세상을 떠나기 전에 인사를 나눌 수 있었다. 그러나 그러는 내내 나이 나이는 가족들이 실제로는 작별 인사를 하고 있다는 것도, 자신이 말기 암 진단을 받았다는 것도, 의사가 앞으로 3개월밖에 살지 못할 거라고 했다는 것도 몰랐다.

"처음 소식을 들었을 때 저는 할머니한테 이야기하고, 할머니를 위로해드리고 싶었어요. 사랑하는 사람이 죽음을 앞두었다는 사실을 알게 되었을 때 자연스럽게 우러나오는 그런 방식으로 할머니 곁에서 슬픔을 함께하고 싶었죠." 그러나 할머니에게 암 진단 사실을 알리는 것은 엄격히 금지됐다. 왕은 할머니를 마지막으로 한 번 더 보고 싶으면 온 가족이 공들여 짠 정교한 속임수에 동참하라는 말을 들었다.

왕에 따르면 중국에서는 의사들이 나쁜 소식은 환자 본인이 아니라 환자의 가족들에게 전하는 것이 관례다. 나이 든 환자의 경우에는 두말할 나위도 없다. 이 때문에 왕의 가족들은 암 진단 사실을 중간에 가로채 비밀로 할 수 있었다. 이 이야기를 각색해 만든 왕의 영화 〈더 페어웰The Farewell〉은 실화를 크게 벗어나지 않았는데, 실제 장소에서 촬영된 데다 암 진단서를 위조했던 나이 나이의 여동생이 자기 자신으로 출연하기까지 했다. 〈더 페어웰〉은 이러한 종류의 비밀에 낯설어하는 관객을 매료시켰다. 암 진단 사실을 숨기는 것은 많은 곳에서 벌어지기 어려운 일이다. 적어도 이렇게 쉽지는 않다.

왕은 가족들과 함께 할머니에게 사실을 숨겼지만, 처음부터 그러고 싶었던 것이 아니다. 자기 생각을 밀어붙였다면 왕은 할머니에게 사실을 말했을 것이다. 그러나 왕은 자신의 바람보다 가족들의 바람을 우선시했고, 그 결과 가족의 집단적 비밀을 지키고 싶지 않지만 지켰다. 자신의 개인적 비밀이 아닌데도 왕은 이 비밀을 족쇄처럼 느꼈다. 원하는 대로 자유롭게 할머니와 교류할 수 없었기 때문이다. 할머니에게 엄청난 사실을 두고 거짓말을 해야 했고, 무언가 잘못되었다는 느낌이 들었다. 이 거짓말에 동참해야 했던 왕의 경험은 비밀에 관한 우리 경험이 문화와 어떤 관련이 있는지 잘 보여준다.

숨 쉬는 공기처럼 문화는 우리를 둘러싸고 있다. 우리가 영위하는 모든 사회 활동에 속속들이 스며 있다. 그러므로 당연히 문화는, 우리가 저마다 가족, 이웃, 친구, 동료로부터 전해받은 문화는 비밀을 경험하는 방식에도 영향을 미친다. 나이 나이가 진실을 아는 것이 옳았을까? 왕은 이 도덕적 딜레마를 두고 서로 다른 답을 주는 두 문화권에 걸쳐 살아왔기 때문에 혼란에 빠졌다. 나이 나이는 가족들이 내린 집단적 결정을 존중하고 싶었고, 할머니를 보호하고 싶은 가족들의 마음도 이해할 수 있었다. 그러나 할머니에게 진실을 말해야 한다는 생각도 지울 수 없었다.

'진실을 말해야 한다는 부채감이 있다.'

나는 전 세계 26개 국가의 7000명이 넘는 참가자들에게 38가지 비밀 목록 중 자신에게 있는 비밀에 관해 이 점을 묻고 '예' 또는 '아니오'로 답하게 했다. 그러자 전체 8만 개에 달하는 비밀 중 20퍼센트에 대해 참가자들이 다른 사람에게 진실을 빚졌다고 느끼는 것으로 나타났다. 우리가 비밀을 간직하는 게 다른 사람에게 진실을 빚지는 결과가 되기도 하는 걸까? 이 질문에 대한 답은 문화마다 다르다.

종합적으로 볼 때 문화는 몹시 강력한 힘이지만 막상 특정 상황, 특정 순간이 닥치면 가볍게 작용하는 데 그치기도 한다. 이 점을 상기시킨다고 생각하면 문화를 공기에 비유하는 것은 정말 탁월한 것 같다. 참가자들의 모국은 이들이 8만 개의 비밀을 경험하는 방식에 분명 기여했으나 생각하는 만큼은 아니었다. 조사 결과에 따르면 오히려 비밀이 38가지 범주 중 '어느 범주의 비밀'인지가 출신 국가보다 비밀에 관한 우리의 경험에 열 배 더 큰 영향력을 미쳤다. 게다가 참가자의 개인적 성향은 그 두 배가 넘는 영향력으로 작용했다(출신 국가가 미치는 영향력의 스물여덟 배로 나타났다).

따라서 비밀에 관한 우리의 경험은 같은 나라에 사는 무작위의 사람들보다 같은 종류의 비밀 또는 비슷한 기질을 지닌 사람들과 훨씬 닮을 수밖에 없다. 한편 세계인을 대상으로 연구를 진행하면서 그들의 국적만을 살핀 것은 아니다. 나는 참가자들의 구체적인 생활 환경도 조사했다.

새로운 관계를 맺기가 쉬운 여건인가, 아니면 어려운 여건인가? 나의 사회적 연결망은 별이 꽉 들어찬 별자리처럼 빽빽한 성단에 가까운가, 아니면 저마다 내부 궤도가 있는 여러 행성계로 이루어진 은하에 가까우며, 나는 그 속에서 돌고 있는가? 나는 내가 가장 깊이 어울리는 사회 집단의 이익을 위해 개인적 이익을 희생할 수 있나? 나는 사회 집단을 나 자신보다 우선시하는가? 이 질문들에 대해 어떤 답변이 나오는가에 따라 비밀을 지키거나 폭로하는 우리의 성향 그리고 각각에 따른 감정적 경험은 직접적으로 달라진다.

1. 관계 관리

2012년 여름, 나는 이스탄불 술탄아흐메트 지역의 어느 호스텔을 찾았다. 혼자였고, 손에 배낭을 든 채였다. 나는 소지품들을 침대에 내려놓은 뒤, 루프탑 바에 가기로 했다. 나는 상냥해 보이는 사람을 찾으려고 바를 쭉 훑어봤다. 그리고 비슷한 나이대의 여행객들에게 다가가 같이 앉아도 될지 물었다. 그 사람들은 나에게 기꺼이 자리를 내주었고, 그다지 외향적인 성격이 아니었던 나는 깜짝 놀랐다. 대화를 시작하는 것도 쉽고 친구가 되는 것도 금방이었다.

어느 도시를 방문하든 마찬가지였다. 계속해서 새로운 이들을 만나 떠들다 보니 고작 2주가 지났을 뿐인데도 누굴 만나는 건 이제 더는 무리라는 생각이 들 정도로 지치고 말았다. 특히 호스텔은 주방과 거실을 함께 쓰는 환경이므로 여행객들이 이렇게 친화적인 대화를 주고받고 유대를 나누기가 쉽다. 그리고 호스텔에 투숙하는 사람은 혼자 여행 중인 사람일 확률이 높고, 낯선 사람과 교류하는 데 거리낌이 없다. 이 두 이유로 인해 이들은 대체로 새로운 사람들과 쉽게 친해진다.

다른 환경에 비해 관계 형성의 기회가 많이 주어지는 환경이 있는가 하면, 그렇지 않은 환경도 있다. 심리학에서는 이를 '관계 유동성social mobility'이라고 한다. 나의 환경은 사람들을 만나기 쉬운 환경인가? 내 주변 사람들은 방금 막 만난 사람과도 스스럼없이 다소 긴 대화를 나누곤 하나? 친구들을 정리하고 인간관계를 끊더라도 내 주위를 새로운 사람들로 갈음할 수 있나? 관계 유동성은 이스탄불의 유스호스텔이든 고향이든 우리가 현재 거주하는 곳이든 사람이 지내는 모든 환경에 포함된 속성으로, 환경에 따라 관계 유동성 수준은 다르다.

관계 유동성이 낮은 환경에서는 사회적 연결이 쉽게 깨지지 않는다. 어떤 지역에서는 가족 관계를 영구적 관계로 여기므로 부모와 연락을 끊거나 가족에게서 떨어져 나온다는 것은 상상도 할 수 없는 일이다. 이러한 환경에서는 이혼도 상당히 어렵다. 관계 유동성이 극단적으로 낮은 경우에는 결혼 생활이 원만하지 않다고 해서 갈라서는 것은 고사하고 애초에 결혼 상대를 스스로 선택할 권리도 없을 수 있다.

관계 유동성이 낮은 환경에서는 배우자, 친구, 그 밖의 지인이 모두 내가 나고 자란 고향처럼 작은 사회적 연결망에 집중되어 있으므로, 이 긴밀한 연결망을 벗어난 데서 인간관계를 형성하기가 힘들다. 반대로 사회적 유동성이 높은 환경에서는 여러 사회 영역을 이동하며 개인 선택에 따라 인간관계를 맺을 수 있다. 사람들은 새롭게 관계를 형성할 가능성이 있는 이들이 모인 시장에서 서로를 찾는다. 이러한 환경에서는 낯선 사람이라도 보다 신뢰하는 편이므로 어렵지 않게 새로운 사람에게 다가가고 말을 건넨다.

일반적으로 동아시아와 동남아시아, 북아프리카, 아랍어권 국가들은 상대적으로 관계 유동성이 낮은 반면, 북아메리카와 남아메리카, 호주, 유럽은 상대적으로 관계 유동성이 높다. 물론 이는 경향성에 불과한 것으로, 각 나라를 보면 다양한 개인과 문화가 서로 어우러지며 공존하고 있다는 것을 알 수 있다. 그러므로 관계 유동성은 한 국가 내에서도 다양하게 나타난다. 예컨대 도시에서는 작은 마을에 비해 관계를 형성할 기회가 훨씬 많다.

삶의 시기에 따라서도 관계 형성의 기회가 다르다. 예를 들어 대학 기숙사에 들어간다면 기존의 만남을 벗어나 새로운 인간관계를 발전시킬 풍부한 기회를 얻을 수 있다. 나 홀로 여행족에게 호스텔 바가 그렇듯 말이다. 짚고 넘어가야 할 점은 사회적 관계의 기회가 자동으로 사회적 관계의 취득으로 이어지지는 않는다는 것이다. 나는 이스탄불에서 친구들을 사귀기 위해 루프탑 바에 가야 했다. 모르는 사람에게 다가가는 데는 어느 정도 위험이 따른다. 나는 루프탑 바에서 곧바로 거절당할 수도 있었다. 친구를 사귀지 않았다면 삼삼오오 저마다 수다 삼매경에 빠진 사람들을 바라보며 외로움을 느꼈을지도 모른다.

이처럼 우리는 관계 유동성이 높은 환경에서는 더 큰 사회적 위험을 감수하는 경향이 있다. 낯선 사람에게 다가가는 것뿐 아니라 누구나 대체로 좋아하는 것에 과감하게 불호를 드러내기도 하고, 아는 사람이 한 명도 없는 새로운 곳으로 이사를 가는 것과 같이 인생을 바꾸는 결정을 내리기도 한다.

관계 유동성은 무조건 높은 환경이 좋다거나 낮은 환경이 좋다고 말할 수 있는 성질의 문제가 아니다. 관계 유동성이 높은 환경에서 발견되는 중대한 단점은 사람들이 나를 쉽게 거부할 수 있다는 것이다. 이 환경에서는 친구든 연인이든 나를 밀어내고 다른 사람으로 대신하는 게 일도 아니다. 따라서 관계 유지를 위해서 더 큰 노력이 요구된다. 관계 유동성이 높은 환경일수록 연인 사이가 열정적이고 친구 사이도 친밀하다고 할 수 있다. 무엇보다도 사람들이 자신을 더 잘 드러낸다. 아무리 가까운 사이라 해도 마음을 터놓으려면 신뢰와 용기가 필요한 법이다. 관계 유동성이 높은 환경에서 솔직한 모습을 내비치고 스스로를 취약한 상황에 노출시키는 태도는 친밀감과 헌신을 보여주는 강력한 신호로 작용한다.

이는 인간의 비밀을 이해하고자 하는 우리에게 어떤 의미일까? 8만 개의 비밀을 연구하면서 나는 26개국의 참가자들에게 얼마나 관계 유동성이 높은 환경에서 지내는지도 물었다. 그 결과 관계 유동성이 낮은 환경에 속한 참가자들은 비밀을 더 잘 지키며, 비밀로 인한 고립감과 외로움도 심하게 느끼는 것으로 나타났다.

이 관계에서 저 관계로 쉽게 옮겨갈 수 없을 때 우리는 자기 모습을 솔직하게 드러내고 공유하는 위험을 굳이 감수하려 하지 않는다. 주변 사람들이 무거운 비밀을 서로 털어놓는 분위기가 아니라면 비밀을 밝힐 곳이 없다는 느낌이 들 수도 있다. 당연하게도 이러한 상황은 고립감을 불러일으킨다. 이런 걸 보면 관계 유동성이 낮은 환경은 비밀이 있는 사람에게 과중한 부담을 안기는 듯하다. 그러나 꼭 그렇지만은 않다.

내가 속한 환경이 내면을 드러내는 과정을 통해 유대를 형성하는 환경이 아니면 비밀이 있다고 해도 관계의 표준이나 규칙을 어기고 있다는 느낌이 들지는 않을 것이다. 따라서 죄책감을 덜 느낀다. 반면 관계 유동성이 높은 환경에서는 비밀을 말하지 못해 고립감을 느끼는 일은 없을지 몰라도 비밀을 간직한 데 따른 죄책감을 느낄 가능성이 크다.

2. 가치 관리

"너무 큰 비밀이잖아. 털어놓질 못해서 늘 속을 태우면서도 어쩔 도리가 없으니까. 우리가 이런 결정을 했던 데는 할머니의 입김이 가장 셌던 것 같아. 너희가 절대 진실을 알아서는 안 된다고 못을 박으셨지."

어머니는 나와 동생이 정자 기증으로 태어났다는 사실을 비밀로 하느라 내면의 갈등을 겪었다. 오롯이 혼자 결정할 사안이었다면 어머니는 우리에게 좀 더 일찍 비밀을 털어놓았을지도 모른다. 그러나 할머니는 나와 동생이 진실을 알게 되면 가족의 일원으로 지내는 걸 거북해하게 될 것이라고 걱정하셨다.

"절대 영원히 지키고 싶지는 않은 비밀인데 할머니는 영원히 지켜야 한다고 고집하셨으니까, 상당히 난처한 입장이었지."

자신의 바람보다 다른 이의 바람을 우선시한 어머니의 경험은 할머니의 암 진단 소식을 비밀로 해야 했던 루루 왕의 경험과 비슷하다. 왕은 자기가 느끼기에 단단히 잘못된 것, 즉 할머니에게 거짓말을 하는 것과 가족의 가치체계 사이에서 갈등했다. 몇 번을 다시 생각해도 질문만 메아리칠 뿐 명확한 답은 없었다.

"미국인 친구에게 물어보면 미국식 답변이 돌아오겠죠? 저희 가족에게 있는 건 중국식 답변이고요." 왕은 기억을 더듬었다.

"결국 저는 이러지도 저러지도 못하는 거죠."

내 어머니는 두 문화 규범 사이에서 고민할 필요는 없었다. 그러나 우리에게 진실을 알릴지, 아니면 우리가 지금까지 그래온 것처럼 가족들과 자연스럽게 지낼 수 있도록 진실을 묻어둬야 할지 두 욕구 사이에서 고민해야 했다.

왕의 영화를 보면 왕에 해당하는 인물의 삼촌이 이런 말을 한다.

"너는 나이 나이에게 진실을 말해야 한다고 하지. 그건 나이 나이 대신 부담을 지는 게 두렵기 때문이야. 너무 큰 부담이기야 하겠지. 나이 나이에게 말하고 나면 죄책감을 느낄 필요도 없을 거고. 우리가 나이 나이에게 말을 안 하는 건 나이 나이가 져야 할 감정적 부담을 대신 떠안는 게 우리 의무이기 때문이야."

도덕적 의무감에 따라 행동하고 자신보다 타인을 우선시하는 태도는 집단주의collectivism의 주요 특징이다. 집단주의는 개인보다 집단을 앞세우며 상호 의존성, 공통의 목표, 집단의 화합과 조화를 중시하는 폭넓은 문화 사상이다. 집단주의는 소규모 거주 공동체 또는 종교 공동체에서부터 직장을 비롯한 각종 기관 등 다양한 집단에서 발생하지만, 집단주의의 성질이 가장 잘 드러나는 곳은 뭐니 뭐니 해도 가족 집단이다. 우리는 누구나 몇몇 집단에 소속돼 있고, 그중 어느 집단의 이해가 개인의 이해와 충돌할 때도 있다.

개인보다 집단의 이익이 우선시되는 것은 분명 여러 문화권에 걸쳐 발견되는 보편적 현상이다. 그러나 몇몇 문화권에서는 집단주의가 보다 강력한 형태로 나타난다. 물론 앞서 언급한 것처럼 같은 국가라고 해도 수없이 다양한 개인과 문화가 섞여 있다. 일례로 한 연구팀이 필리핀, 미국, 터키 출신 참가자들에게 신앙심과 집단주의적 가치를 지지하는 정도를 물었더니, 국적을 불문하고 신앙심이 깊은 사람일수록 집단주의를 지향하는 모습을 보였다.

'집단의 이익을 위해서라면 나 자신의 이익은 얼마든지 희생할 각오가 돼 있다.' 또는 '개인의 이익보다 집단의 이익을 우선해야 한다고 생각한다.' 같은 진술에 농의하는 사람은 집단적 목표와 개인적 목표가 충돌할 때 집단적 목표를 선택할 가능성이 크다. 나는 이 진술들에 대한 동의 여부를 물음으로써 참가자들이 집단주의 성향을 얼마나 지녔는지 알아볼 수 있었다.

관계 유동성이 낮은 여건에서는 자기 공개 수준이 낮고 비밀 엄수 수준이 높다. 그런데 집단주의는 사람들의 자기 공개 정도나 비밀 엄수 여부와 특별한 관련이 없으며, 그보다는 사람들이 비밀로 인해 어떤 느낌을 경험하는가에 영향을 준다. 비밀을 지키면 집단의 화합이 유지된다고 해도 비밀을 지켜야 하는 사람들은 괜한 집단행동으로 진실을 감추는 것은 아닌지 불안을 느끼고, 비밀에 대해 진실성이 결여되고 부끄러운 일이라고 생각할 수 있다.

따라서 집단주의는 부도덕한 비밀과 관련성이 없음에도 부도덕한 비밀과 가장 밀접한 경험, 즉 수치심을 느끼는 것과는 직결된다. 무언가를 감추는 것은 그 자체로 우리에게 잘못이라는 느낌을 안기기도 한다. 마찬가지로 집단주의는 관계적 비밀과도 딱히 연관이 없는데, 그런데도 관계적 비밀과 가장 밀접한 경험인 진실성이 결여됐다는 느낌을 받는다.

이전에 논의한 비밀의 세 차원 지도를 다시 떠올려보자. 우리는 관계성을 기준으로 비밀을 개인 지향적(다른 사람과 관련이 없음) 비밀과 관계적 차원이 높은 비밀(다른 사람과 크게 관련됨)로 나눠 살펴봤다. 지금 새롭게 말하고자 하는 바는 우리가 관계적 차원이 높은 비밀을 가지고 있을수록 마치 자신에게서 빼놓을 수 없는 중요한 부분을 숨기고 있기라도 한 것처럼 자신이 진실하지 않다는 느낌을 받곤 한다는 것이다.

다른 사람과의 관계를 완전히 배제한 채 자신이 누구인지 정의하는 것은 불가능하다. 집단주의 지향 공동체 속에서 인간관계를 맺으며 살아가는 사람은 비밀을 가진 것 때문에 다른 가치와의 충돌을 겪을 일이 더 많은 듯하다. 그러나 그렇다고 해서 비밀을 가진 게 잘못됐다는 의미는 아니다. 많은 경우 우리는 다른 사람 또는 다른 사람과 우리의 관계를 보호할 목적으로 비밀을 지킨다. 나는 한 연구를 통해 우리가 비밀을 지킬 때 다른 사람들에게 돌아가는 이득이 있다는 사실과 비밀의 친사회적 측면을 참가자들이 인식할 수 있도록 비밀 대처 나침반을 제시했는데, 그러자 참가자들이 이전보다 진실하다는 느낌을 받는 것을 확인할 수 있었다.

나이 나이에게 암에 걸렸다는 사실을 알리는 게 맞았을까? 한편으로는 남은 시간 동안 지난 삶을 추억하고, 작별 인사를 나누고, 후회 없이 죽음을 맞이할 수 있도록 알리는 것이 맞는 것 같다. 또 한편으로는 감당하기 어려운 진실 앞에서 모르는 게 약은 아닐까 생각하게 된다. 그러나 결국 나이 나이가 3개월 이상 생존했다면? 나이 나이가 암 진단을 받은 지 7년이 지난 지금까지도 여전히 삶을 이어가고 있으며, 이처럼 행복한 결과가 나올 수 있었던 것은 진실을 비밀로 한 가족들의 공이라면?

"중국인들은 정신 건강과 신체 건강이 불가분의 관계라고 여겨요."

왕은 〈디스 아메리칸 라이프〉에서 이렇게 밝혔다. 그리고 홍 루는 나이 나이가 악조건을 이겨내고 오래 살 수 있었던 까닭을 "우리가 걱정 대신 기쁨을 줬기 때문"이라고 말한다. 정답이 있을 수 없는 문제지만, 나이 나이의 경우 전반적인 상황을 고려할 때 이 대대적 비밀이 긍정적으로 작용한 것 같다. 비밀을 드러내는 게 나을지 감추는 게 나을지 판단이 서지 않을 때는 비밀 자체에만 집중하지 않는 것이 좋다. 소중한 사람의 정신 건강이든 집단의 화합이든 그 밖의 어떤 것이든, 중시하고자 하는 가치가 무엇인지에 관해서도 헤아리라. 비밀로 하는 것이 상대방에게 무엇이 최선인지를 염두에 두고 내린 선택이라면 설령 마음의 갈등이 있을지라도 내가 나의 필요보다 다른 사람의 필요를 우선시하고 있다는 점을 의식적으로 떠올리도록 하자. 그 누구도 진실성이 결여된 행동이라고 할 수 없다.

3. 위기 시의 감정 관리

처음 대학원을 다니기 시작했을 때 나는 우리가 어떻게 사람들의 얼굴을 보고 감정을 인식하는지 연구했다. 우리는 굉장히 미세한 표정 변화에도 타인의 행복, 분노, 놀람, 슬픔을 알아차린다. 우리는 타인의 얼굴에서 이런 기본적 감정뿐 아니라 의심, 불안, 결의 같은 감정도 알아낸다. 감정은 내면 상태지만, 종종 외적으로도 눈에 띄게 드러난다. 그 이유는 무엇일까?

거울을 보고 서 있는 게 아닌 이상 나는 내 얼굴 표정을 볼 수 없다. 그러나 다른 사람들은 볼 수 있다. 얼굴로 나타나는 표정이 감정을 전달하는 데 일정한 역할을 한다는 것은 이미 오래전 확립된 사실이다(찰스 다윈 Charles Darwin이 이 주제만으로 쓴 《인간과 동물의 감정표현》라는 책이 있다). 그러나 문화적 배경이 감정 표현에 미치는 영향은 최근에야 이해되기 시작했다.

우리는 대체로 감정이 얼굴에 드러나지만 어느 정도 통제할 수 있다. 그리고 실례하지 않으려면 감정을 있는 그대로 보여주기보다 감춰야 할 때도 있다. 예를 들어 눈을 굴리는 표정은 좋게 받아들여지는 경우가 별로 없다(적어도 내 경험상으론 그렇다). 따라서 어떤 감정을 겉으로 드러낼지 말지는 그 감정이 상대에게 받아들여질지 말지에 대한 나의 판단에 달렸다고 볼 수 있다. 이때도 문화가 작용한다. 집단의 화합에 신경을 쓰는 사람은 화합에 지장을 초래할 수 있는 감정 표현을 참을 것이다. 감정을 억누른다기보다는 혼자 간직한다는 뜻이다.

반면 개인의 독립성을 지향하는 사람은 다른 이들에게 자신의 감정을 드러내고 자기주장을 하는 것을 중시한다. 문화적 영향은 폭넓게는 감정

표현을 넘어 자기표현에까지 이른다. 한쪽 극단에는 의견을 솔직하게 밝히는 것을 자기표현의 일종으로 간주하고 중요하게 취급하는 문화들이 있다. 다른 쪽 극단에는 침묵을 정중하고 공손한 마음의 발현으로 여기며, 대화를 나눌 때도 자기표현보다 관계 유지에 신경을 써야 한다고 생각하는 문화들이 있다.

이렇게 우리가 비밀을 경험하는 방식에 문화가 어떤 영향을 미치는지 살펴봤다. 그런데 비밀의 내용과는 어떤 관련이 있을까? 비밀의 세 차원에 걸쳐 발견되는 유일한 문화적 차이는 집단주의가 감정에 기반한 비밀(즉, 목표 지향성이 낮은 비밀)과 관련이 있다는 것이다. 감정 표현에 나타나는 문화적 차이와 일맥상통한다. 집단주의적 문화가 우세한 환경에 놓인 사람은 집단의 화합을 어지럽히는 감정 표현을 자제하는 경향이 있다고 했다.

과거를 비밀로 간직한 사람에게 한 가지 좋은 소식은 내 표정을 보고 비밀을 눈치챌 사람은 없다는 것이다. 그러나 그만한 대가도 있다. 내면에 갈등을 감추어도 다른 사람들이 쉽게 알아차릴 수 없으니 도움을 얻고 싶으면 내가 직접 요청하는 수밖에 없다.

지금까지 비밀을 털어놓고 사회적 지지를 구하는 것의 이점을 여러 차례 반복해서 예찬해왔지만, 그렇지 않아도 비밀 공개가 관계에 미칠 부정적 파장을 염려하는 사람에게 개인적 문제로 대놓고 도움을 요청하기란 과도한 스트레스 요인일 것이다. 관계에 대한 염려를 고려하면 문화에 따라 사회적 지지를 적극적으로 구하거나 구하지 않는 경향성이 나타나는 이유가 설명된다.

캘리포니아 대학교 산타바바라 캠퍼스University of California, Santa

Barbara 심리학과 김희정 Kim Heejung 교수는 사회적 지지를 추구하는 데서 나타나는 문화적 차이를 광범위하게 연구했다. 그는 아시아 문화권에서는 가까운 이들에게 명시적으로 도움을 요청하는 경향성이 낮다는 사실을 발견했다. 집단의 화합에 중점을 두는 사람은 사회적 지지의 혜택을 받을 수 없을 것이라는 뜻은 아니다. 그렇지만 사회적 지지는 요청하거나 제공되는 양상 모두 문화적 규범과 가치를 따른다. 개인보다 집단의 안녕을 우선시하는 문화에서는 다른 사람에게 부담을 줄까 우려하기 때문에 개인적 문제에 대해 도움을 요청하기를 주저한다.

김 교수 연구진은 한국과 미국의 참가자들을 대상으로 일주일 동안 매일 그날 하루 중 가장 스트레스를 많이 받은 일이 무엇인지 보고하도록 했다. 이에 더해 스트레스 요인이 발생한 이후 얼마나 많은 사람과 교류했는지, 그들에게 스트레스 요인을 말했는지, 또 그날의 기분과 일상생활의 만족도는 어땠는지도 물었다.

연구진은 사회적 지지를 스트레스 요인을 말하는 것, 그리고 스트레스 요인을 말하진 않지만 함께 시간을 보내는 것의 두 종류로 분류했다. 예컨대 직장에서 문제가 생겼다면 그 문제를 털어놓음으로써 도움을 얻을 수 있다. 그러나 이별을 겪었다면 그 문제를 말하고 싶진 않지만 홀로 골몰하는 것도 싫을 수 있다. 따라서 두 종류의 사회적 지지 모두 저마다 효용이 있다. 그런데 문화에 따른 차이는 없을까?

그의 연구에 따르면 미국인 참가자들은 스트레스 요인에 대해 다른 사람과 대화를 나누는 경우가 더 많고, 한국인 참가자들은 스트레스 요인에 대해 말하지 않고 그저 함께 시간을 보내는 경우가 더 많은 것으로 나타났다. 물론 한국인 참가자들도 스트레스 요인을 털어놓는 방식의 사회적 지지와 혜택도 얻지만, 지지를 요청하는 행위와 자신의 문제로 다른 사람에게 부담을 주는 것을 수치스럽다고 느끼는 감정 사이에 연관성을 드러냈다. 대조적으로 미국인 참가자들은 대부분 자신의 스트레스 요인을 이야기함으로써 지지와 그에 따른 혜택을 얻고 있었고, 자신의 문제를 다른 사람에게 알리는 데 별다른 거리낌이 없었다.

앞서 문화가 이러한 상황에 대한 우리 경험에 분명 영향을 끼치지만 전체를 규정하지는 않는다고 했다. 김 교수가 자유 기술형 설문을 통해 실시한 한 조사 결과 스트레스 해소를 위해 사회적 지지를 구한다고 응답한 미국인 참가자는 57퍼센트인데 비해 한국인 참가자는 39퍼센트였다. 다른 연구에서는 타인에게 다양한 종류의 사회적 지지를 구하는 정도를 5점 척도로 물었다(1점은 사회적 지지를 추구하지 않는 경우, 5점은 광범위하게 사회적 지지를 추구하는 경우를 가리킨다). 미국으로 이주해 온 아시아계 이민자는 3.3점으로 중간 점수를 조금 웃돌았고, 미국에서 출생한 아시아계 미국인은 거의 3.5점, 유럽계 미국인은 그보다 약간 더 높은 3.9점이었다. 미국인들이 사회적 지지를 구하는 정도가 조금 더 높은 것으로 나타나긴 했으나, 유의미한 차이는 아니다. 지지를 요청하고 지지를 제공하는 양상은 문화에 따라 다르게 보일 수 있지만, 적절한 형태의 사회적 지지를 가치 있게 여기고 그로부터 혜택을 얻는 것은 보편적인 현상이다.

비밀 때문에 고립감이 느껴진다면 다른 사람에게 비밀을 털어놓을 필요가 있다는 신호일지 모른다. 또 비밀 때문에 진실하지 않다고 느껴진다면 나의 내면적 갈등을 한 번쯤 자세히 들여다볼 필요가 있다는 신호일 수 있다. 그리고 어떤 갈등을 겪고 있든 누구나 사회적 지지로부터 도움을 얻을 수 있다는 걸 기억하라. 개인적 어려움에 맞서야 할 때, 우리에게는 차이점보다 공통점이 훨씬 많다.

비밀 털어놓기

우리는 변호사, 내부 고발자, 마피아 두목, 걱정과 불안을 안은 십 대, 수십 년간 들키지 않은 비밀을 안고 산 사람, 수천 명의 조사 참가자들의 이야기를 들었다. 모두 비밀로 고통받았다. 그러나 이 고통은 비밀을 숨기는 데 수반되는 일에서 오는 경우는 드물었다. 오히려 이들은 다른 사람들의 사회적 지지 없이 비밀을 홀로 감당해야 한다는 점에서 고통을 겪었다. 내면세계를 비밀로 할 때 우리는 수치심, 고립감, 진실성 결여, 불확실성 등의 감정을 느끼기도 한다. 그러나 꼭 그래야 하는 게 아니다. 모든 비밀이 부정적인 것도 아니고, 설령 부정적이라 하더라도 흔히 그렇듯 그 비밀에 휘둘리지 않아도 된다.

우리는 비밀을 다른 사람에게 털어놓을 수 있다. 나는 '시크릿 텔레폰'이나 우편엽서, 방금 만난 모르는 사람에게 기꺼이 비밀을 드러낸 사람들의 이야기를 소개했다. 비밀을 밝혀도 아무런 대가가 따르지 않는 상대들이다. 그런데 비밀을 털어놓을 상대를 그렇게 멀리서 찾을 필요도 없다. 가족, 친한 친구, 연인, 동료가 믿을 만한 상대가 되어줄 것이다. 새로운 사실을 알게 되더라도 전체적인 그림을 보고 나에 대해 아는 다른 모든 것들을 떠올려줄 사람들, 나에게 공감해주고, 나를 용서해줄 사람들 말이다.

나는 모든 설문 용지 마지막에 참가자가 해당 연구나 자신의 경험에 대해 하고 싶은 말을 자유롭게 남길 수 있도록 공란을 따로 뒀다. 참가자들은 종종 자신의 비밀을 곰곰이 들여다본 결과 발견하게 된 가치에 대해 놀라움을 적었다. 어떤 비밀은 우리의 생각을 사로잡고 관심을 요구하지만, 어떤 비밀은 거의 잊힌 채 뒤로 물러난다. 비밀은 시간이 지남에 따라 자연스레 감당하기 수월해지기도 하지만, 우리가 이 과정을 능동적으로 이끌 수도 있다. 무작정 몇 년이 흐르기를 기다리지 않아도 된다.

이 책에서 여러분이 단 한 가지 교훈만 얻어갈 수 있다면 부디 이 교훈이기를 바란다. 나를 괴롭히는 비밀이 있다면 믿을 만한 사람에게 털어놓는 방법도 있다는 걸 잊지 말자. 법적 이유나 직업상 이유로 말하기 어려운 비밀이라면 보다 복잡한 상황이겠으나, 그렇더라도 털어놓을 상대가 있을 것이다. 내용을 자세히 알리지 않더라도 다른 사람과 이야기를 나누는 데서 오는 이점도 얼마든지 있다. 내면을 파고들기보다 바깥으로 시선을 돌리고, 다른 사람의 도움을 구하자.

예전에 동료가 자신에게 도움을 청했던 어느 여성의 이야기를 해준 적이 있다. 그 여성은 자신의 생물학적 가족을 찾고자 했고, 유전자 검사로 마침내 일치하는 사람을 찾았다. 그 사람이 이복 여동생으로 밝혀지자, 이 여성은 자신의 아버지가 정자 기증자였을 것이라는 생각에 확신을 갖게 됐다. 그리고 곧 인터넷을 통해 생물학적 아버지도 찾았다.

정자 기증으로 태어난 한 사람으로서 이 이야기를 듣자 나도 누군가 찾아낼지 모른다는 데 생각이 미쳤다. 그래서 유전자 검사 키트를 주문했다. 키트를 받았을 때 내가 알고 싶은 게 정확히 무엇인지 확신은 없었지만, 어쨌거나 내 샘플을 채취해서 보냈다. 이 과정에는 망설임과 비밀이 따랐다. 나는 이 사실을 친구들에게 말했지만 모든 친구에게 말하지는 않았다. 그리고 가족들에게는 전혀 알리지 않았다. 마음의 준비가 안 돼 있었기 때문이다. 결론을 얻은 뒤라야 사실을 털어놓을 수 있을 것 같았고, 혼자만의 시간을 가지며 일단 마음을 정리하고 싶었다.

만약 아직 다른 사람에게 비밀을 털어놓을 준비가 되지 않았다면 그 이유는 무엇인지, 그리고 애초에 그 내용을 비밀로 한 까닭은 무엇인지 찬찬히 생각해보자. 내가 말하지 않아도 누군가 비밀을 알게 될 가능성은 없는지도 따져보아야 한다. 또 가까운 사람 중 내가 비밀을 공유해주길 기다리는 사람은 없을까? 이 질문들에 답하다 보면 나아갈 방향이 드러날 것이다.

어떤 비밀이 가끔이라도 내 행복에 방해가 된다면, 그 상처를 들여다보고 최선을 다해 이해하려고 노력해보자. 이제 내가 그 비밀을 지킨다고 해서 피해를 보는 사람도 없을 거라는 걸 상기하자. 나에게 소중한 누군가를 보호하기 위한 비밀일지도 모른다. 그게 아니어도 아마 나름의 합당한 이유가 있을 것이다. 이중 내 상황과 비슷하게 들리는 내용이 있다면 그게 바로 나의 대처 방안, 생명선이다.

내면세계를 공유하는 것은 다른 사람들과 관계를 형성하고 유지하기 위해서다. 그렇지만 그 관계를 보호하기 위해 때로는 내면세계를 감추기도 한다. 다시 말해 우리가 비밀을 털어놓지 않는 이유는 털어놓는 이유와 다르지 않다. 긴밀한 유대를 쌓고, 그 유대를 지키기 위해서다.

어떤 경험을 함께하거나 신체 접촉을 하는 것과 더불어 내면세계를 공유하는 것은 나를 드러내고 다른 사람과 유대 관계를 맺는 핵심 수단이다. 아무에게도 쉽사리 말하지 못한 비밀을 누군가와 공유하는 것은 친밀감을 내보이는 중대한 행위다. 새로운 관계에서든 오래된 관계에서든 마음을 터놓을 때 우리는 상대와 더 가까워지고 관계를 돈독히 다질 수 있다.

어머니에게 언제부터 가족의 비밀을 털어놓을까 고민하기 시작했는지 물었다. 어머니의 대답에 저절로 웃음이 났다.

"네가 비밀로 첫 논문을 낸 게 언제더라?" 어머니의 생각을 바꾼 것은 바로 내 연구였다.

"더 이상 이걸 비밀로 하면 안 되겠다는 생각이 전에 없이 들었지. 네가 어떤 연구를 하고 어떤 생각을 하는지 보니까, 와, 이거 안 되겠는데, 싶더라니까. 결국에는 털어놓고 대화를 하는 게 중요한 것 같더라고."

나는 어머니가 그 이후 다른 비밀들을 고백한 이야기도 들을 수 있었다. 어머니는 꽁꽁 감추고 있던 비밀을 마침내 털어놓자 상대가 마음 상해하지 않았을 뿐 아니라 오히려 관계가 더 좋아졌다고 했다. 그리고 지금은 그 사람들과 한층 깊은 유대를 나누며 지지를 얻고 있었다. 이 대화를 나누는 동안 어머니는 나에게 한 가지 비밀을 더 고백했고, 나는 어머니가 마음놓고 그 비밀을 내게 공유했다는 데 가슴이 뭉클해질 수밖에 없었다. 대화는 우리를 더 가깝게 만들었다.

어떻게 보면 우리는 이 사실을 줄곧 알고 있었다. 아이들은 비밀이 지닌 긍정적인 사회적 힘을 무척 잘 안다. 일례로 아주 어린 아이들도 비밀과 친밀감을 곧잘 연결 짓는다. 아이들에게 물어보면 비밀이란 가장 친한 친구에게만 털어놓는 것이라고 할 것이다. 어느 순간 아이들은 스스로 말하지 않는 한 누구도 알 수 없는 내면세계가 자신에게 있다는 걸 깨닫는다. 그러고 나면 그 내면세계를 선택적으로 드러내기 시작한다. '비밀은 털어놓아야 한다.' 아이들은 이 사실을 안다. 그러나 어른들은 너무 자주 잊고 지낸다.

나밖에 모르는 풍요로운 내면세계란 멋진 것이다. 그곳에서 우리는 지난 일을 애틋하게 추억하고 다가올 미래를 마음껏 상상한다. 내 내면세계에 누구를 초대할지는 나에게 달렸다. 그리고 자신의 내면세계를 나누기로 선택할 때, 우리는 다른 사람과 조금 더 가까워질 수 있다.

유전사 검사용 샘플을 보낸 지 한 달이 지나자 결과가 나왔다. 나와 유전자 정보가 일치하는 사람이 있긴 했지만 정보는 거의 없었다. 성명란에 이름의 첫 글자와 성씨가 있고, 그 옆으로 번호 같은 것이 있었다. 그러니까 이름은 알 수 없었다. 사진란은 기본 얼굴 아이콘으로 채워진 빈 사각형 그대로였다. 따라서 사진도 없었다. 이 사람이 누구든지 간에 내가 아는 것은 우리가 가까운 혈연관계라는 사실뿐이었다.

더 많은 걸 알고 싶으면 연락을 시도하는 방법이 있었다. 용기를 내는 데 며칠이 걸렸고, 적절한 말을 찾기가 유난히 어려웠다. 나는 몇몇의 도움을 얻어 하고 싶은 말과 묻고 싶은 것을 쓰고 섬세하게 다듬은 뒤, 내가 이용한 유전자 분석 서비스 업체에 제출했다. 2년이 지나도 답장을 받을 수 없었고, 나는 내 시도가 막다른 길에 다다랐다고 생각했다.

그런데 이 책의 최종 원고 작업을 하고 있을 때, 느닷없이 알렉시스Alexis에게서 메일이 왔다. 그리고 얼마 지나지 않아 로스Ross에게서도 메일을 받을 수 있었다(알고 보니 내가 처음에 연락을 시도했던 사람이었다). 나와 내 동생이 이제는 안 지 꽤 됐던 놀라운 비밀, 자신이 정자 기증으로 태어났다는 사실을 두 사람은 그때 막 알게 된 참이었고, 나와 같은 유전자 검사 서비스를 이용한 상황이었다.

10년 전에 나는 우리 가족의 비밀을 알았다. 그리고 그 의미는 계속해서 새롭게 드러나고 있다. 나에게는 미국 반대편에 사는 두 명의 이복 남매가 생겼다(우리는 모두 1년 내에 태어났다). 이후 우리는 서로의 이야기를 나누며 연락을 이어왔다. 우리 모두의 중대한 비밀에 대한 각자의 경험을 공유하다 보니 자연히 유대가 생겼다.

알렉시스와 로스가 해준 이야기, 그러니까 출생과 관련된 진실을 어떻게 받아들이게 됐고, 그로부터 무슨 영향을 받았는지에 대한 이야기는 놀라울 정도로 익숙했다. 내가 우리 가족의 비밀을 처음 알게 되었을 때와 굉장히 비슷한 반응이었기 때문이다. 우리의 이야기가 비슷한 까닭은 우리가 이복 남매이기 때문인지에 대해, 생각하지 않을 도리가 없었다.

나와 인생에서 가장 중요한 한 가지 인연을 공유하는 이 두 사람을 알게 된 건 더없이 즐거운 서프라이즈다. 어떤 비밀은 우리 사이를 멀어지게 하기보다 하나로 모은다. 그러려면 털어놓는 것이 먼저다.

감사의 말

당연한 말이지만 나 아닌 다른 사람들은 나와 다르게 생각한다는 멋진 특징이 있다. 아무리 나와 비슷한 사고방식을 지닌 연인, 친한 친구, 막역한 지인이라고 해도 그들은 나 스스로는 찾기 어려운 신선한 관점을 보여준다. 우리는 믿을 만한 상대와 잠깐 대화를 나눈 것만으로도 새로운 생각에 도달하곤 한다.

이 책은 다른 이들과의 대화에서 많은 도움을 얻었다. 기꺼이 시간을 내주고, 귀를 기울이고, 피드백을 해준 모든 이에게 감사 인사를 전하고 싶다. 내가 연구 성과를 설명할 때 '우리'라는 단어를 자주 쓴 이유는, 그 연구들이 동료와 친구들의 의견과 도움에 힘입었기 때문이다. 케이티 그린어웨이, E. J. 마시캄포, 닉 캠프, 애덤 갈린스키, 말리아 메이슨, 쉬나 아이엔가, 니르 할레비, 알렉스 코흐, 엘리스 칼로케리노스, 제임스 커비, 브록 바스티안, 제시카 살레르노, 이들이 곁에 있어 얼마나 든든했는지 모른다.

날리니 앰바디는 내가 터프츠 대학교에서 비밀에 관한 연구를 시작한 초기에 지원을 아끼지 않았다. 무더위 속에서 나눠 줄 물병을 들고 센트럴 파크를 돌아다니며 낯선 사람들에게 용감히 다가가 그들의 비밀 이야기를 수집한 네긴 투시, J. S. 춘, 케빈 타예비, 에이드리엔 오포트도 이 시기의 연구에 큰 도움을 줬다. 또 오랜 시간 이런저런 대화에 함께해준 동료들의 도움도 언급하지 않을 수 없다. 모듀프 아키놀라, 대니얼 아메스, 조엘 브로크너, 샤이 다비다이, 애덤 갈린스키, 토리 히긴스, 쉬나 아이엔가, 말리아 메이슨, 산드라 매츠, 마이클 모리스, 캐서린 필립스에게 감사를 전한다.

그리고 닉 캠프, 샤이 다비다이, 앨런 고든, 케이티 그린어웨이, 사라 그립쇼버, 에릭 헤만, 로렌 잭맨, 제임스 커비, 애슐리 마틴, E. J. 마시캄포, 산드라 매츠, 레이철 맥도널드, 애나 메릿, 베카 닐, 데이브 파우네스쿠, 제니아 시 비온, 딘 위스너, 애슐리 라이트. 이 책을 퇴고할 때마다 읽어준 동료와 친구들에게 얼마나 고마운지 그 마음을 이루 다 말하기 어려울 정도다. 이들의 지식, 견해, 통찰을 끌어내 목도하고 그로부터 도움을 받을 수 있었던 것은 정말 행운이라고 생각한다.

이 책을 집필하던 도중 비밀에 관한 비교 문화 연구를 수행하기로 했을 때, 비밀의 38가지 범주와 관련 내용을 12개 이상의 언어로 번역하는 과정을 세심하게 살피고 신속하게 검토해준 친구와 동료들에게 특별한 감사의 마음을 전한다. 알렉산드라 치호츠카, 샤이 다비다이, 파비오 파솔리, 프레데리코 길레르미, 세발 권데미어, 알렉스 코흐, 앨리스 리, 아나 레이트, 이오아나 메드레아, 브누아 모닌, 쥘리앵 몽테뉴, 엘리카 오르테가, 페트로스 페르셀리스, 타쿠야 사와오카, 리카도 시 비온가 도와준 덕분에 모

감사의 말

든 작업을 늦지 않게 마무리할 수 있었다.

이 책은 편집인 질리언 블레이크, 에마 베리, 캐롤라인 레이, 탈리아 크론을 비롯한 크라운 출판사 여러 분의 탄탄한 도움과 뒷받침이 없었다면 나올 수 없었을 것이다. 특히 원고 전체를 몇 번이고 검토해준 탈리아(마감이 촉박할 때도 어김없이 검토해주었다)와 이 책의 여정이 시작된 첫날부터 함께해준 내 에이전트 마고 베스 플레밍에게 깊은 고마움을 전한다. 에이전트를 선정할 때는 여러 사람을 만나본 뒤 신중하게 결정해야 한다는 주변의 조언이 있었지만, 마고를 만난 순간 그를 따를 수밖에 없다는 걸 직감했다. 마고는 처음부터 내 비전을 이해해줬고, 내가 하고자 하는 말을 다듬고 뚜렷하게 표현할 수 있도록 도와줬다.

아낌없이 자신의 이야기를 들려준 쉬나 아이엔가에게도 감사의 마음을 표한다. 그리고 나의 부모님 돈 슬레피언, 주디 피나조에게도. 이 책을 쓰게 되면서야 부모님께 질문하고픈 내용들이 있었고, 두 분 모두 적극적으로 인터뷰에 참여해주셨다(다 듣고 나선 왜 진작 묻지 않았을까 하는 생각도 들었다. 이것이 바로 비밀에 대해 대화를 나누지 않을 때 생기는 일이리라. 심지어 비밀이 밝혀진 상황에서도 말이다).

2012년 1월, 당시 대학원생이던 나는 샌디에이고에서 개최된 어느 콘퍼런스에 참석했다. 그리고 콘퍼런스 기간 중 열린 파티에서 소파에 앉아 있다가 옆 사람과 대화를 하기 시작했다. 이 결정은 언제까지나 내 인생 최고의 결정으로 남을 것이다. 그 옆 사람, 그러니까 레이철 맥도널드와 나는 3년 반 뒤 결혼했다. 레이철도 사회 심리학자지만, 우리의 저녁 식사 자리에 심리학이 화제로 오르는 경우는 없다. 사실 우리가 처음 대화를 할 수 있었던 이유도 둘 다 파티에서까지 학문에 대한 이야기를 하고 싶지 않았기 때문이다.

그러나 나는 문제가 잘 안 풀릴 때면 레이철에게 들고 간다. 그러면 레이철은 즉시 내게 필요한 모든 답과 일을 진척시킬 최고의 아이디어를 건넨다. 이 책의 모든 장도 레이철의 피드백을 받은 뒤 다른 사람들을 만났고, 세상의 빛을 보게 된 것이다. 레이철이 다른 사람들이나 나를 위해 준비하곤 하는 멋진 서프라이즈를 나도 레이철에게 선사하고 싶다는 바람이 있으나, 같은 경지에 다다르기란 쉽지 않은 듯하다.

내 인생의 가장 큰 서프라이즈는 레이철의 존재다. 앞으로도 변함없을 사실이다. 레이철이 곁에 있다는 게 내게 얼마나 커다란 행운인지 표현할 말은 이 세상에 없는 듯하다. 레이철은 정말이지 친절하고 다정하며, 너그럽고 똑똑하고 재미있고 끊임없이 힘을 나눠주고 기꺼이 모험에 뛰어드는 사람이다. 물론 이 말들로도 레이철을 다 설명할 수 없겠지만 말이다.

참고 문헌

1장 · 비밀이란?

Snowden, E. (2019). *Permanent Record*. Pan Macmillan.

McNorgan, C. (2012). *Frontiers in Human Neuroscience*, 6, 285. 9

Slepian, M. L., Masicampo, E. J., Toosi, N. R., & Ambady, N. (2012). *Journal of Ex-perimental Psychology: General*, 141, 619– 624.

Proffitt, D. R. (2006). *Perspectives on Psychological Science*, 1, 110–122; Witt, J. K., Proffitt, D. R., & Epstein, W. (2004). *Perception*, 33, 577–590.

LeBel, E. P., & Wilbur, C. J. (2014). *Psychonomic Bulletin & Review*, 21, 696– 700.

Slepian, M. L., Camp, N. P., & Masicampo, E. J. (2015). *Journal of Experimental Psychology: Gen-eral*, 144, e31–e42.

Slepian, M. L., Chun, J. S., & Mason, M. F. (2017). *Journal of Personality and Social Psychology*, 113, 1–33.

Scheer, R. (November 1976). "The Playboy Interview: Jimmy Carter." *Playboy* 23(11), 63–86.

Baxter, L. A., & Wilmot, W. W. (1985). *Journal of Social and Personal Relationships*, 2, 253–269.

Sun, K. Q., & Slepian, M. L. (2020). *Organizational Behavior and Human Decision Processes*, 160, 87–105.

McDonald, R. I., Salerno, J. M., Greenaway, K. H., & Slepian, M. L. (2020). *Motivation Science*, 6, 61–78.

2장 · 비밀의 탄생

Epley, N. (2014). *Mindwise: How We Understand What Others Think, Believe, Feel, and Want.* Vintage.

Goodall, J. (2010). T*hrough a Window: My Years with the Chimpanzees of Gombe.* Mariner Books.

De Waal, F.B.M. (1986), R. W. Mitchell & N. S. Thompson (eds.), *Deception: Perspectives on Human and Nonhuman Deceit* (pp. 221–244; see p. 228). State University of New York Press.

Hare, B., Call, J., Agnetta, B., & Tomasello, M. (2000). *Animal Behaviour*, 59, 771–785.

De Waal, F. (2000). *Chimpanzee Politics: Power and Sex Among Apes*, Revised Edition (p. 37). Johns Hopkins University Press.

Melis, A. P., Call, J., & Tomasello, M. (2006). *Journal of Comparative Psychology*, 120, 154–162.

Hare, B., Call, J., & Tomasello, M. (2001). *Animal Behaviour*, 61, 139–151.

Onishi, K. H., & Baillargeon, R. (2005). *Science*, 308, 255–258.

Buttelmann, D., Carpenter, M., & Tomasello, M. (2009). *Cognition*, 112, 337–342.

Call & Tomasello (2008). *Trends in Cognitive Sciences*, 12, 187–192.

De Waal, F. (1996). *Good Natured: The Origins of Right and Wrong in Humans and Other Animals* (p. 237). Harvard University Press.

참고 문헌

Liberman, Z., & Shaw, A. (2018). *Developmental Psychology*, 54, 2139–2151; Corson, K., & Colwell, M. J. (2013). *Early Child Development and Care*, 183, 1215–1228.

Warneken, F., & Tomasello, M. (2006). *Science*, *311*, 1301–1303.

Wimmer, H., & Perner, J. (1983). *Cognition, 13*, 103–128.

Gopnik, A., & Astington, J. W. (1988). *Child Development*, 59, 26–37.

Perner, J., Leekam, S. R., & Wimmer, H. (1987). B*ritish Journal of Developmental Psychology*, 5, 125–137.

Atance, C. M., & O'Neill, D. K. (2004). *Developmental Psychology*, *40*, 953–964.

Perner, J., Kloo, D., & Gornik, E. (2007). *Infant and Child Development: An International Journal of Research and Practice*, *16*, 471–490.

Flavell, J. H., Green, F. L., & Flavell, E. R. (1993). *Child Development*, *64*, 387–398.

Flavell, J. H., Green, F. L., & Flavell, E. R. (2000). *Journal of Cognition and Development*, *1*, 97–112.

Barresi, J. (2001). C. Moore & K. Lemmon (eds.), *The Self in Time: Developmental Perspectives* (pp. 141–162). Erlbaum.

Symons, D. K. (2004). *Developmental Review, 24*, 159–188.

Furman, W., & Bierman, K. L. (1984). *Developmental Psychology, 20*, 925–931.

Reese, E., Jack, F., & White, N. (2010). Cognitive *Development, 25*, 352–367. Willoughby, K. A., Desrocher, M., Levine, B., & Rovet, J. F. (2012). *Frontiers in Psychology, 3*, 53.

Chen, Y., McAnally, H. M., & Reese, E. (2013). *Frontiers in Behavioral Neuroscience, 7*, 84.

McLean, K. C. (2008). *Social and Personality Psychology Compass, 2*, 1685–1702.

McLean, K. C. (2005). *Developmental Psychology, 41*, 683–691.

Darling, N., Cumsille, P., Caldwell, L. L., & Dowdy, B. (2006). *Journal of Youth and Adolescence, 35*, 659–670.

Daddis, C., & Randolph, D. (2010). *Journal of Adolescence, 33*, 309–320.

Smetana, J. G. (1988). Child Development, 59, 321–335; Fuligni, A. J. (1998). *Developmental Psychology, 34*, 782–792.

참고 문헌

Keijsers, L., Branje, S. J., VanderValk, I. E., & Meeus, W. (2010). *Journal of Research on Adolescence, 20*, 88–113.

Frijns, T., Finkenauer, C., Vermulst, A. A., & Engels, R. C. (2005). *Journal of Youth and Adolescence, 34*, 137–148.

Smetana, J. G., Villalobos, M., Tasopoulos-Chan, M., Gettman, D. C., & Campione-Barr, N. (2009). *Journal of Adolescence, 32*, 693–713.

Kapetanovic, S., Bohlin, M., Skoog, T., & Gerdner, A. (2017). *Journal of Family Studies, 26*, 226–242; Hawk, S. T., Hale III, W. W., Raaijmakers, Q. A., & Meeus, W. (2008). *Journal of Early Adolescence, 28*, 583–608.

Tilton-Weaver, L. (2014). *Journal of Youth and Adolescence, 43*, 803–813.

Wismeijer, A. A., Van Assen, M. A., & Bekker, M. H. (2014). *The Journal of General Psychology, 141*, 65–79; Cole, S. W., Kemeny, M. E., & Taylor, S. E. (1997). *Journal of Personality and Social Psychology, 72*, 320–335.

Laird, R. D., Bridges, B. J., & Marsee, M. A. (2013). *Journal of Adolescence, 36*, 685–693.

3장 · 마음의 비밀

60 Minutes: "26-Year Secret Kept Innocent Man in Prison" (CBS television broadcast, March 9, 2008).

Logan, A., with Falbaum, B. (2017). *Justice Failed: How "Legal Ethics" Kept Me in Prison for 26 Years*. Counterpoint; Winston, H. J. (2008). *DePaul Journal for Social Justice, 2*, 173–189.

Conroy, J. (2007, Nov. 29). *The Chicago Reader*.

Pennebaker, J. W., & O'Heeron, R. C. (1984). *Journal of Abnormal Psychology, 93*, 473–476.

Larson, D. G. (1985). *American Journal of Hospice Care, 2*, 35–40.

Larson, D. G., Chastain, R. L., Hoyt, W. T., & Ayzenberg, R. (2015). *Journal of Social and Clinical Psychology, 34*, 705–729.

Kelly, A. E., & Yip, J. J. (2006). *Journal of Personality, 74*, 1349–1370.

Slepian, M. L., Chun, J. S., & Mason, M. F. (2017). *Journal of Personality and Social Psychology, 113*, 1–33.

Kane, M. J., Brown, L. H., McVay, J. C., Silvia, P. J., Myin-Germeys, I., & Kwapil, T. R. (2007). *Psychological Science, 18,* 614–621; Killingsworth, M. A., & Gilbert, D. T. (2010). *Science, 330,* 932.

Klinger, E. (1990). *Daydreaming.* Tarcher; Klinger, E. (1978). K. S. Pope & J. L. Singer (eds.), *The Stream of Consciousness: Scientific Investigations into the Flow of Human Experience* (pp. 225–258). Plenum.

Klinger, E. (2013). *Frontiers in Psychology, 4,* 415.

Mason, M. F., & Reinholtz, N. (2015). *Motivation Science, 1,* 1–21.

Slepian, M. L. (2021). *Psychological Review.*

Mayer, J. D., McCormick, L. J., & Strong, S. E. (1995). *Personality and Social Psychology Bulletin, 21,* 736–746.

Higgins, E. T., Klein, R., & Strauman, T. (1985). *Social Cognition, 3,* 51–76.

Nolen-Hoeksema, S., Wisco, B. E., & Lyubomirsky, S. (2008). *Perspectives on Psychological Science, 3,* 400–424.

Wegner, D. M., Schneider, D. J., Carter, S. R., & White, T. L. (1987). *Journal of Personality and Social Psychology, 53,* 5–13.

Kelly, A. E., & Kahn, J. H. (1994). *Journal of Personality and Social Psychology, 66*, 998–1006.

Hu, X., Bergström, Z. M., Gagnepain, P., & Anderson, M. C. (2017). *Current Directions in Psychological Science, 26*, 197–206.

Slepian, M. L., Greenaway, K. H., & Masicampo, E. J. (2020). *Personality and Social Psychology Bulletin, 46*, 1411–1427.

Slepian, M. L., & Kirby, J. N. (2018). *Personality and Social Psychology Bulletin, 44*, 1008–1023.

Watkins, E. R., & Roberts, H. (2020). *Behaviour Research and Therapy, 127*, 103573.

Spasojević, J., & Alloy, L. B. (2002). *Journal of Cognitive Psychotherapy, 16*, 405–419.

4장 · 비밀의 세 차원

Strohminger, N., & Nichols, S. (2014). *Cognition, 131*, 159–171.

Strohminger, N., Knobe, J., & Newman, G. (2017). *Perspectives on Psychological*

Science, 12, 551–560.

Taylor, S. E., & Koivumaki, J. H. (1976). *Journal of Personality and Social Psychology, 33*, 403–408; Green, S. P. (2003). *Underlying Processes as to Why the Fundamental Attribution Error Is Reduced in Close Relationships* (master's thesis, Miami University). ProQuest Dissertations Publishing.

Newman, G. E., Bloom, P., & Knobe, J. (2014). *Personality and Social Psychology Bulletin, 40*, 203–216.

De Freitas, J., Sarkissian, H., Newman, G. E., Grossmann, I., De Brigard, F., Luco, A., & Knobe, J. (2018). *Cognitive Science, 42*, 134–160.

O'Brien, E., & Kardas, M. (2016). *Journal of Personality and Social Psychology, 111*, 882–894.

Slepian, M. L., & Koch, A. (2021). *Journal of Personality and Social Psychology, 120*, 1431–1456.

Cushman, F., & Young, L. (2009). *Ethical Theory and Moral Practice, 12*, 9–24; Greene, J. D. (2013). *Moral Tribes: Emotion, Reason, and the Gap Between Us and Them*. Penguin.

Haidt, J., Koller, S. H., & Dias, M. G. (1993). *Journal of Personality and Social*

Psychology, *65*, 613–628. See also Gray, K., & Wegner, D. M. (2011). M. Mikulincer & P. R. Shaver (eds.), *The Social Psychology of Morality: Exploring the Causes of Good and Evil*. APA Press.

Haidt, J. (2008). Morality. *Perspectives on Psychological Science*, *3*, 65–72.

Hofmann, W., Wisneski, D. C., Brandt, M. J., & Skitka, L. J. (2014). *Science*, *345*, 1340–1343.

Bastian, B., Jetten, J., & Fasoli, F. (2011). *Psychological Science*, *22*, 334–335. Y., Pizarro, D. A., Gilovich, T., & Ariely, D. (2013). *Emotion*, *13*, 14–18; Nelissen, R.M.A., & Zeelenberg, M. (2009). *Emotion*, *9*, 118–122.

Slepian, M. L., & Bastian, B. (2017). *Personality and Social Psychology Bulletin*, *43*, 1596–1611.

Kim, S., Thibodeau, R., & Jorgensen, R. S. (2011). *Psychological Bulletin*, *137*, 68–96.

Fincham, F. D., & May, R. W. (2017). *Current Opinion in Psychology*, *13*, 70–74; Whisman, M. A., Gordon, K. C., & Chatav, Y. (2007). *Journal of Family Psychology*, *21*, 320–324; Marín, R. A., Christensen, A., & Atkins, D. C. (2014).

Couple and Family Psychology: Research and Practice, *3*, 1–12.

Pew Research Center, Washington, D.C. (2014, Jan. 14).

Treas, J., & Giesen, D. (2000). *Journal of Marriage and Family, 62*, 48–60.

Adamopoulou, E. (2013). *Economics Letters, 121*, 458–462.

Abzug, R. (2016). *Sexualities, 19*, 25–45.

Betzig, L. (1989). *Current Anthropology, 30*, 654–676.

Kurdek, L. A. (1991). *Journal of Social and Personal Relationships, 8*, 265–278.

Harris, C. R. (2002). *Psychological Science, 13*, 7–12.

Wegner, D. M., Lane, J. D., & Dimitri, S. (1994). *Journal of Personality and Social Psychology, 66*, 287–300.

Foster, C. A., & Campbell, W. K. (2005). *Personal Relationships, 12*, 125–143; Lehmiller, J. J. (2009). *Personality and Social Psychology Bulletin, 35*, 1452–1466.

Garbinsky, E. N., Gladstone, J. J., Nikolova, H., & Olson, J. G. (2020). *Journal of Consumer Research, 47*, 1–24.

TD Bank (2017, Jan. 2), 2017 love and money survey.

Jeanfreau, M. M., Noguchi, K., Mong, M. D., & Stadthagen-Gonzalez, H. (2018). *Journal of Financial Therapy*, *9*, 1–20.

Mecia, T. (2015, Jan. 21). Financial infidelity poll: 6% hid bank account from spouse or partner.

Schmader, T., & Lickel, B. (2006). *Motivation and Emotion*, *30*, 43–56.

Greenwald, G., MacAskill, E., & Poitras, L. (2013, June 10). *The Guardian*.

Snowden, E. (2019). *Permanent Record* (p. 253). Pan Macmillan.

5장 · 비밀 감추기

Morris, S. (2015, July 21). *The Guardian*.

Slepian, M. L., Chun, J. S., & Mason, M. F. (2017). *Journal of Personality and Social Psychology*, *113*, 1–33.

Mehl, M. R., Vazire, S., Ramírez-Esparza, N., Slatcher, R. B., & Pennebaker, J. W. (2007). *Science*, *317*, 82.

Caughlin, J. P., & Golish, T. D. (2002). *Communication Monographs, 69*, 275–295.

Caughlin, J. P., & Afifi, T. D. (2004). *Human Communication Research, 30*, 479–513.

Palomares, N. A., & Derman, D. (2019). *Communication Research, 46*, 735–756.

Finkenauer, C., Kerkhof, P., Righetti, F., & Branje, S. (2009). P*ersonality and Social Psychology Bulletin, 35*, 1410–1422.

Uysal, A., Lin, H. L., & Bush, A. L. (2012). *European Journal of Social Psychology, 42*, 844–851.

Baxter, L. A., & Wilmot, W. W. (1985). *Journal of Social and Personal Relationships, 2*, 253–269.

Anderson, M., Kunkel, A., & Dennis, M. R. (2011). "Let's (not) talk about that" *Journal of Sex Research, 48*, 381–391.

Cole, T. (2001). *Journal of Social and Personal Relationships, 18*, 107–129.

Cooney, G., Mastroianni, A. M., Abi- Esber, N., & Brooks, A. W. (2020).

Current Opinion in Psychology, 31, 22–27.

John, L. K., Barasz, K., & Norton, M. I. (2016). *Proceedings of the National Academy of Sciences, 113*, 954–959.

Bitterly, T. B., & Schweitzer, M. E. (2020). *Journal of Personality and Social Psychology, 118*, 945–990.

Snowden, E. (2019). *Permanent Record* (p. 257). Pan Macmillan.

Sun, K. Q., & Slepian, M. L. (2020). *Organizational Behavior and Human Decision Processes, 160*, 87–105.

Rogers, T., & Norton, M. I. (2011). *Journal of Experimental Psychology: Applied, 17*, 139–147.

Donovan-Kicken, E., Guinn, T. D., Romo, L. K., & Ciceraro, L. D. (2013). *Communication Research, 40*, 308–336.

Goffman, E. (1963). Stigma: *Notes on the management of spoiled identity.* Prentice Hall.

Slepian, M. L., & Jacoby-Senghor, D. (2021). *Social Psychological and Personality Science, 12*, 392–406.

Critcher, C. R., & Ferguson, M. J. (2014). *Journal of Experimental Psychology: General, 143,* 721–735.

Cole, S. W., Kemeny, M. E., Taylor, S. E., Visscher, B. R., & Fahey, J. L. (1996). *Psychosomatic Medicine, 58,* 219–231; Cole, S. W., Kemeny, M. E., Taylor, S. E., & Visscher, B. R. (1996). *Health Psychology, 15,* 243–251.

Beals, K. P., Peplau, L. A., & Gable, S. L. (2009). *Personality and Social Psychology Bulletin, 35,* 867–879.

Legate, N., Ryan, R. M., & Weinstein, N. (2012). *Social Psychological and Personality Science, 3,* 145–152.

Smart, L., & Wegner, D. M. (1999). *Journal of Personality and Social Psychology, 77,* 474–486.

Newheiser, A. K., & Barreto, M. (2014). *Journal of Experimental Social Psychology, 52,* 58–70.

Goh, J. X., Kort, D. N., Thurston, A. M., Benson, L. R., & Kaiser, C. R. (2019). *Social Psychological and Personality Science, 10,* 1056–1064 (see footnote 4).

6장 · 고백과 신뢰

Mahr, J. B., & Csibra, G. (2018). *Behavioral and Brain Sciences*, *41*, Article e1.

Mahr, J. B., & Csibra, G. (2020). *Perspectives on Psychological Science*, *15*, 428–443.

Dessalles, J. L. (2007). Why We Talk: *The Evolutionary Origins of Language*. Oxford University Press.

Tamir, D. I., & Thornton, M. A. (2018). *Trends in Cognitive Sciences*, *22*, 201–212.

Willems, Y. E., Finkenauer, C., & Kerkhof, P. (2020). *Current Opinion in Psychology*, *31*, 33–37.

Epley, N. (2014). Mindwise: *How We Understand What Others Think, Believe, Feel, and Want*. Knopf.

Epley, N., Savitsky, K., & Gilovich, T. (2002). *Journal of Personality and Social Psychology*, *83*, 300–312.

Chambers, J. R., Epley, N., Savitsky, K., & Windschitl, P. D. (2008). *Psychological Science*, *19*, 542–548.

Hall, J. A., & Taylor, S. E. (1976). *Human Relations, 29,* 751–761; Fiedler, K., Semin, G. R., Finkenauer, C., & Berkel, I. (1995). *Personality and Social Psychology Bulletin, 21,* 525–538; Prager, I. G., & Cutler, B. L. (1990). *Personality and Social Psychology Bulletin, 16,* 309–319; Taylor, S. E., & Koivumaki, J. H. (1976). *Journal of Personality and Social Psychology, 33,* 403–408; Green, S. P. (2003). *The Underlying Processes as to Why the Fundamental Attribution Error Is Reduced in Close Relationships* (master's thesis, Miami University). ProQuest Dissertations Publishing.

Asmelash, L. (2020, Aug. 31). CNN.

Levine, E. E. (2021). *Journal of Experimental Psychology: General.*

Apton, D. (2009, Sept. 23). "Do not lie" ABC News; Jacobs, A. J. (2007). *The Year of Living Biblically: One Man's Humble Quest to Follow the Bible as Literally as Possible.* Simon & Schuster.

Aron, A., Melinat, E., Aron, E. N., Vallone, R., & Bator, R. (1997). *Personality and Social Psychology Bulletin, 23,* 363–377.

Len Catron, M. (2015, Jan. 11). *New York Times, Section ST,* p. 6.

Welker, K. M., Baker, L., Padilla, A., Holmes, H., Aron, A., & Slatcher, R. B. (2014). *Personal Relationships, 21,* 692–708.

Slepian, M. L., & Kirby, J. N. (2018). *Personality and Social Psychology Bulletin,* *44,* 1008–1023.

Slepian, M. L., & Greenaway, K. H. (2018). *Journal of Experimental Social Psychology, 78,* 220–232.

Savitsky, K., Epley, N., & Gilovich, T.(2001). *Journal of Personality and Social Psychology, 81,* 44–56.

Salerno, J. M., & Slepian, M. L. (2022). *Journal of Personality and Social Psychology, 122*(4), 606–633.

Dunbar, R. I. (2004). *Review of General Psychology, 8,* 100–110.

 Feinberg, M., Willer, R., Stellar, J., & Keltner, D. (2012). *Journal of Personality and Social Psychology, 102,* 1015–1030; Salerno & Slepian (2022).

Slepian, M. L., & Moulton-Tetlock, E. (2019). *Social Psychological and Personality Science, 10,* 472–484.

Pennebaker, J. W., & Beall, S. K. (1986). *Journal of Abnormal Psychology, 95,* 274–281.

Pennebaker, J. W., Mayne, T. J., & Francis, M. E. (1997). *Journal of Personality and Social Psychology, 72,* 863–871.

Ullrich, P. M., & Lutgendorf, S. K. (2002). *Annals of Behavioral Medicine, 24,* 244–250.

Pennebaker, J. W. (1993). *Behaviour Research and Therapy, 31,* 539–548; Pennebaker, J. W., & Francis, M. E. (1996). *Cognition and Emotion, 10,* 601–626.

Smyth, J. M., & Pennebaker, J. W. (2008). *British Journal of Health Psychology, 13,* 1–7.

Burton, C. M., & King, L. A. (2004). *Journal of Research in Personality, 38,* 150–163.

Greenberg, M. A., Wortman, C. B., & Stone, A. A. (1996). *Journal of Personality and Social Psychology, 71,* 588–602.

Hemenover, S. H. (2003). *Personality and Social Psychology Bulletin, 29,* 1236–1244; King, L. A. (2001). *Personality and Social Psychology Bulletin, 27,* 798–807; Creswell, J. D., Lam, S., Stanton, A. L., Taylor, S. E., Bower, J. E., & Sherman, D. K. (2007). *Personality and Social Psychology Bulletin, 33,* 238–250; Bonanno, G. A. (2004). *American Psychologist, 59,* 20–28.

Pennebaker, J. W., & Smyth, J. M. (2016). *Opening Up by Writing It Down: How Expressive Writing Improves Health and Eases Emotional Pain.* Guilford Publications.

Warren, F. (2005). PostSecret: Extraordinary confessions from ordinary lives. William Morrow.

Slepian, M. L., Masicampo, E. J., & Ambady, N. (2014). *Social Psychological and Personality Science, 5,* 293–300.

Nils, F., & Rimé, B. (2012). *European Journal of Social Psychology, 42,* 672–681.

Lepore, S. J., Fernandez–Berrocal, P., Ragan, J., & Ramos, N. (2004). *Anxiety, Stress & Coping, 17,* 341–361.

7장 · 긍정적 비밀

Langston, C. A. (1994). *Journal of Personality and Social Psychology, 67,* 1112–1125; Gable, S. L., Reis, H. T., Impett, E. A., & Asher, E. R. (2004). *Journal of Personality and Social Psychology, 87,* 228–245; Gable, S. L., & Reis, H. T. (2010). M. P. Zanna (ed.), *Advances in Experimental Social Psychology* (vol. 42, pp. 195–257). Academic Press.

Loewenstein, G. F., & Prelec, D. (1993). *Psychological Review, 100,* 91–108.

Monfort, S. S., Stroup, H. E., & Waugh, C. E. (2015). *Journal of Experimental Social Psychology, 58,* 11–22.

Kocher, M. G., Krawczyk, M., & van Winden, F. (2014). "Let me dream on!" *Journal of Economic Behavior & Organization, 98,* 29–40.

Gilbert, D. (2006). *Stumbling on Happiness.* Vintage.

Kurtz, J. L., Wilson, T. D., & Gilbert, D. T. (2007). *Journal of Experimental Social Psychology, 43,* 979–985.

F. B., & Veroff, J. (2017). *Savoring: A New Model of Positive Experience.* Psychology Press.

Hurley, D. B., & Kwon, P. (2013). *Journal of Happiness Studies, 14,* 1261–1271; Jose, P. E., Lim, B. T., & Bryant, F. B. (2012). *The Journal of Positive Psychology, 7,* 176–187.

Augustine, A. A., Mehl, M. R., & Larsen, R. J. (2011). *Social Psychological and Personality Science, 2,* 508–515.

Rozin, P., Berman, L., & Royzman, E. (2010). *Cognition and Emotion, 24.*

Brans, K., Koval, P., Verduyn, P., Lim, Y. L., & Kuppens, P. (2013). *Emotion, 13*, 926–939.

Koch, A., Alves, H., Krüger, T., & Unkelbach, C. (2016). *Journal of Experimental Psychology: Learning, Memory, and Cognition, 42*, 1171–1192.

Pickens, P. (2018, April 4). NHL.com.

de la Cretaz, B. (2019, March 31). *New York Times*, Section ST, p. 15.

Verduyn, P., & Lavrijsen, S. (2015). *Motivation and Emotion, 39*, 119–127.

Loewenstein, J. (2019). *Topics in Cognitive Science, 11*, 178–193.

Davila, F. (2007, Feb. 7). *The Seattle Times*.

Colwell, C. (2017, Dec. 19). *Sapiens*.

Hoplock, L. (2016). *Will She Say Yes? A Content Analysis of Accepted and Rejected Marriage Proposals* (doctoral dissertation, University of Victoria).

Schwarzer, R. (ed.). (2014). *Self-efficacy: Thought Control of Action*. Taylor & Francis; Chwalisz, K., Altmaier, E. M., & Russell, D. W. (1992). *Journal of Social and Clinical Psychology, 11*, 377–400; Taylor, S. E., & Armor, D. A. (1996). *Journal of Personality, 64*, 873–898.

참고 문헌

Mendes de Leon, C. F., Seeman, T. E., Baker, D. I., Richardson, E. D., & Tinetti, M. E. (1996). *The Journals of Gerontology Series B: Psychological Sciences and Social Sciences, 51*, S183–S190.

Krause, N., & Shaw, B. A. (2000). *Psychology and Aging, 15*, 617–626.

8장 · 문화에 따른 대처

Glass, I. (producer). (2016, April 22). 585: "In Defense of Ignorance." *This American Life.*

Kito, M., Yuki, M., & Thomson, R. (2017). *Personal Relationships, 24*, 114–130.

Thomson, R., Yuki, M., Talhelm, T., Schug, J., Kito, M., Ayanian, A., . . . Visserman, M. L. (2018). *Proceedings of the National Academy of Sciences, 115*, 7521–7526.

Schug, J., Yuki, M., Horikawa, H., & Takemura, K. (2009). *Asian Journal of Social Psychology, 12*, 95–103.

Thomson et al. (2018); Morris, M. W., Chiu, C. Y., & Liu, Z. (2015). *Annual Review of Psy-chology, 66*, 631–659.

Li, L.M.W., Hamamura, T., & Adams, G. (2016). *Journal of Behavioral Decision Making, 29,* 481–488.

Yamada, J., Kito, M., & Yuki, M. (2017). *Evolutionary Psychology, 15,* 1–8; Li, L.M.W., Adams, G., Kurtiş, T., & Hamamura, T. (2015). *Asian Journal of Social Psychology, 18,* 124–133; Schug, J., Yuki, M., & Maddux, W. W. (2010). *Psychological Science, 21,* 1471–1478.

Dessem, M. (2020, Jan. 5). *The Farewell. Slate.*

Wang, L. (director). (2019). *The Farewell* (film).

Brewer, M. B., & Chen, Y. R. (2007). *Psychological Review, 114,* 133–151.

Cukur, C. S., De Guzman, M.R.T., & Carlo, G. (2004). *The Journal of Social Psychology, 144,* 613–634.

Kashima, Y., Yamaguchi, S., Kim, U., Choi, S. C., Gelfand, M. J., & Yuki, M. (1995). *Journal of Personality and Social Psychology, 69,* 925–937.

McDonald, R. I., Salerno, J. M., Greenaway, K. H., & Slepian, M. L. (2020). *Motivation Science, 6,* 61–78.

Kim, H. S., & Chu, T. Q. (2011). D. A. Dunning (ed.), *Frontiers of Social*

Psychology: Social Motivation (pp. 57–77). Psychology Press.

Kim, H. S., & Markus, H. R. (2002). R. Shweder, M. Minow, & H. R. Markus (eds.), *Engaging Cultural Differences: The Multicultural Challenge in Liberal Democracies* (pp. 432–452). Russell Sage Foundation.

LeClair, J., Janusonis, S., & Kim, H. S. (2014). Culture and Brain, 2, 122–140; Kim, H. S., & Ko, D. (2007). C. Sedikides & S. J. Spencer (eds.), *Frontiers of Social Psychology: The Self* (pp. 325–342). Psychology Press.

Kim, H. S., Sherman, D. K., Ko, D., & Taylor, S. E. (2006). *Personality and Social Psychology Bulletin, 32,* 1595–1607; Kim, H. S., Sherman, D. K., & Taylor, S. E. (2008). *American Psychologist, 63,* 518–526.

Taylor, S. E., Sherman, D. K., Kim, H. S., Jarcho, J., Takagi, K., & Dunagan, M. S. (2004). *Journal of Personality and Social Psychology, 87,* 354–362.

Kim et al. (2008); Taylor, S. E., Welch, W. T., Kim, H. S., & Sherman, D. K. (2007). *Psychological Science, 18,* 831–837; Chen, J. M., Kim, H. S., Sherman, D. K., & Hashimoto, T. (2015). *Personality and Social Psychology Bulletin, 41,* 1575–1589.

Campos, B., & Kim, H. S. (2017). *American Psychologist, 72,* 543–554.

비밀의 심리학

초판 1쇄 인쇄 2024년 2월 15일
초판 1쇄 발행 2024년 2월 21일

지은이 마이클 슬레피언
옮긴이 정아영
펴낸이 고영성

책임편집 박유진   디자인 이화연·홍석훈   저작권 주민숙

펴낸곳 주식회사 상상스퀘어
출판등록 2021년 4월 29일 제2021-000079호
주소 경기도 성남시 분당구 성남대로 52, 그랜드프라자 604호
팩스 02-6499-3031
이메일 publication@sangsangsquare.com
홈페이지 www.sangsangsquare.com

ISBN 979-11-92389-69-1 (03180)